本书系教育部人文社会科学研究青年基金项目
《国家与社会的互动：新中国成立初期中国红十字会研究》
（批准号：10YJC770103）的最终成果

新中国成立初期中国红十字会研究

（1949-1956）

XINZHONGGUO CHENGLI CHUQI
ZHONGGUO HONGSHIZIHUI YANJIU (1949-1956)

◎ 徐国普 著

人民出版社

序　言

　　中国红十字会作为从事人道主义工作的社会救助团体,具有不同于一般社会组织的四个明显特征:一是历史悠久,二是影响力广泛,三是政府背景深厚,四是国际性。即便如此,中国红十字会真正引起社会大众广泛而高度关注的时间并不算太长,大致是从 2008 年汶川特大地震发生之后开始。因为在此次震灾救援中,红十字会如同其他众多社会组织,尽显人道主义风采,令人刮目相看。也正是这一年,学界视之为中国公民社会元年。此后,2011 年郭美美事件再次将红十字会推向社会舆论的风口浪尖,因而有更多的人了解了红十字会。2012 年底中国红十字会社会监督委员会成立,红十字会以引领社会组织改革的崭新姿态出现在世人面前,其自身发展开始实现新的跨越。

　　实际上,红十字被引入理论研究和学术视野,从 20 世纪末算起,至今也不过 10 余年。从红十字被社会关注,以及被学界发现的历史,可以反观出当前我国社会建设及其学术研究是何等的缺乏和滞后。所以,近年来党和政府提出并强调社会建设,也就不难理解了。而研究广具社会影响力,同时接受政府和社会资助、监督的红十字会,对于当前社会建设,无疑具有重要的理论参考价值。

　　红十字运动作为新兴的学术领域,目前史学界的研究,主要集中在清朝晚期和民国时期,新中国时期的相对薄弱。我的博士生徐国普,先以江苏省域红十字运动为切入点,展开对新中国红十字运动研究,完成博士学位论文并纳入"红十字书系"系列丛书中出版。后在此基础上，开始研究新中国成立初期的红十字会，继而写就这部专著。新中国成立初期，是中国社会，同样是红十字会发生深刻变革的重要转折期，它影响此后中国社会的走向，同样也影响此后红十字会的走向。因此，研究新中国成立初期的红十字会，意义重大。

通阅这部专著，除作者在前言所述的创新处之外，感觉还有以下几处优点值得推介：

第一，理论视野开阔。作者大处着眼，小处着手，将新中国成立初期红十字会纳入整个20世纪历史，以及百年红十字会史的宏观范畴加以考察，并进行新中国红十字会与民国时期红十字会、苏联红十字会的纵横比较研究。在研究红十字会外交时，更是具备了国际视野。如此，更加清晰地揭示新中国成立初期红十字会的组织演变和事业发展的脉络，同时更好地在国家与社会互动的框架内，把握红十字会与政府、社会间关系。

第二，资料丰富扎实。资料是研究的基础。只有尽可能全面地占有史料，才能客观、公正地认识历史，诠释历史。本书运用多种史料，包括档案、期刊、报纸、地方志、文献等，特别是有些资料是首次征引，弥足珍贵。资料丰富鲜活，著作显得厚重而扎实，再现了新中国成立初期红十字运动的历史场景。

第三，观点新颖正确。以新中国成立初期社会环境为背景，作者多角度多层次地研究红十字会，并提出一系列观点，如新中国成立初期红十字会先后两次组织整顿是国家政策、社会意愿、自身发展以及苏联经验等国内外诸多因素共同影响的结果；红十字会医防队不仅具有业务功能，而且承担了一定的政治功能；红十字外交是政府外交的有益补充；红十字运动呈现转折性、过渡性和革命性的重要特征，在一定程度上反映出一个时代的变迁，并与社会运行呈正相关关系，等等，令人耳目一新。这些观点新颖正确，体现出作者对本课题的研究，准确而透彻。

　　毋庸讳言的是，虽然本书具有结构合理、视野开阔、史料丰富、观点正确等诸多优点，但同时也存在一些不足。如运用多学科的理论方法开展研究显得不够；因资料缺乏，在考察1956年红十字会组织整顿时，仅以江苏红十字会为个案，难以把握其全貌；同样是资料因素，对红十字会开展的国际救助，除朝鲜外，其他国家尚没有涉及等。这些不足，自然有待于今后研究作进一步的完善与补充。

　　不过，瑕不掩瑜，作为第一部以新中国成立初期红十字会为专门研究对象的学术论著，本书奠定了新中国红十字会研究的基础，对于推动中共党史、当代中国史研究向纵深和宽广发展，多有裨益。是为序。

池子华

2013年初春于苏州

前　言

灾荒和战乱一直是困扰人类的两大严重社会问题。人们为规避和减少因天灾人祸而带来的损害和痛苦所进行的种种努力一刻也没有停止过,历史悠久的红十字运动即是其中的一种。

红十字起源于19世纪60年代的欧洲社会,其发起人为"国际红十字运动之父"、首届诺贝尔和平奖获得者、瑞士银行家之子亨利·杜南。此后大约10年,在全球渐呈气候的红十字"西学东渐",开始在中国传播。1904年日俄争霸,两国在中国旅顺交战,腐朽的清政府竟冒天下之大不韪,宣布"局外中立"。这期间,为救死扶伤、拯难济危,在经历长时间有关红十字的启蒙之后,上海万国红十字支会应运而生,这标志着中国红十字会正式创建。

红十字运动崇尚和弘扬人道、博爱、奉献精神,在人道力量和法制保障的双重驱动之下,红十字会所进行的人道主义救助活动遍布全球,波澜壮阔,生生不息。时至今日,拥有187个成员国的红十字会与奥委会、联合国一起,被公认为三大国际性组织,可谓实至名归。在中国,近代以来红十字会在战争救护、灾难救济、公益事业、民间外交等领域,以及对于我国医药事业的发展均发挥出积极作用。目前,中国红十字会作为我国最具影响力的人道救援组织,是党和政府在人道领域的得力助手,成为构建社会主义和谐社会的一支不可或缺的重要力量。红十字事业已经成为中国特色社会主义事业的重要组成部分。

理论来源于实践,并在实践中不断提升和丰富,而任何实践又都离不开科学的理论指导。日益发展的中国红十字事业迫切需要理论研究和经验总结,作为思想基础和智力支撑。中国红十字会总会十分重视理论研究,已经形成了红十字会界与学术界联手研究的合作态势。当然,红十字会的理论研究离不开对其历史研究的深化。事实上,红十字会历史悠久,每一个历史时期,它的宗旨、性质都有所不同,红十字会的组织发展有其演变过程,红十字会的人道主义行动也因时代的不同而在内涵、侧重点方面有所变化。可以说,红十字运动蕴含着丰富的文化密码和信息资源,是考察和洞悉社会变迁的独特"中轴",是一座名副其实的学术"富矿"。

自20世纪末开始,中国红十字会历史引起大陆学者的关注,虽然起步较晚,但一些有分量的学术成果相继问世,逐步形成了相对独立的研究领域,这与闵杰、周秋光、池子华、朱浒等专家学者的努力是分不开的,特别是由池子华任主任的苏州大学红十字运动研究中心的成立,有力地推动了红十字运动研究。不过,作为新兴的学术领域,红十字运动研究的深度和广度都有待于进一步加强,目前的研究还存在一些不足,从研究时段上来看,这主要体现在:学界重在考察晚清和民国时期红十字会的组织及其事业的发展,而新中国时期红十字运动的研究,成果寥寥。

实际上,新中国成立初期的中国红十字会应该值得关注。因为新中国成立初期是中国社会发展的重要转折期,对此后中国发展的走向产生了深刻的影响,此一时期中国红十字会的发展,对此后中国红十字运动也产生了深远的影响,其学术价值不言而喻。

然而,学界对新中国成立初期中国红十字会的研究还很薄弱,具体情况大致如下:

第一,发表的数篇论文,针对某个专题进行钩沉和探讨。如《周恩来与中国红十字会》(沈传亮,2008)、《新中国成立初期中国红十字会恢复巩固国际合法席位的斗争》(吴佩华,2009)等。

第二,出版的几部著作中有所涉及。如《中国红十字会的九十年》(中国红十字会总会,1994)、《百年红十字》(池子华等,2003)大体对中国红十字会1950年的改组过程,以及在抗美援朝、治淮工程中的援助行动等进行描述,明显带有介绍性和普及性。《中国红十字外交,1949—2009》(吴佩华,2012)对新中国成立初期红十字外交活动有所涉及,并对重要的外交事件进行了初步考察。

第三,相关的学术专著略有所提。如周秋光在《中国慈善简史》(2006)中认为,改组后的新中国红十字会逐渐失去民间慈善组织的性质;李洪河的《新中国的疫病流行与社会应对(1949—1959)》(2007)择要叙述了中国红十字会的防疫行动;高冬梅在《新中国成立初期中国共产党社会救助思想与实践研究(1949—1956)》(2009)中,则从慈善事业式微的思路出发,提到一点红十字会的救济活动。

经审视发现,目前研究虽然取得一定成绩,但是存在以下严重不足:

第一,研究方法单一、老套。现有的研究成果,多数沿袭传统的史学方法和解释框架,缺乏新的研究视角,很少借鉴政治学、社会学、法学等理论方法,致使分析难以深入,创新严重不足。

第二,存在诸多学术空白点。如新中国成立初期慈善事业衰落之时,"红十字"却被人们所接受和认同的根源;新中国红十字会组织演变(特别是1956年组织再整顿)的原因及影响等基本问题,史学界的研究暂付阙如。

第三,某些学术观点陈旧。如有些学者将人道救援组织与慈善组织混为一谈,甚至用"慈善"来概括红十字会的所有活动,这是不准确的。

第四,缺乏档案资料作基础。因为缺少第一手档案资料作重要依据,已有研究难以真实再现历史场景,因而缺乏应有的厚重感和可信度。

总之,新中国成立初期中国红十字会的研究还有待于进一步的深化,至今尚无一部史学专著面世,相关学术空白点更是亟待填补。下面就此项课题研究的思路、方法、目标、主要内容、重点和难点等作一介绍。

历史是逝去的现实,现实是历史的自然延续。没有对历史的感悟,就无法深刻理解今日之社会现实。只有站在历史与现实的交汇点上,把历史与现实连接起来,才能更好地理解现实,把握未来。这是开展此项研究的出发点,也是落脚点。

在新中国成立初期这一中国社会发展的重要转折期,起源于西方社会并在近代中国完全本土化的红十字会,出现了什么样的新变化,这种变化对新中国红十字运动产生了什么样的影响;新中国成立初期中国红十字会是如何维系自身的存在和发展的,红十字会究竟发挥了怎样的作用,取得了哪些历史经验,这些都是本课题所要深入思考并作出解答的问题。

基于此,本课题立足"国史的三条主线"(朱佳木,2009),从新中国成立初期,由巩固新生政权、土改、抗美援朝、社会主义改造等重大事件构成的历史背景出发,以国际红十字运动和20世纪中国红十字会发展史的广阔视野来观照,"自上而下"与"自下而上"相结合,全方位地再现新中国成立初期中国红十字会的组织发展及其人道主义活动,揭示新中国红十字的鲜明时代特征,凸显国家与社会的互动与合作。在继承已有成果的基础上,争取新的突破。

红十字运动处于变化多端的复杂社会之中,且自身也在不断发展和演变,任何单一学科的理论和方法恐怕都难以为洞察和穷尽红十字运动的全貌提供全能的解释。采用多种方法对红十字运动进行跨学科研究,是其"对象化"的客观需要。本研究站在历史与理论的高度,以历史唯物主义为指导,在国家与社会关系的框架内,运用历史学、政治学等学科理论方法进行跨学科研究。在研究过程中，坚持"四个相结合"，即文献分析与实证研究相结合，历时性研究与共时性研究相结合，整体把握与个案研究相结合，定性研究与定量研究相结合等，旨在再现新中国成立初期中国红十字运动的历史场景。

值得一提的是，本课题还适当地采用比较研究法，首次将新中国成立初期的中国红十字会与中华民国时期的中国红十字会、苏联红十字会进行比较研究，以得出有益的历史启示。

本研究力图站在历史与理论的高度，在国家与社会的关系范畴内，多角度、多层次地展示新中国成立初期中国红十字会的"全息"映像。具体而言，研究目标主要有以下几个方面：

第一，建构中国红十字会历史研究的合理框架。目前中国红十字会的历史研究，多是就红十字论红十字，缺少宽广的理论视野和发散思维，比如缺乏国际比较，与社会背景、时代背景的联系也不甚紧密等。本课题力图建构科学的研究框架，运用多学科交叉的新方法，多角度、多层次地深入研究新中国成立初期的中国红十字会。

第二，探讨新中国成立初期国家与社会间关系。新中国成立初期，为巩固新政权，国家加强社会整合，其间众多旧有的社会组织或直接被取缔，或经调适后以新的方式生存。中国红十字会于1950年改组后，由卫生部部长兼任会长，接受人民政府的领导和资助，是典型的政府主导型社会组织。中国红十字会的历史性转变，及其在多个领域积极发挥出的应有的政府助手作用，体现出国家与社会的互动与合作，换言之，作为社会组织，中国红十字会是探讨国家与社会间关系的有益个案。

第三，研究新中国成立初期中国红十字会的"过渡性"和"转折性"。新中国成立初期，百废待举，中国的政治、经济乃至文化呈现出新的气象，由近代而来的中国红十字会因外部环境的变化而发生重大转变，总体上呈现出"过渡性"和"转折性"的特征，并对日后中国红十字运动产生了深远的影响。如1956年中国红十字会初步确立的类科层化的组织结构及其内部双重管理体制,一直传承并沿用至今。

第四,总结新中国成立初期中国红十字会发展的历史经验。作为新中国红十字运动的开创时期,新中国成立初期的中国红十字会发展,有其宝贵的历史经验,诸如组织发展,处理与政府间关系,灾害救助、民间外交等,特别是与苏联红十字会、中华民国红十字会进行比较后发现,新中国成立初期的中国红十字会呈现鲜明的中国特色和时代特色,这些经验和特色值得我们总结和借鉴。

基于上述考虑,本课题紧紧围绕红十字会的组织及其事业而展开,主要包括以下五个专题:

第一,考察新中国成立初期中国红十字会的社会环境。新中国成立后,土改、三反五反、抗美援朝等运动,强有力地推行了政治社会化;国民经济恢复后,开始三大改造,社会主义公有制逐步确立;大力弘扬新民主主义文化和社会主义文化,革命的人道主义得到传播。在强国家、弱社会的格局中,党领导国家,国家主导社会,党通过国家或自身组织主导社会。以上构成了新中国成立初期中国红十字会生长的外部环境。

第二,观照新中国红十字会的组织演变和内部关系。首先从纵向论述中国红十字会的组织演变,着重考察红十字会1950年和1956年两次组织整顿的根源和影响,以及会员和基层组织发展等;其次从横向剖析中国红十字会的内部关系,主要考察中国红十字会机构设置、组织架构、经费来源等。

第三,全面考察中国红十字会的国内救助事业。红十字会国内救助事业主要包括卫生救护训练、医疗预防服务、参与爱国卫生运动等,着重考察急救训练以及接生员、家庭护理、行业卫生、保健员训练等其他训练;各类医防服务队在农村、灾区以及治淮工地、老少边穷地区进行的医防服务;参与卫生运动的社会动员以及参与方式、成效和历史经验。红十字行动彰显了伟大的人道主义风采和博爱精神。

第四,透视中国红十字会的民间外交。作为新中国在国际组织中第一个恢复合法席位的组织,中国红十字会曾一度成为我国对外交往的重要窗口。红十字会开展了大量的民间外交,尤其是在国际舞台上加强与其他国家红十字会的交流与合作,开展国际医防服务,增进中苏友谊,协助日侨归国,1954 年作为新中国第一个民间使节出访日本等。红十字外交捍卫了国家主权,促进了世界和平,树立了新中国的形象,是政府外交的有益补充,有时甚至是"民间先行,以民促官"。

第五,理性考量红十字运动与社会运行的关系。新中国成立后,社会经济转型,公有制经济逐步占据绝对优势,社会结构呈现出集体化、单位化、身份化、行政化等特征,此时慈善组织及其事业日益式微,"红十字"却扎根于新中国,这是多种因素合力作用的结果,其中红十字精神与中国文化、新价值观中的革命的人道主义相融相通是最关键的因素。实际上,中国红十字运动与国家政策、社会结构乃至党、国家与社会的基本关系是相适应的,与社会运行呈正相关关系。

本课题的重点在于:第一,从外部环境和内部结构入手,解析新中国成立初期中国红十字会的组织演变和内部关系。第二,在考量红十字运动与社会运行的关系之后,探究"红十字"扎根于新中国的根源,总结新中国成立初期中国红十字运动的历史经验。

本课题的难点在于:第一,本课题研究需要运用历史学、政治学等多学科的理论与方法。第二,建构科学合理的研究框架,理清思路,在中国当代史的语境中,准确把握"国家与社会的互动",并以此统领整个研究,显示新中国成立初期"红十字"生长的艰难社会生态,引发出对于当前社会组织发展的历史启示。

需要指出的是,研究新中国成立初期中国红十字会,不仅具有重要的理论价值,而且有着不可低估的实际应用价值。本研究的理论价值在于:

第一，有利于深化中国红十字会的理论研究。长期以来，中国红十字会重视实际工作，而轻视理论研究，这在一定程度上影响了实际工作的成效。本课题首次运用"国家与社会"的分析框架和专题研究范式，多角度多层次地对新中国成立初期中国红十字会的组织及其事业进行研究，探讨新中国成立初期中国红十字会的管理体制、运行机制、救助机制和社会动员，以及"红十字"扎根于新中国的根源、红十字运动与社会运行的关系、新中国成立初期红十字运动的历史影响等一些基本问题，在弥补已有研究不足的同时，推动中国红十字会理论研究的进一步深化。

第二，有利于将当代社会组织、公民社会等理论研究引向深入。自从2004年党中央提出政治、经济、文化、社会"四位一体"建设之构想，社会组织、公民社会等理论问题的研究更加受到学界的重视。不过目前的研究存在一些弱点，如对改革开放以来的现实问题研究多，历史问题研究少，而在历史研究中，晚清、民国时期的研究多，新中国成立初期的研究少，特别是有些学者简单地套用西方市民社会理论来研究中国问题，这是不足取的。作为历史悠久的社会组织，中国红十字会历经晚清、中华民国和新中国三个时期，其研究的典型意义不言而喻。本课题的开展无疑对深化新中国成立初期社会组织的研究多有裨益，进而可丰富当代社会组织、公民社会等理论。在当前和谐社会建设中，包括中国红十字会在内的社会组织的地位及作用愈加凸显。本研究成果可为其他同类社会组织的工作，对建立新型的政府与社会组织互动合作关系，以及相关学术理论研究提供重要参考。

本研究的实际应用价值表现在以下几个方面。

第一，为办理和发展当前中国特色红十字事业提供历史经验。中国红十字会的实际工作迫切需要理论研究作为支撑。新中国成立初期，中国红十字会的运作机制、管理体制等，以及红十字会在组织发展、医疗卫生、社会福利、国际救援及民间外交等方面的历史经验，特别是，在新中国成立初期复杂的国内外政治环境中,中国红十字会如何处理同本国政府和外国红十字会的关系等经验,可为今日中国红十字会之发展提供有益借鉴。

第二,有利于推动当前社会建设和精神文明建设。社会组织在社会建设中占有重要地位,红十字的人道主义精神是社会主义精神文明的组成部分,而新中国红十字会的发展又是一脉相承的,研究新中国成立初期中国红十字会可为当前发挥社会组织在社会救助、民间外交等事务中的积极作用提供历史借鉴,促进和谐社会建设和精神文明建设。

第三,有利于当代社会史向纵深方向发展,丰富中共党史、当代中国史的研究内容。相对而言,国史中的社会史研究比较薄弱,尤其是社会救助史和民间外交史的研究。本课题,特别是其中的红十字会国内救援、民间外交等研究,可为弥补这方面的缺憾尽绵薄之力,同时丰富党史、国史的研究内容。

目　　录

第一章　新中国红十字会的外部环境

外部环境是影响社会组织生存和发展的重要因素。中华人民共和国的成立，开启了中国历史发展的新纪元，中国社会开始发生翻天覆地的变化。作为历史悠久的社会组织中国红十字会也由此走进崭新的发展阶段，其组织和事业的发展开始处于全新的社会环境之中。那么，在新中国成立初期，这一重要的社会转折期，中国红十字会所处的外部环境如何，这是研究新中国红十字会的首要问题。新中国成立后，政治、经济和社会秩序的重建以及思想观念的深刻嬗变构成了中国红十字会生存的外部环境。

第一节　政治新秩序的建立

国家政权问题是革命的根本问题。中国共产党领导人民进行长期民主革命的根本目标，就是创建一个工人阶级领导的以工农联盟为基础的人民共和国。1949 年中华人民共和国的成立，表明中共这一根本目标胜利实现。新中国成立后，面对异常复杂的国内国际形势，党和中央政府领导全国人民建立各级人民政权，逐步确立基本政治制度，并开展"一边倒"外交，从而在政权建设、制度建设以及外交格局上塑造了全新的政治秩序。

一、各地新政权的建立

新中国成立后,建立政治新秩序的必然步骤和首要任务便是扫除国民党残余势力,解放全中国,建立健全地方各级人民政权。为此,中央军委部署人民解放军继续进军以广州为中心的华南地区和以重庆为中心的西南地区,扫荡白崇禧、胡宗南两股武装力量为主的国民党反动残余军队。到1949年12月下旬,除西藏外,大陆全部解放,国民党反动集团在大陆的统治走向终结。此后开始解放海南岛和东南沿海诸岛屿,1950年5月,海南岛和舟山群岛先后解放,8月国民党军队在华南沿海的最后立足点也被拔除。1951年10月,根据中央人民政府和西藏地方政府的协议,人民解放军进驻拉萨,西藏和平解放。至此,新中国成立两年后,除香港、澳门、台湾等地外,全国基本统一。解放全国是民主革命的继续,而国民党残余势力被彻底扫除,就为建立各级地方新政权扫清了障碍。

新解放区的各级人民政权是在中共和中央政府统一领导和部署下,按照民主集中制的原则,分三步采取"逐步过渡"的民主建政方式逐步建立起来的。第一步,一律实行军事管制,镇压反革命活动,建立社会秩序。第二步,在条件许可的情况下,组织召集地方各界人民代表会议,作为人民参政议政的初期形式及地方人民代表大会的过渡形式。第三步,由各界人民代表会议逐步代行人民代表大会的职权,选举产生地方人民政府。到1954年,全国人民代表大会及地方各级人民代表大会召开,人民代表大会制度正式确立起来,民主建政得以进一步完善。

新中国成立初期,为保证中央政令的统一和有力贯彻执行,在国家行政层次上实行大行政区制度,即在中央与省之间设立东北、华东、中南、西南、西北五大行政区。此外,在一些政治、历史情况比较特殊的地区,采取了中央直辖或自治的方式。1950年1月,政务院发布省市县人民政府组织通则,对各级地方政权的隶属关系、组成、职权、机构等作了明确规定,使地方各级政权的建立有了初步的法规依据。到1951

年,全国共建立29个省、1个自治区、8个省级行署、13个直辖市人民政府、140个市人民政府及2283个县级(包括县、旗、宗、自治区等)人民政府,形成从中央到地方的一整套政权机构。①

与此同时,中共和人民政府还对全国城乡旧的基层政权进行彻底改造,乡成为我国最基层的政权,城市中基层群众自治组织的居民委员会,在当时还带有半政权性质。这样,人民政府组织系统从中央、大行政区、省、县(市)、区、乡一直延伸到社会的最基层,初步形成上下贯通、集中高效、便于发挥高度组织动员能力的国家行政体系,因而为新中国的各项建设提供了强有力的组织保障。

二、新政治制度的逐步确立

新政权的建立和新政治制度的确立实际上是同步展开的。政治制度包括国体、政体、政党制度和国家的结构形式等内容。而社会主义基本政治制度是对中共长期领导人民政权建设的经验所作的科学总结,有些政治制度在1949年9月中国人民政治协商会议通过的具有临时宪法性质的《中国人民政治协商会议共同纲领》和1954年9月全国人民代表大会通过的《中华人民共和国宪法》中都有法律效力的明确规定。

早在1931年11月,中共创建的中华苏维埃共和国,就是工农民主专政的国家。1935年12月在抗战的形势下,瓦窑堡会议提出以"人民共和国"取代"工农民主共和国"的主张,1940年1月毛泽东在《新民主主义论》中指出,建立"各革命阶级联合专政"的新民主主义共和国。新中国成立前夕,《共同纲领》对新中国的国体作出这样的规定:"中华人民共和国为新民主主义即人民民主主义的国家,实行工人阶级领导

---

① 中共中央党史研究室:《中国共产党历史》第2卷,上册,中共党史出版社2011年版,第38页。

的，以工农联盟为基础的、团结各民主阶级和国内各民族的人民民主专政。"①1954年宪法规定："中华人民共和国是工人阶级领导的、以工农联盟为基础的人民民主国家。""中华人民共和国的一切权力属于人民。人民行使权力的机关是全国人民代表大会和地方各级人民代表大会。"②可以看出，1949年新中国成立和1954年在完成了普选和召开地方各级人民代表大会的基础上召开的第一届全国人民代表大会第一次会议，表明人民民主专政的国体和民主集中制的人民代表大会制度正式确立起来。

新中国的政党制度是中共领导的多党合作和政治协商制度。新民主主义革命时期，中共逐步与各民主党派、无党派民主人士建立了合作和协商共事的关系。1948年4月30日，中共中央发布的"五一"国际劳动节口号，号召"召开政治协商会议"、"成立民主联合政府"，得到各民主党派和社会各界的热烈响应。1949年，各民主党派和无党派人士与中共一起参加筹备召开新政协，参与了新中国的创建工作。中国人民政治协商会议第一届全体会议的召开，标志着我国的政党制度正式形成和确立。1956年社会主义改造基本完成后，毛泽东提出了中共同民主党派长期共存、互相监督的方针，确立了社会主义条件下我国多党合作的基本格局。

新中国国家的结构形式是统一的多民族国家和单一制国家中的民族区域自治制度。早在抗战时期，中共就提出，在祖国统一的大家庭中，在少数民族聚居地区，实行民族区域自治政策。1941年5月公布的《陕甘宁边区施政纲领》，具体提出"建立蒙回民族的自治区"。③ 1947年5月，内蒙古自治区建立，这是第一个相当于省级的民族自治区。民族区

---

① 《建国以来重要文献选编》第1册，中央文献出版社1992年版，第2页。

② 《建国以来重要文献选编》第5册，中央文献出版社1993年版，第522页。

③ 中共中央党史研究室：《中国共产党历史》第1卷，下册，中共党史出版社2011年版，第566页。

域自治是中国共产党解决民族问题的一个创造,也是处理少数民族问题的一项基本政策,这项基本政治制度后被写进《共同纲领》和"五四宪法"。自 1955 年起,新疆、广西、宁夏、西藏等自治区先后建立。

总之,新中国成立后,社会主义基本政治制度逐步确立,我国各项事业的发展有了坚实的制度保证。

三、新外交格局的成型

新中国成立后,国际上存在"两大阵营"和两种制度的相互对抗,我国因此采取"另起炉灶"、"打扫干净屋子再请客"和"一边倒"的外交政策。"一边倒",即坚定地站在以苏联为首的社会主义阵营一边,可以说是 20 世纪 50 年代我国外交政策和实践的总代表,是意识形态和国家利益结合的战略选择。

早在 1949 年 3 月中共七届二中全会上,"一边倒"的外交方针就已经确定下来,毛泽东指出:"中苏关系是密切的兄弟关系,我们和苏联应该站在一条战线上,是盟友。"[1]同年 12 月毛泽东前往苏联访问以及 1950 年中苏两国签订《中苏友好同盟互助条约》,是按照既定方针采取的最重大的外交行动,意味着新中国"一边倒"的对外关系格局基本形成。

与此同时,以美国为首的西方国家却对新中国抱着敌视态度,外交上拒不承认中华人民共和国。1950 年 6 月朝鲜战争爆发后,美国立即宣布介入战争,干涉朝鲜内政,并命令其海军第七舰队侵入台湾海峡,阻止中国人民解放军解放台湾。朝鲜战争的爆发是导致"一边倒"格局长期化和固定化的重要因素。不仅如此,1951 年美国开始极力扶持日本,谋求单独对日媾和,进而于 9 月 8 日不顾许多国家反对,悍然与日本签订《美日安全条约》。随后,美国又与英国、法国、澳大利亚、新西兰、菲律宾、泰国、巴基斯坦等国家签订《东南亚集体防务条约》,进

---

① 《毛泽东文集》第 5 卷,人民出版社 1996 年版,第 262 页。

一步在中国周围建立起"遏制战略的防御链",尽管有些国家并不在东南亚地区。因为受新中国政权、主流意识形态以及台湾问题等因素的影响,严重对峙和斗争是中美两国关系的突出表现。

不过,新中国成立不久,苏联和保加利亚、罗马尼亚等人民民主国家先后同我国建立外交关系,为新中国步入国际社会创造了有利条件。同时,我国政府还废除了帝国主义在中国的特权,肃清了帝国主义在中国的势力和影响。此后,我国同周边一些民族独立国家和欧洲的一些资本主义国家建交。新中国成立后一年多的时间,与中国建交的国家就达19个,史称"第一次建交高潮",这显然是"一边倒"战略带来的外交效应。新中国被遏制、被孤立的被动外交局面开始有所松动,毕竟"一个国家能够从其他国家获得越多的外交承认,它就越能维护它的主权与合法性"①。

值得一提的是,1953年12月,我国首次倡导超越意识形态和社会制度的和平共处五项原则,中国对外关系以多种形式迅速地发展,这就为新中国的建设争取了更为有利的国际和平环境。不过,新中国成立初期,"一边倒"的外交战略以及社会主义阵营,对于我国各项事业的影响是至深至远的。

第二节　社会经济秩序的重建

新中国成立后,巩固新生人民政权作为一项艰巨任务摆在中共和人民政府面前。抗美援朝、镇压反革命与"三反"、"五反"三大运动的相继开展,以及社会团体的治理整顿,强有力地推动了政治社会化,加上社会主义基本经济制度的逐步确立,从而建立了巩固政权所必需的稳定的社会经济新秩序。

---

① [美]迈克尔·罗斯金等:《政治科学》,华夏出版社2001年版,第7页。

一、三大运动的开展

（一）抗美援朝运动

朝鲜战争爆发后，为保家卫国，中国人民志愿军赴朝作战，一场轰轰烈烈的涉及参军作战、支援前线、增产节约、拥军优属、捐献救护机等内容的抗美援朝运动，在国内迅速掀起。为开展此项运动，中共和人民政府进行了普遍深入的政治动员。如在首都和全国各地成立抗美援朝总会和分会，1950年10月中国保卫世界和平大会委员会与中国人民反对美国侵略台湾朝鲜运动委员会合并，成立中国人民保卫世界和平反对美国侵略委员会（简称中国和大），作为统一领导全国抗美援朝运动的组织机构。同月中共中央发出《关于时事宣传的指示》，为各地广泛、深入地进行抗美援朝宣传教育作出部署。通过宣传教育，广大人民群众认识到抗美援朝与保家卫国的内在联系，援助朝鲜人民的正义斗争是中国人民应尽的国际主义义务，从而克服部分群众中存在的亲美、崇美、恐美心理，树立起对美帝国主义仇视、鄙视和藐视的态度，增强战胜美帝国主义的决心和信心。

受此影响，各民主党派和社会各界发表宣言响应抗美援朝运动。如1950年11月4日中国各民主党派发表《联合宣言》，谴责以美国为首的侵略者不顾中国政府警告，派兵侵略朝鲜，直接威胁中国东北安全。同时，各地宗教界人士相继召开集会，发表宣言，决心割断同帝国主义的一切联系，摆脱帝国主义的控制。天津、上海、北京、沈阳、重庆、广州、武汉、南京等地的工商界人士也表示，不能忘记美帝国主义的侵华罪行，民族工商业的利益是和中华民族的利益紧密联系在一起的，只有中国人民的胜利，才能保障工商业的繁荣和发展。①

全国人民群众在各条战线上努力生产和工作，以实际行动参与抗美援朝，爱国主义热情空前高涨，国际主义精神广为弘扬。人民解放军

---

① 中国当代研究所：《中华人民共和国史稿》第1卷，人民出版社、当代中国出版社2012年版，第93—94页。

战士人人上书请求走上朝鲜前线杀敌立功；广大青年踊跃报名参军，出现母送子、妻送夫、兄弟争先入伍的感人事迹；成千上万的铁路员工、汽车司机和民工组织运输队、担架队随军赴朝，担负前线的各种运输和战勤服务；医务工作者组织大批医疗队上前线为中朝部队服务。

广大工人群众响应毛泽东1951年10月提出的"增加生产，厉行节约，以支持中国人民志愿军"的号召，提出"工厂即战场，机器即枪炮"的战斗口号，开展增产节约竞赛，发扬高度的生产积极性和创造性，保证国民经济的恢复和发展，及时地供应前线所需军事物资。而广大农民提出"要人有人，要粮有粮"的口号，开展爱国增产运动，努力提高农田产量，使全国农业生产得以迅速恢复和超过历史最高水平，为朝鲜前线的粮、棉供应提供保证。抗美援朝期间，全国人民为志愿军共提供560万吨粮食、肉蛋、医药、衣被等物资。

1951年6月起，全国掀起制定爱国公约、捐献飞机大炮和优待烈军属的群众性运动。至1952年5月，全国各地区各阶层人民共捐款5.565亿元人民币（旧币①，下同），相当于当时价值3710架战斗机。全国人民在"先军属，后自己"的口号下，采取一切措施，保证烈军属的生活和生产，并在精神上给予烈军属鼓励和慰问，树立光荣感。此外，各地不断组织慰问团前往朝鲜慰问中国人民志愿军和朝鲜人民军，鼓舞了他们的战斗意志。

（二）镇压反革命运动

新中国成立之初，各地还潜伏着国民党派遣特务以及旧中国遗留下来的恶霸、惯匪和反动会道门头子等，严重威胁新生人民政权。为此，1950年3月中共中央发布《关于镇压反革命活动的指示》，要求对于反革命活动，各地必须给以严厉的及时的镇压，决不能过分宽容，让

---

① 从1955年3月1日起，中国人民银行在全国各地开始发行新人民币。新币1元相当于旧币1万元。

其猖獗。7月,政务院、最高人民法院联合发出《关于镇压反革命活动的指示》,以扭转镇反不及时、不得力的局面。此后,各地处决了一批罪行严重的反革命分子。

实际上,在初期镇反工作中,各地公安部门集中地对各类反革命分子进行清查搜捕,破获许多特务间谍案件,初步安定了社会秩序,但同时存在一些缺点,如不少干部存在麻痹轻敌思想等,致使一些首要的怙恶不悛的反革命分子没有受到应有的制裁。针对这一情况,1950年10月中共中央再次发出《关于镇压反革命活动的指示》,要求各级党委全面执行"镇压与宽大相结合"的政策,对已被捕及尚未逮捕的反革命分子,应根据已掌握的材料,经审慎地研究,分别加以处理。从这年12月开始,全国镇反运动大张旗鼓地开展起来。

1951年2月中央人民政府发布《中华人民共和国惩治反革命条例》,规定了处理反革命案件的原则和方法,使镇压反革命分子有法可依,量刑有据。5月第三次全国公安会议以后,镇反运动开始走向深入,主要体现在清理基层领导班子,将镇压反革命的重心转到水域和取缔反动会道门,认真处理积案等方面。至1953年秋,镇反运动全部结束,全国社会治安情况大为好转。

(三)"三反"、"五反"运动

"三反"运动直接发端于1951年下半年全国开展的群众性爱国增产节约运动,在城市工商业开展"五反"运动,是在"三反"运动发展过程中引发出来的。随着增产节约运动的深入开展,各地很快揭露出许多贪污、浪费、官僚主义的问题。而且在国民经济恢复和发展阶段,资本家中的不法分子不满足于用正常方式获得一般利润,力图利用向国家干部行贿等非法手段获取高额利润。[①] 有鉴于此,1951年11月中央

---

① 参见胡绳主编:《中国共产党的七十年》,中共党史出版社1991年版,第315页。

明确下达"三反"指示，12 月 1 日，中共中央正式作出《关于精兵简政、增产节约、反对贪污、反对浪费、反对官僚主义的决定》。此后至 1952年 10 月，全国范围内在党政机关工作人员中开展反对贪污、反对浪费和反对官僚主义的"三反"运动，在私营工商业者中开展反对行贿、反对偷税漏税、反对盗骗国家财产、反对偷工减料、反对盗窃国家经济情报的"五反"运动，这对于反腐倡廉，形成健康的社会风气起着很大作用。

二、社团的治理整顿

治理整顿社会团体是新中国成立初期建立社会新秩序的又一重要举措。《共同纲领》规定，"中华人民共和国人民有思想、言论、出版、集会、结社、通讯、人身、居住、迁徙、宗教信仰及示威游行的自由权"，同时"必须镇压一切反革命活动，严厉惩罚一切勾结帝国主义、背叛祖国、反对人民民主事业的国民党反革命战争罪犯和其他怙恶不悛的反革命首要分子"。[①] 这不仅在原则上明确了我国公民拥有"结社"的权利，而且还规定了公民在行使民主权利时的政治前提。

社会团体虽然不同于政党组织，但与政治有或多或少的联系。新中国成立后，社团组织种类繁多，情况复杂，从政治层面来看，既有中共领导下的解放区社团组织，也有追随国民党政权的旧有社团，还有与帝国主义有联系的宗教团体等，进步与落后、积极与反动、合法与非法交织在一起。为建立稳定的社会政治秩序，中共和人民政府依据上述《共同纲领》的有关规定，对社会团体进行治理整顿。而中共在根据地或解放区的社团管理经验为新中国成立后的社团治理提供了一定借鉴。[②]

---

① 《建国以来重要文献选编》第 1 册，中央文献出版社 1992 年版，第 1—3 页。
② 涉及这方面的研究成果不多，可参见张帆、杨洪：《抗战时期中共社团管理政策初探》，《党的文献》2010 年第 4 期。

1950年9月29日政务院通过新中国第一部关于公民结社的行政法规《社会团体登记暂行办法》,1951年3月23日内务部公布《社会团体登记办法施行细则》,社会团体开始实行全国统一的分级登记。其中《暂行办法》规定,除免于登记的团体外,"凡社会团体均应依照本办法的规定向人民政府申请登记","凡危害国家和人民利益的反动团体,应禁止成立;其已登记而发现有反动行为者,应撤销其登记并解散之"。同时明确了社团主管登记机关,以及社团申请成立、注销登记等事项。[1] 而《施行细则》则对社团登记作了具体规定。除此之外,中共和人民政府根据社团不同的性质、特点制定了相关单行法规,如1950年6月颁布的《中华人民共和国工会法》。还对宗教团体提出了民主改革、自治等相应政策加以整顿。这些法规、政策的出台,为治理社团提供了基本的法律依据和政策支持。

新中国成立初期,政府对不同类型的社团采取了不同的政策加以整顿:对于一切反动团体予以取缔,并镇压其一切反革命活动;对于政治上没有什么问题的各种旧中国遗留团体,进行整顿改组,予以保留;对于积极拥护新中国的各种团体,则大力扶持。[2] 具体而言,第一,大力扶持拥护新中国的社会团体。这主要体现在:一方面,给予政治坚定的人民团体较为特殊的政治地位——免于社团登记;另一方面,倡导和扶持新建团体。第二,改组旧中国落后团体。旧中国遗留下来的落后团体,多涉及科教文卫等领域,这些团体虽然受到旧的思想意识影响,但其领导机构、组织章程、活动方式、思想觉悟等只要加以改组整顿,确定新的方向和目标,对于新中国各项建设事业都将大有裨益。第三,坚决取缔一切反动团体。危害国家和人民利益的反动团体及其反革命活动,对人民政权和社会稳定构成了直接威胁。《暂行办法》颁布后,我国即"禁止

---

[1]　中央人民政府法制委员会编:《中央人民政府法令汇编(1949—1950)》,法律出版社1982年版,第159—162页。

[2]　王世刚主编:《中国社团史》,安徽人民出版社1994年版,第438页。

成立",或"解散"反动团体,同时结合镇压反革命运动,对于利用封建会道门进行反革命活动者,"处死刑或无期徒刑;其情节较轻者处三年以上徒刑"。① 第四,改革宗教团体。新中国成立之初,宗教团体改革与宗教改革是联系在一起的,而宗教改革有两类情形,一是佛教、道教和伊斯兰教的民主改革,二是基督教和天主教的自立革新运动。

通过治理整顿,全国大致形成新的六大类社团组织,即人民群众团体、社会公益团体、文艺工作团体、学术研究团体、宗教团体和其他合法团体。社会团体获得合法性,实现了现代转型,成为中共和人民政府联系群众的桥梁和纽带,继而站在人民的立场上,为新中国建设服务,并在各领域发挥出积极作用。

三、新经济制度的逐步确立

新中国成立初期,社会主义基本经济制度逐步确立,标志着我国经济制度同样发生了根本性变革,这种变革是经济秩序重建的重要体现。

解放区早已推行没收封建阶级的土地归农民所有、没收官僚资本归新民主主义的国家所有、保护民族工商业这一新民主主义三大经济纲领。新中国成立后,全面开展没收官僚资本、建立国营经济、统一财政工作。在农村,土地改革运动和互助合作的初步发展,解放了社会生产力。在城市,坚持公私兼顾,调整工商业,活跃市场,扩大城乡交流。此时,全国形成了国营经济、合作社经济、个体经济、私人资本主义经济和国家资本主义经济五种经济成分并存的新民主主义经济。

1953 年在国民经济恢复和发展的基础上,中共中央提出了过渡时期的总路线,即要在一个相当长的时期内,逐步实现国家的社会主义工业化,并逐步实现国家对农业、手工业和资本主义工商业的社会主义改

---

① 中央人民政府法制委员会编:《中央人民政府法令汇编(1951)》,法律出版社1982年版,第4页。

造。其中,工业化是主体,三大改造是双翼,两者并举。农业合作化采取积极领导、稳步前进的方针和自愿互利、典型示范、国家帮助的原则,按照互助组到初级社再到高级社逐步过渡的方式进行;在资本主义工商业改造中,实行利用、限制、改造的政策,从工业中的委托加工、订货、统购包销和商业中的委托经销、代销等初级形式,到个别企业公私合营、全行业公私合营的高级形式,以和平赎买的方式完成了改造;对手工业采取了类似于农业和工商业改造的方法,完成改造任务。

到1956年底,全国范围内对生产资料私有制的社会主义改造基本完成,实现了所有制结构由多种经济成分并存向单一公有制的过渡。与此同时,流通领域由计划和市场并存转向计划经济;劳动就业由计划调配和自行就业相结合走向统一调配和包下来;分配制度由多样化走向简单和统一。至此,社会主义基本经济制度逐步确立了起来。

总而言之,新中国成立后,随着政治制度和经济制度的根本性变革,我国社会性质也相应发生变化,由新民主主义逐步过渡到社会主义,社会形态演变为社会主义社会。实际上,由根据地、解放区,或由农村局部发展而来的新民主主义,逐步推向全国,并走向社会主义,正是中共长期进行民主革命和政权建设的必然结果,是党奋斗目标实现过程中的一个环节。可见,新中国成立初期,我国社会制度发生了根本性变化,旧的半殖民地半封建的社会制度已经结束,新的社会主义基本制度逐步确立起来。社会制度的变革,尤其是关键性的政治制度和经济制度的变革,以及由此推动的社会性质和社会形态的变化,是这一时期我国社会最广泛最深刻变革的最突出表征。

第三节　思想观念的深刻嬗变

新中国成立后,新旧政权更替,社会制度变革,思想观念也发生深刻变化,形成新思想、新观念和新风尚,这尤其表现在马克思主义意识形态主导地位的确立,爱国主义、集体主义、社会主义以及国际主义教育的广泛开展,平等观念和为人民服务意识的普遍增强等方面。换言之,新民主主义文化和社会主义文化得到大力弘扬,革命的人道主义得到广泛传播。而影响和促成人们思想观念、社会风尚嬗变的原因是多方面的,其中民族独立、人民解放和国家统一,是根本原因,新社会制度的确立是重要原因,而发展民族科学大众文化的政策及其实践,则是直接原因。下面就马克思主义在意识形态主导地位的确立以及爱国主义等新风尚的形成着重展开考察。

一、马克思主义主导地位的确立

中国共产党是以马克思主义及其中国化的理论成果作为指导思想的。新中国一成立,中共和中央政府就确立了马克思主义在意识形态中的主导地位。“立”与“破”是相对的、统一的。中共和人民政府一方面大力宣传甚至是灌输马克思列宁主义、毛泽东思想,另一方面批判和改造旧的意识形态,包括肃清帝国主义文化影响,批判封建主义思想,批判非马克思主义倾向等,为新生政权提供意识形态资源,夯实合法性基础。

第一,兴起学习马克思主义运动。新中国成立后,面对建设的复杂任务,中共中央要求全党学习马克思列宁主义、毛泽东思想,注意提高各级干部尤其是高级干部的理论水平,专门要求高级干部阅读苏联社会主义建设文件和斯大林著作。1949年10月,马列学院(中共中央党校前身)迁至北京,高级干部定期前往学习。此后,各地效仿马列学院,建立自己的党校,负责该地该级干部学习政治理论的任务。实际上,各级党校培养了大批党员干部,成为各级干部系统学习马克思主义理论的基地。

与此同时,中共中央高度重视在民主党派的代表人物和文化教育领域中,加强马克思主义理论的学习和宣传。1951年2月,中共中央发出《关于健全各级宣传机构和加强党的宣传教育工作的指示》,指出必须正确使用"全国的庞大的报纸网、广播网、出版网、学校网、电影网以及其他各种文化教育工具","来服务于国家建设事业"。① 1952 年10月,教育部发出《关于全国高等学校马克思列宁主义、毛泽东思想课程的指示》,规定高校普遍开设"新民主主义论"、"政治经济学"、"辩证唯物主义和历史唯物主义"等课程,用马克思主义理论武装大学生。

从学习党和国家重要路线、方针、政策的内容来看,1949 年到 1952年主要学习《共同纲领》的基本精神,1953 年到 1956 年主要学习过渡时期总路线和"五四宪法"精神。学习马克思主义运动在全国兴起,大大地提高了各级干部和人民群众的思想觉悟。

第二,肃清帝国主义文化影响。在近代社会,帝国主义对中国侵略是多途径的,文化渗透是其中的一方面。肃清帝国主义文化影响,是民主革命题中应有之义。北平、南京、上海、汉口等地解放后,当地军事管制委员会就发出通令,禁止所有外国(与新中国无外交关系国家)通讯社、记者以及报纸、刊物、广播电台等一切活动。新中国成立后,中国对于帝国主义在华举办的文化教育机关和宗教团体,在其遵守国家法令政策的前提下,允许继续接受外国津贴,暂时不予取缔。但朝鲜战争爆发后,国际形势严峻化,中央政府遂于 1950 年 12 月颁布《关于处理接受美国津贴的文化教育救济机关及宗教团体的方针的决定》,②妥善处理了美国文化教育救济机关和宗教团体,将其转为各地人民政府和人民团体接办。这表明帝国主义对华百余年的文化侵略彻底结束。

第三,批判封建主义思想。新中国成立后,对于封建主义思想的批判,没有专门组织运动进行,而是存在于多个工作方面,历次群众运动都或多或少地涉及这一主题。例如,土地改革运动彻底摧毁了两千多

---

① 《建国以来重要文献选编》第 2 册,中央文献出版社 1992 年版,第 75 页。
② 《建国以来重要文献选编》第 1 册,中央文献出版社 1992 年版,第 510—515 页。

年的封建土地剥削制度,占人口绝大多数的农民获得了解放。实际上,土地改革运动也是对封建主义旧思想的一次清算。

新解放区有领导、有步骤、分阶段地进行空前规模的土地改革运动,是从 1950 年冬开始的,1953 年春全国土地改革基本完成。这期间,各地人民政府都派出了大批土改工作队深入广大农村,领导土改运动。土改工作队到农村后,与贫苦农民同吃同住同劳动,访贫问苦,扎根串联,进行广泛深入的思想动员和政治发动,把农民组织起来,举办农民积极分子短期培训班,召开农民代表会议,宣传有关政策,启发农民群众反封建的思想觉悟。在此基础上,通过贫苦农民自己"吐苦水(诉苦伸冤)"、"挖苦根(讲剥削)"、"算剥削账"等方式,进行"谁养活谁"的教育,冲垮横行千年之久的封建主义思想牢笼,增强了亿万农民反封建的政治觉悟,是一次思想启蒙。

除土地改革运动外,抗美援朝、改造知识分子思想等运动也在不同程度上对封建主义思想进行了批判。

第四,批判非马克思主义倾向。在意识形态领域的批判,是指1951 年 4 月开始到 1956 年底暂告一段落的三大思想文化批判运动。这三次批判分别是对电影《武训传》的批判、对《红楼梦》研究的讨论和对胡适的批判、对胡风文艺思想的批判和对所谓"胡风反革命集团"的处理。其中,对电影《武训传》的批判是新中国成立初期意识形态领域第一次大规模的思想文化批判运动,正常的学术讨论变成了政治批判,学术观点也变成了思想政治问题;对胡适的批判,规模大,涉及面广,参与者众,持续时间长,并与反对美国的斗争连在一起,具有强烈的政治声讨攻势。① 需要指出的是,改革开放以后,有关部门对上述相关错误的批判和处理,均予以检讨、纠正和平反。不过在当时的历史条件下,

---

① 参见郭德宏等主编:《中华人民共和国专题史稿》卷一,四川出版集团、四川人民出版社 2009 年版,第 467 页。

批判运动本身对于确立马克思主义主导地位的推动作用却是不容否定的。

二、新社会风尚的形成

新中国成立不久在全国开展的抗美援朝运动,极大地提升了全国人民的爱国主义精神。从某种意义上说,抗美援朝运动实质就是一次爱国运动。1950 年 6 月 28 日,面对美国侵略朝鲜的险恶局势,毛泽东指出:"全世界各国的事务应由各国人民自己来管……而不应由美国来管。美国对亚洲的侵略,只能引起亚洲人民广泛的和坚决的反抗。"并号召"全国和全世界的人民团结起来,进行充分的准备,打败美帝国主义的任何挑衅"。[①] 11 月 1 日,《人民日报》发表题为《开展抗美援朝的政治教育》的社论,要求党的思想宣传工作要"特别着重于反对美帝国主义的法西斯思想,肃清帝国主义长期在中国人民中所传播的一切有害的影响和半殖民地奴化的买办思想以及国民党反动派思想的残余,发扬民族自尊心和人民革命战争的伟大传统,树立打败帝国主义的信心"。根据社论精神,在"保土地,保饭碗,保世界和平"、"不做亡国奴"、"巩固国防,守住大门"等口号的激励下,全国各市县、农村迅速掀起了以爱国主义和国际主义为中心内容的抗美援朝宣传教育热潮。

1951 年 2 月 2 日,中共中央发出《关于进一步开展抗美援朝爱国运动的指示》,把"发起订立爱国公约"作为爱国运动的中心之一。爱国公约的内容一般由各地各界群众根据具体情况和需要自行议定,最普遍的是在工业、农业、商业、交通等各条战线开展生产竞赛和增产节约活动。订立爱国公约把人们抗美援朝、保家卫国的爱国热情同自己的实际行动结合起来,并用公约的形式固定下来,作为行动的准绳,使抗美援朝爱国运动更加深入人心。

[①]　《建国以来毛泽东文稿》第 1 册,中央文献出版社 1987 年版,第 423 页。

可以说,抗美援朝运动的开展,促进了广大人民现代国家观念、政治参与意识和集体主义的形成,同时极大地加深了群众对于社会主义、国际主义以及革命的人道主义的认识。

此外,1952年针对抗美援朝期间美国对我国施行的细菌战,全国还大规模地开展了爱国卫生运动,人人动手,讲究卫生,清扫垃圾,改善环境,城乡落后的卫生面貌有了初步改观。爱国卫生运动不仅提高了人民健康水平,而且成为普及人民卫生知识,移风易俗的一种很好形式,从此社会上普遍形成讲卫生、爱清洁的新风尚。

群众性爱国卫生运动大规模持续开展,是新中国医疗卫生事业发展的重要组成部分。实际上,新中国成立后,中共和人民政府高度重视我国医疗卫生事业的发展,逐步确立了"面向工农兵"、"预防为主"、"团结中西医"以及"卫生工作与群众运动相结合"的卫生原则,开展医药卫生学校建设和医学教育,培养各类医疗卫生干部和工作人员,完善各级医疗卫生机构,在广大农村、城市街区和工矿企业建立起基层卫生组织,建立各种专业防疫机构和防疫队伍,以防治危害严重的流行性疾病和严重威胁母婴生命健康的疾病为突破口,全面提高人民健康水平。

值得一提的是,新中国成立后社会新风尚的形成和树立,与中共和人民政府有步骤地对旧有文化教育事业进行改革,争取、鼓励知识分子为人民服务,促成学校教育制度与思想文化建设实现新与旧的转换是分不开的。

总而言之,新中国成立后,中共和人民政府领导人民群众消除封建的买办的思想影响以及帝国主义文化侵略的恶果,逐步树立马克思列宁主义、毛泽东思想占主导地位的新的文化意识形态。社会各阶层人民经过恢复生产、民主改革和抗美援朝运动而受到深刻的思想政治教育,逐步树立了积极向上的革命人生观,培养文明进步的社会公德,崇尚爱国主义和集体主义,明确为人民服务的方向,从而引发思想观念的深刻嬗变。

第二章　组织演变与内部关系

　　新中国成立初期,在新社会、新制度和新认同的外部环境中,受国家政策、社会意愿、自身发展以及苏联经验等国内外诸多因素的共同影响,1950 年和 1956 年中国红十字会先后两次进行组织整顿,在此过程中实现了自身组织的新旧嬗变,并重新调整内部关系,从而为新中国红十字事业的发展提供了坚实基础和根本保障。从另一个角度来看,新中国成立后,中国红十字会的组织演变及其内部关系折射出社会改造和重建时期国家与社会间的互动关系。

第一节　1950 年总会改组

一、改组的原因

　　社会总是不断地向前发展变化着的,始建于晚清的中国红十字会作为重要的"社会器官",亦处于不断的发展演变之中,而改组是促成和实现红十字会组织演变最直接的显性方式。历史上,中国红十字会因外部环境的变化,曾于 1907 年、1911 年、1934 年、1943 年和 1946 年,多次经历重要改组,相应地变更自身组织及事业发展的路向。① 如抗战胜利后,中国红十字会进入复员时期,此前所开展的大规模的战地救

---

　　① 参见《中国红十字会》,中华民国行政院新闻局印行,1947 年,第 1—2、19 页。

护逐渐停止,1946 年红十字会根据行政院颁布的《复员期间管理中华民国红十字会办法》进行改组,接受国民党政府行政院的领导和管理,会长、副会长分别由蒋梦麟、刘鸿生、杜月笙 3 人蝉联,另外改聘 17 位理事。1950 年,走过 46 个春秋的红十字会再次进行改组,其原因主要在于以下几个方面。

第一,红十字会原组织急剧分化。1949 年政权变更之际,中国红十字会(时称中华民国红十字会)总会的人事,特别是领导层变动,以及办公地再度迁移,表明原组织处于半瘫痪状态。1949 年 4 月南京解放,国民党在大陆政权走向覆没。此时,地处南京的红十字会总会,其会长蒋梦麟等与国民党政府有重要关系的上层人士去往台湾,只有秘书长胡兰生以及刘鸿生(副会长、理事)、吴有训(常务理事)、金宝善(常务理事)、徐国懋(常务理事)、王晓籁(理事)、徐寄庼(理事)等仍留在大陆,作为领导机构,原由 19 位理事、常务理事组成的理事会①便随之解散。总会的职工则成立职工会,以中国红十字会职工会的名义对外联络,并积极向新政权靠拢,受到南京市军管会②的赞扬。5 月 28 日,留守南京的工作人员全部迁往已经解放的上海,与 1946 年设在上海的办事处③合并办公。8 月总会也迁至上海。④

然而,此时红十字会系统的工作能力丧失过半,大不如前,这突

① 参见《中华民国红十字会总会主要人员名单》,《红十字月刊》1946 年第 1 期,第 13 页。

② 军管会为军事管制委员会简称,是新解放区建立的临时性地方政权机关。参见中共中央党史研究室:《中国共产党历史》第 2 卷,上册,中共党史出版社 2011 年版,第 38 页。

③ 1946 年为督导、辅助华北、华东、华中、华南、华西各地区分会的恢复和设立,中国红十字会在北平、上海、汉口、广州、重庆等城市设立办事处。除上海办事处外,其余四处均于当年年底结束工作。参见《中华民国红十字会总会 35 年 12 月份工作简报》,中国第二历史档案馆档案,476 宗,第 2001 卷。

④ 此前,红十字会总会曾先后设址或迁址于上海、北京、上海、重庆、南京等地。参见张玉法主编:《红十字会百年史(1904—2004)》,(台湾)致琦企业有限公司 2004 年版,第 34、99、222、233、236 页。

出表现在大多数分会的工作难以为继上。据统计,至 1948 年底,红十字会拥有分会 193 个,支会 6 处,会员 38.5 万余人,①但是,新中国成立后,社会秩序尚未稳定,红十字会内部管理松散,各地分会与总会的联系有所减弱,一般分会几近停顿,而没有具体活动,会员也多半没有联系,很少缴纳会费。在分会中,原理事会能够运转的,不到 20 个;只有少数理事维持会务的,有 40 多个;理事会完全解体,仅存业务机构的,有 10 多个。总的来说,全国只有 89 个分会能够正常开展工作。

情况严重的是,转折年代红十字会内部思想混乱。工作人员中,多数人存在浓厚的依赖政府的思想;少数人认为红十字会只是慈善机构,由少数有钱人主持办理一些像放赈、冬赈之类的工作;也有人认为红十字会是一种历史性的、单纯的医务团体,平时工作应该是办些医院和诊所,战时组织一些救护队;还有人认为红十字会是"中立性"、"国际性"、"超政治性"的团体,对于人类社会应不分敌我,不分阶级,一律"博爱",其工作方针不应受到政府的拘束,等等。② 工作人员尚且如此,会员的思想自不待言。

上述领导层变动、分会组织无序、内部思想复杂等一时乱象,充分说明红十字会原有组织机构、旧的指导思想和工作目标,已经不能适应新社会发展的需要。因此,新中国成立后,红十字会进行必要的组织整顿,统一思想,保持工作运转,是自身发展的理性诉求。这种内驱力是启动改组的重要动因。

第二,红十字会的地位较为特殊。新中国成立后,国民经济逐步恢复和发展,因而推广卫生医药事业,保证生产任务完成,就成为中共和

---

① 胡兰生:《中国红十字会总会会务报告》,《新中国红十字》1950 年 9 月创刊号,第 4 页。另有史料记载,至 1948 年 12 月全国有分会 194 个,支会 10 个。参见池子华、郝如一等:《近代江苏红十字运动(1904—1949)》,安徽人民出版社 2007 年版,第 198 页。

② 李德全:《新中国红十字会的工作方向与发展步骤》,《人民日报》1951 年 2 月 1 日。

人民政府的一项重要工作。与此同时,医治战争创伤、保护人民健康和防治流行疾病也被历史性地提到重要议事日程。但是,当时我国各种疾病灾害十分突出,卫生设施稀少,公职人员严重不足,医疗卫生事业在需求与供给方面存在巨大反差,而且医疗资源分布极不均衡。如1949年,仅东北地区全年就发生传染病228157人,死亡32550人,死亡率高达14.3%,①而当年全国卫生技术人员共有505040人,且绝大多数在城市,全国医院2600所,病床80000张,占全国总人口4.8亿85%以上的农村仅有病床20133张。② 因此,贯彻"预防为主"的卫生工作总方针,发动社会力量,广泛地组织群众,从而更好地开展卫生工作,显得尤为紧迫和重要。

此时,社会公益团体红十字会在医疗卫生方面独具特色资源和比较优势,并拥有一定的事业基础和技术条件。据南京解放以后的统计,红十字会所辖医院共有45处,诊所81所,加之其他福利机构,共约200处,尤其是,同一时间内医院可收纳1500名病人,诊所一天可医治4000名病人。③ 当时红十字会工作人员约2000人,医护人员576人。特别是,红十字会在近代长期的战争救护和灾难救助中所积累的医疗卫生工作经验是一笔可资利用的宝贵财富。不难想见,如发挥红十字会的应有作用,可以为缓解医疗紧张局面助一臂之力。

更重要的是,中国红十字会是国际红十字运动成员。早在1912年中国红十字会就获得了红十字国际委员会的正式承认,并于1919年加入国际红十字协会。然而,新中国成立后,国际上存在"两大阵

① 《中国红十字会的工作方向与发展步骤》,中国红十字会总会编印,1951年,第3页。
② 《当代中国》丛书编辑委员会编:《当代中国的卫生事业》(上),中国社会科学出版社1986年版,第2—3页。
③ 李德全:《中国红十字会今后工作的任务》,《新中国红十字》1950年9月创刊号,第6页。

营"和两种制度的相互对抗,以美国为首的西方国家对新中国抱着敌视态度,迫使中国在外交上"一边倒"(向苏联)。受此影响,国际红十字会内部存在严重的意识形态斗争,台湾当局派出的代表依仗美国的支持仍在国际红十字会占据中国席位。而当时,苏联及东欧国家已在国际红十字会中,"他们需要我们参加进去",共同为世界和平作出贡献。为此,新中国成立后当我国外交事业处于艰难之时,中央政府①对于"尚有些社会事业基础"的红十字会,"必须予以接管和维持",②使之配合我国政府外交,以维护新中国主权,树立新中国形象。历史表明,新中国成立初期红十字会在民间外交方面发挥出重要作用,其中,最具代表的是中日两国红十字会的交往最终促进了中日关系的正常化。③

由上可知,中国红十字会地位特殊,一般社团难以望其项背,因而有继续存在之必要,这是启动改组的根本原因。也正因为如此,中央政府非常重视"老牌"的红十字组织,主张对其改组,并加以正确引导和使用。④ 这是一种基于社会需要和国家利益考虑的现实选择。

第三,国家依法整顿社会团体。如第一章所述,社团组织往往或多或少地与政治发生联系。新中国成立之初,社会团体复杂,既有参加新中国创建工作的人民团体和新建的合法团体,也有曾与国民党政权有联系,以及由帝国主义开办或受其控制的社会团体,还有宗教团体等,非法的与合法的含混一起。所以,为巩固新生的人民政权,重建社会政治新秩序,保障公民正当的结社权利,中共和中央政府依法采取措施,对社团组织进行分类治理,从近代中国走来的且具有政府背景的红十

---

① 文中的中央政府,多指代当时中央人民政府内的核心机构政务院。

② 《建国以来周恩来文稿》第3册,中央文献出版社2008年版,第184页。

③ 中日两国红十字会的友好往来详见第四章。

④ 一个典型的例证是,改组后,当毛泽东得知红十字会"会员很少"时,他表示"还要多一些",并对红十字会外事活动做过多次重要批示。参见曲折主编:《中国红十字事业》,广东经济出版社1999年版,第59页。

字会在"整顿改组,予以保留"之列。

实际上,《共同纲领》为新中国整理包括红十字会在内的社会团体提供了政治基础和法律依据。其中《共同纲领》规定,"提倡国民体育、推广卫生医药事业,并注意保护母亲婴儿和儿童的健康",①是整顿中国红十字会又一重要政治依据。1950年9月和1951年3月,政务院和内务部分别制定颁布《社会团体登记暂行办法》和《社会团体登记办法施行细则》,整顿社团因而进入实质性阶段。已完成改组的红十字会总会按照要求,于1951年8月向内务部补办理登记为社会团体的手续,并于9月下发通知,要求各地分会向当地政府办理或补办理登记手续。② 可见,红十字会改组是全国社团整顿中的一个个案。因此,政府是促成红十字会改组的主导性力量。

第四,苏联红十字会提供重要借鉴。长期以来,中共领导人民进行的革命和建设深受苏联经验的影响,新中国红十字事业的发展也不例外。1950年中国红十字会究竟应该改组成什么样的组织,苏联红十字及红新月联合会(即苏联红十字会)在这方面提供了重要借鉴。卫生部部长李德全在同年8月召开的中国红十字会协商改组会议上,介绍了苏联红十字会的历史、组织机构、工作方针以及业务范围,指出苏联红十字会"对于政府推行卫生医药事业、消灭传染病是起了很大作用","现任主席(即会长——笔者注)由苏联中央卫生部副部长科立尼科夫兼任",并且直言不讳地强调,"我们认为必须走苏联这一条发展的道路"。③ 从改组后的实际情况看,我国红十字会在宗旨、目标、管理模式等方面与苏联红十字会存在相似之处。④ 可见,苏联因素对塑造

---

① 《建国以来重要文献选编》第1册,中央文献出版社1992年版,第2—11页。

② 中国红十字会总会编:《中国红十字会历史资料选编(1950—2004)》,民族出版社2005年版,第33页。

③ 《中国红十字会的工作方向与发展步骤》,中国红十字会总会编印,1951年,第4—5页。

④ 参见《苏联红十字会简史》,中国红十字会总会编印,1952年。

红十字会的新模式起到了关键作用。

综合上述分析,新中国成立后饱经沧桑的中国红十字会再度经历改组,绝非偶然,而是有着深刻的时代背景和社会背景,是国家政策、自身发展、社会需要以及苏联经验等国内外诸多因素共同作用的结果,体现出国家意志与社会意愿的融合。

二、改组的特点

社会团体虽多与政治有关,但毕竟不同于政党组织和政权机关。因此,1950年中央政府对需要改组的中国红十字会采取的是民主协商而非强制方式。从最初提请接管到中央政府回应,再从多方沟通协商,到最后召开改组会议,红十字会改组经历酝酿、筹备和完成等阶段。从具体进程看,红十字会改组是按照总会先改组,再由部分分会改组示范,最后其他分会陆续改组的步骤,逐级逐次、分期分批的方式进行的。总体而言,中国红十字会改组呈现如下重要特点。

第一,酝酿改组体现国家和社会的互动与合作。新中国成立后,中共在全国执政,人民从此当家作主,中国红十字会审时度势,调整工作思路,"自下而上"主动提请中央政府对其接管和领导,并得到中央政府的及时回应。

早在1949年5月,实际负责红十字会总会工作而苦撑危局的胡兰生秘书长,就代表总会表明中国红十字会的坚定立场。5月30日鉴于全国大部分地区业已解放,且"解放区各地分会因社会制度及会内人士多有变更",红十字会总会特地颁布由胡兰生两天前批发的《中华民国红十字会颁发解放区分会目前会务注意要点》(下文简称《注意要点》),要求各地分会接受人民政府领导,强调"目前工作应特别注重城市与乡村劳动大众之服务";"分会不得迁离所在市县之境地,其在解放前迁离原市县者,应即刻迁回,否则将予解散之";"分会得向当地人民政府登记并接受其指导……"①

　　而标志着红十字会界的思想认识真正发生重大转变的,是 1950 年 3 月 6 日红十字工作检讨会的召开。在上海市军管会的建议和支持下,由红十字会总会筹备的此次检讨会在其办公地上海新闸路 856 号举行,来自各地分会的 40 余名代表以及上海市军管会外事处、卫生处派出的代表,一起检省过去工作,共商前途命运,最后达成共识:推举代表团赴京,提请中央政府接管。② 这次检讨会终结了红十字会近一年来的游离状态,因而是改组工作的发动点。

　　中央卫生部关注到了红十字会总会这一动向,并于 3 月 9 日检讨会闭幕的当天,电报通知上海卫生局:转告胡兰生"如可能,请来京一谈",以了解中国红十字会的业务情况。③ 3 月 20 日在征得卫生部同意后,胡兰生毅然冲破国际红十字协会驻远东代表的干预,率团进京。④ 卫生部部长李德全、副部长苏井观听取了代表团关于红十字会历史、现状的汇报以及要求接管的意见,卫生部党组书记、副部长贺诚表示将"要求接管"的意见转报政务院。⑤ 红十字也由此再次进入中央高层的视野。早在 1937 年 5 月至 1940 年 5 月,中国红十字会第 23 医疗队就在延安为八路军将士及边区人民服务,其人道主义

---

　　① 《中华民国红十字会颁发解放区分会目前会务注意要点》,中国第二历史档案馆档案,476 宗,第 3038 卷。

　　② 《中国红十字会在上海召开工作检讨会议》,中国第二历史档案馆档案,476 宗,第 1968 卷。

　　③ 《卫生部派人商谈红十字会迁京一事》(1950 年 3 月 1 日)。

　　④ 红十字代表团由胡兰生、职工会主席朱子会、南京分会会长杨登瀛、西安分会会长马产翀、重庆分会会长黄次咸、汉口分会会长宋镜如、天津分会会长舒敏杰等 7 位业界较有影响的人物组成,其中胡兰生任团长,朱子会任秘书。参见周健英:《忆胡老》,《中国红十字》1991 年第 10 期;《在上海召开工作检讨会议及派代表团来京向中央卫生部请示会后工作问题》(1950 年 3 月 14 日)。

　　⑤ 中国红十字会总会编:《中国红十字会的九十年》,中国友谊出版公司 1994 年版,第 122 页。

精神曾受到毛泽东和周恩来的赞赏。① 不过,时过境迁,两者自然不可同日而语。

中央政府高度重视红十字会的请愿意见。4月下旬胡兰生作为特邀代表出席中国人民救济代表会议,其间内务部、卫生部、外交部和中国人民救济总会②(下文简称救济总会)共同讨论并研究了红十字会的改组问题。考虑到红十字会的历史及特点,中央政府决定对红十字会进行改组而非接管,③并确定救济总会为红十字会的领导机构,红十字会总会先迁京后改组,由卫生部、救济总会领导负责,具体筹备工作由救济总会负责。④ 同时要求胡兰生、朱子会先去北京,商谈总会迁址和改组事宜。可见,由中央政府领导,救济总会牵头的红十字会改组工作提上了议事日程。

5月初胡、朱二人应邀再次进京商谈总会迁址和改组事宜,受到救济总会秘书长伍云甫的接待。5月5日卫生部、外交部和救济总会、红十字会进行会商,⑤对改组工作提出"四点意见":一、鉴于红十字会的特点及历史状况,采取改组而不是接管的方式;二、总会搬迁北京,现有职工除不愿意赴京者外,全部留用;三、总会所有资产要妥善保管,不得随意处理;四、将北京市民政局幼儿园占用的,北京东城干面胡同22号房屋(民国初期红十字会总会旧址,暂被北京市第一托儿所借用)腾让

---

① 参见曲折主编:《中国红十字事业》,广东经济出版社1999年版,第37—40页。
② 1950年4月24日至29日,中国人民救济代表会议在北京召开,中国人民救济总会正式成立。救济总会是中央政府领导的群众性救济组织,宋庆龄担任执委会主席。1955年11月22日,中央政府决定对救济总会的组织和工作关系进行调整,救济总会与中国红十字会合署办公。参见当代中国研究所编:《中华人民共和国史编年》1950年卷,当代中国出版社2006年版,第299页;《中华人民共和国史编年》1955年卷,当代中国出版社2009年版,第811页。
③ 《周恩来书信选集》,中央文献出版社1988年版,第431页。
④ 《关于救济总会定为红十字会领导机构及迁京改组工作》(1950年5月17日)。
⑤ 《建国以来周恩来文稿》第3册,中央文献出版社2008年版,第184—185页。

出来,作为总会迁京后的会址。① 此后,卫生部将制定的关于改组红十字会的初步方案报送有关部门进行酝酿和协商。7月8日总会工作人员响应"四点意见",陆续由上海抵达北京,7月17日总会开始在北京办公。② "总会迁京"是改组工作向前迈出的重要一步,改组也由此进入倒计时。

不难发现,在酝酿改组的过程中,红十字会与中央政府形成了双向互动关系。不过个中遵循的是"自上而下"的原则,政府是互动的主动者,红十字会则是接受者,互动内容是政府和上级组织的有关指示,红十字会时而向上互动的仅是"请求"和信息反馈,供上级决策者参考,不会影响上级的权力、信息等向下传递的主流程。

第二,中央政府领导红十字会改组工作。如前文所述,在酝酿改组时中央政府即明确红十字会的领导机构,以及"先迁址后改组"的工作思路。实际上,中央政府自始至终关心并领导红十字会的改组工作。

7月中旬,卫生部、救济总会曾请示周恩来,并多次与外交部、文教委员会③商讨有关红十字会改组方案等问题。7月25日救济总会、卫生部、外交部再次举行会议,明确由救济总会负责筹备召集改组会议,卫生部负责起草改组的有关文件。④ 为进一步指导和规范改组工作,7月31日周恩来和李德全等共同研究改组的具体问题,并作出如下决定:"(一)对其理事会,经过协商后加以改组。除逃到台湾和国外者外,原有理事均予保留,另由有关部门推派代表担任新理事。新旧理事

---

① 池子华等:《百年红十字》,安徽人民出版社2003年版,第277—278页。

② 《关于红会迁京办公日期及地址的函》(1950年7月19日)。

③ 政务院下设政法委员会、财经委员会、文教委员会和人民监察委员会等地位较高的一级委员会,以指导政务院各部、会、院、署、行等工作。参见中央人民政府法制委员会编:《中央人民政府法令汇编(1949—1950)》,法律出版社1982年版,第4—6页。

④ 《呈报红十字会改组经过并请批准红十字会会章及会长理事会名单》(1950年8月29日)。

均由政务院聘任,将来由代表大会正式选举理事会。(二)改组后的红十字会作为救济总会的助手。(三)新理事会成立后,可对外发表声明宣布改组完毕,并通知国际红十字会将派代表参加国际红十字大会。"①

8月2日在由苏井观、伍云甫、胡兰生等组成的会议主席团主持下,中国红十字会协商改组会议在北京召开,代表来源广泛的改组会议代行全国会员代表大会的职权。8月3日周恩来亲笔修改《中国红十字会会章》(即《章程》),涉及红十字会的性质、宗旨、任务等内容。修改后的《章程》经改组会议通过,作为红十字会的行动纲领。

改组会议还选举产生了总会的"最高领导机关"理事会,即中国红十字会第一届理事会(见表1)。8月5日和28日理事会两次召开会议,推选出正副会长、常务理事,并决定正副秘书长②人选。实际上,理事会成员及其负责人是在中央政府领导下,经过多次协商甚至调整而得以确定的。如8月12日,周恩来还专门就红十字会改组未尽事宜召集会议进行协商,对一名红十字会副会长进行了调整,并对需要补充的5名理事提出建议人选。③ 8月21日伍云甫代表改组会议主席团向政务院报送改组报告及《章程》、理事会名单,政务院随后于9月6日批准了《章程》和领导人员名单。④ 至此,由中央政府领导的红十字会总会改组工作正式结束。

---

① 《周恩来年谱(1949—1976)》上卷,中央文献出版社1997年版,第60页。

② 正副秘书长人选由会长提请理事会通过任命。秘书长由副会长胡兰生兼任,两位副秘书长分别是林士笑(卫生部办公厅副主任)和倪斐君(救济总会副秘书长)。根据《中国红十字会总会组织规则》(1950年8月28日),正副秘书长列席理事会会议,但无表决权。参见中国红十字会总会编:《中国红十字会历史资料选编(1950—2004)》,民族出版社2005年版,第7页。

③ 《呈报红十字会会长及理事名单》(1950年8月29日)。

④ 《关于聘任红会会长和理事的报告及批示》(1950年9月12日)。

第三,相关政府部门和社会团体共同参与改组。在筹备改组阶段,曾成立改组筹备委员会和红十字会过渡委员会。改组筹备委员会主要负责拟定出席改组会议的名额及名单、草拟改组会议组织规程以及会议经费预算等,而红十字会过渡委员会则是新中国红十字会成立前处理会务的临时最高领导机构,负责起草红十字会章程、总会工作方针及任务等文件,经中央政府批准后还负责与国际红十字协会建立联系。①

参加筹备委员会和过渡委员会的委员除来自红十字会外,还有卫生部、内务部、外交部、民族事务委员会、华侨事务委员会、人民革命军事委员会卫生部等政府部门和中国人民救济总会、中华全国总工会、中华全国民主妇女联合会、中华全国民主青年联合会、中华全国文学艺术工作者联合会等相关社会团体。② 此外,这些部门和团体派出的代表,与北京市人民政府代表、原中国红十字会理事和职工的代表还共同出席了红十字会改组会议。③ 改组会议选举产生的新一届理事会,其成员主要来自上述部门和团体。可见,相关政府部门和社会团体不仅参与了红十字会的改组工作,而且还是新红十字会理事的主要来源单位。

---

① 《检送改组各种方案》(1950 年 7 月 20 日)、《关于过渡委员会组织条例》(1950年 7 月)。

② 其中总工会、妇联、青联、文联均是参加过新中国创建工作的人民团体,受党和人民政府的领导。

③ 如政府机关代表有李德全、苏井观、龚普生、谭锡三、高伯玉、王士方、傅连暲、丁执中等,社会团体代表有伍云甫、林仲、朱学范、张元、黄振声、陈企霞等,还有原中国红十字会理事刘鸿生、吴有训、金宝善、徐国懋、徐寄顾、王晓籁和职工代表胡兰生、朱子会、付况鳞等。参见《中国红十字会改组 总会新理事会成立》,《人民日报》1950 年 9月 10 日。

表1　中国红十字会第一届理事会

职务	姓名	现有职务	职务	姓名	现有职务
会长	李德全	卫生部长	理事	朱子会	红十字会总会组组主任
副会长	彭泽民	政法委员会①副主任委员		傅况鳞	红十字会总会宣传组主任
	刘鸿生	华东军政委员会委员		徐寄庼	浙江兴业银行董事长
	熊瑾玎	救济总会监察委员会副主任		傅连暲	卫生部副部长
	胡兰生	原红十字会总会秘书长		杨静仁	民族事务委员会办公厅主任
常务理事	金宝善	卫生部技术室主任		朱学范	总工会副主席、邮电部部长
	苏井观	卫生部副部长		曹孟君	全国妇联妇女部部长
	陈其瑗	内务部副部长		吴晗	全国青联秘书长、北京市副市长
	龚普生	外交部国际司司长		梅兰芳	文艺界人士
	伍云甫	救济总会秘书长		康克清	全国妇联儿童福利部部长
	林仲	救济总会副秘书长		周鲠生	外交部顾问
理事	吴有训	华东教育部长、交通大学校长		谢雪红	政法委员会委员、台湾自治同盟会主席
	徐国懋	金城银行总经理		邓裕志	中华基督教女青年会全国协会总干事
	王晓籁	工商界人士			

资料来源:《中国红十字会改组　总会新理事会成立》,《人民日报》1950年9月10日;池子华、郝如一主编:《中国红十字历史编年(1904—2004)》,安徽人民出版社2005年版,第122—123页;《关于聘任红会会长和理事的报告及批示》(1950年9月12日)。

---

①　政法委员会指导内务部、公安部、司法部、法制委员会和民族事务委员会工作。参见中央人民政府法制委员会编:《中央人民政府法令汇编(1949—1950)》,法律出版社1982年版,第4—6页。

值得一提的是,从表1可以看出,有超过半数的理事为政府官员,这符合并体现出红十字会由政府主导之国际惯例。同时,一批社会名流被吸纳为红十字会理事。这样,来自多界别、多阶级、多阶层即不同背景的新旧理事组成的理事会,不仅具有广泛的代表性,而且带有爱国统一战线性质,这是红十字会第一届理事会的最大特点。① 红十字会也因此广积人脉,拥有强大的行政资源和丰富的社会资源,能够及时地进行"跨部门"沟通,做到会外"左右协调"和横向拓展,从而有效地整合社会力量,扩大群众基础。

此外,红十字会性质与理事会成员构成了对应关系。红十字会是"中央人民政府领导下的人民卫生救护团体",以"协助各级人民政府,面向人民大众,宣传并推广防疫、卫生、医药及救济福利事业"为宗旨。② 与此相对应,理事会成员特别是会内领导正副会长以及秘书长③多来自政府卫生部门和救济总会,如红十字会会长由卫生部部长兼任,④6位常务理事也有4位来自卫生部门和救济总会。这种"对应关系"所体现的正是一种有利于工作开展的结构性制度安排,在顶层设计上保证了红十字会与相关政府部门、社会团体在职能和目标上的纵向对接,成为其助手,从而提高红十字会的运行能力和管理水平。

第四,改组工作与争取恢复国际席位同时进行。如前文所提,中国红十字会是国际红十字运动成员,原本统一的红十字会因国民党政权垮台而走向分裂。但是国际红十字运动恪守统一原则,即凡是签署日

---

① 此后各届理事会保留并发扬了这一传统,理事数不断增多,来源更加广泛,而且必要时红十字会还聘请名誉理事、名誉会长。如红十字会第八届理事会理事达163人。从红十字会"六大"开始,总会按照国际惯例,聘请国家主席担任名誉会长。

② 《中国红十字会会章》,《人民日报》1950年10月24日。

③ 值得一提的是,除"老红会"胡兰生秘书长是专任职外,其他领导均为兼职,这体现出红十字会兼职正、副会长取名,专职副会长取实,秘书长总理日常事务这一分工特点。

④ 此后红十字会性质虽有变化,但卫生部部长兼任会长之惯例,一直延至1994年红十字会"六大"召开。参见徐国普、池子华:《新中国成立后中国红十字会发展的历史轨迹》,《江西社会科学》2009年第9期。

内瓦公约的成员国,只能拥有一个政府承认的,且在全国范围内工作的红十字会或红新月会。新中国成立后,由谁继承在国际红十字会中的合法席位,遂成为问题凸显了出来。根据国际法关于政府继承的原则,新中国政府对于旧政府在国际组织的代表权应享有合法继承的权利。为此,红十字会改组工作启动后,中国政府及红十字会即向国际红十字会要求恢复合法席位。

1950 年 4 月 28 日中央政府决定改组红十字会的当天,周恩来就致电国际红十字协会和红十字国际委员会,表明继承旧组织代表权的严正立场:中华人民共和国中央人民政府"是代表中国人民的唯一合法政府",正式否认"完全没有资格参加国际红十字协会和出席其各种会议的中国国民党反动派残余集团的所谓'代表'","请即将其从国际红十字协会开除出去"。同日,胡兰生一并致电国际红十字会,表示"中国红十字会机构正在改组,一俟改组完毕,即将派遣代表参加以上两组织,并出席该两组织的各项会议"。①

7 月 31 日中央政府决定红十字会完成改组后即通知国际红十字会,将派代表参加国际红十字大会。8 月 5 日红十字会第一次理事会会议决定派代表团出席 10 月在摩纳哥召开的国际红十字协会第 21 届理事会,②8 月 12 日在周恩来领导下初步商定了代表团人选,③9 月 5 日红十字会正式电告国际红十字协会将出席第 21 届理事会。④ 10 月 16 日我国红十字会代表团参加此次会议,并当选为执委,而 1945 年蒋梦麟当选的理事会副主席已于此前被废止,⑤红十字会恢复国际地位走出了关键性一步。

---

① 《电协会要求驱逐蒋帮》(1950 年 4 月 28 日)。
② 《关于中国红十字会协商改组经过》(1950 年 8 月 29 日)。
③ 《呈报红十字会会长及理事名单》(1950 年 8 月 29 日)。
④ 《通知本会改组并决定派代表出席会议》(1950 年 9 月 5 日)。
⑤ 《中国红十字会代表团参加红十字国际协会第 21 届理事会报告》(1950 年 12 月 26 日)。

根据国际惯例,各国红十字会恢复国际席位,最终必须得到红十字运动最高审议机构国际红十字大会(其代表为日内瓦公约签字国、国际红十字协会、红十字国际委员会和各国红十字会)的承认。为此,1952年7月13日周恩来发表声明,中国政府承认日内瓦公约,从而为红十字会恢复合法席位奠定了基础。7月26日,我国政府和红十字会代表团出席多伦多第18届国际红十字大会。经反复斗争,大会挫败了美国等极少数国家妄使台湾代表合法化的图谋,迫使台湾代表退出大会。① 大会最终承认中国红十字会是中国唯一合法的代表,中国红十字会在国际组织中的合法地位因而得以恢复,这也是新中国在国际上的第一个合法席位。

三、"新的转变,新的开始"

1950年改组最终促成中国红十字会实现了"新的转变,新的开始",②成为中央政府领导下的人民卫生救护团体。此番改组是中国红十字事业的新起点,也是红十字会发展史上并不多见的关键性拐点,其影响和意义主要表现在以下几个方面。

第一,红十字会重获合法性。社会团体的合法性是其生存、发展的基础和保障,它一般包括社会合法性、行政合法性、法律合法性以及政治合法性等,③对于红十字会而言,它还包括国际合法性。红十字会改组后向人民政府报送《章程》、理事会以及领导人员名单,并得到批准,因而获得行政合法性;红十字会会长由卫生部部长兼任,并登记为社会团体,表明红十字会拥有法律合法性;红十字会转变思想观念,确立新

---

① 详见《参加第十八届国际红十字大会胜利归来》,《新中国红十字》1952年第12期,第5—9页。
② 《新的转变,新的开始——记中国红十字会总会改组经过》,《新中国红十字》1950年9月创刊号,第2页。
③ 参见高丙中:《社会团体的合法性问题》,《中国社会科学》2000年第2期。

的宗旨和工作目标,所以又具备了政治合法性。更重要的是,改组的同时红十字会积极争取并很快恢复国际席位,从而获得了国际合法性。

合法性的获得,意味着中国红十字会政治合格,程序合法,社会认同。红十字运动也由此进入一个崭新的发展阶段——组织机构逐步完善,规章制度日趋完备,失散会员适度统合,各项工作重新起步,进而在防治传染病、急救训练、参与抗美援朝、爱国卫生运动以及民间外交等方面发挥出重要而独特的作用。

第二,革新管理体制和运作机制。周恩来为调整和理顺红十字会管理体制多次作出指示。1950年8月向政务院报送的改组报告称,红十字会"政治的领导由党组的小组①负责",周恩来对此报告作出批示,红十字会"行政归卫生部管,救济事务受中国人民救济总会领导"。②12月26日周恩来又作出指示,救济总会及红十字会总会"由政法委员会(或由政法委员会委托中央内务部)予以经常领导",业务中"有关卫生部分,得同时受中央卫生部的指导"。③1952年4月30日中央政府秘书厅发出通知指出,周恩来明确指示红十字会"改归中央卫生部直接指导和联系"。④7月9日,卫生部、内务部与红十字会总会联合发出通知,要求各地分会与当地卫生部门合署办公。⑤ 由此可见,红十字

---

① 1950年8月23日,由救济总会与红十字会共同组建的党组小组成立。该小组由伍云甫、熊瑾玎、苏井观、林仲、龚普生等5人组成,伍云甫任组长,熊瑾玎任副组长,属政法委员会分党委领导。参见《关于红十字会党的领导问题的报告》(1950年9月6日)。值得一提的是,在包括社会团体在内的非党组织中设立党团起源于俄共(布)和共产国际,中共党团则肇建于大革命时期,1945年中共七大通过的新党章将"党团"改为"党组"。参见李蓉:《民主革命时期党团历史的初步考察》,《中共党史研究》2007年第2期。

② 《建国以来周恩来文稿》第3册,中央文献出版社2008年版,第185页。

③ 中国红十字会总会编:《中国红十字会历史资料选编(1950—2004)》,民族出版社2005年版,第13页。

④ 《关于红十字会的隶属问题》(1952年4月30日)。

⑤ 中国红十字会总会编:《中国红十字会的九十年》,中国友谊出版公司1994年版,第131页。

会接受党组领导，行政上虽几经调整，但实由卫生部归口管理。相较之下，此前的复员时期红十字会则"以行政院为主管官署"，实际"受社会部、卫生署、善后救济总署之指挥监督"，①时任会长蒋梦麟也并非卫生署官员。

根据《章程》规定，红十字会实行"民主集中制"，"下级组织每月须向上级组织报告会务，上级组织的指示，下级组织须认真执行"。而在复员时期，红十字会仅要求"分会各项工作及经费收支情形，须按照总会各种规定，按时呈报总会备案"。② 不难发现，改组后总会开始着手加强与分会间的联系，一改此前的松散状态，以实现会内"上下贯通"，提高工作运行效率。如此专一的"归口"管理和重在"集中"的运作，是新红十字会管理体制和运作机制的突出特点，可见中央政府对红十字会的领导，以及红十字会对其内部的控制均较以前强化。

第三，转变思想观念，认同新民主主义。如前文所提，改组前红十字会总会召开工作检讨会，反思过去种种错误思想；改组后总会举办分会干部学习会，加强对党和国家方针政策的学习，并结合抗美援朝运动，扫除会内普遍存在的亲美、崇美和惧美心理。③ 此外，总会还专门成立学习委员会，注重组织红十字界学习马克思列宁主义、毛泽东思想，进行思想改造。④ 因此，改组后红十字会逐步树立了爱国主义、国际主义和革命的人道主义的新思想。特别是红十字会认同新民主主义，走为人民服务之路，成为中共和人民政府在医疗卫生工作领域的重

---

① 中国红十字会总会编：《中国红十字会历史资料选编（1904—1949）》，南京大学出版社 1993 年版，第 242 页。

② 中国红十字会总会编：《中国红十字会历史资料选编（1904—1949）》，南京大学出版社 1993 年版，第 247 页。

③ 《中国红十字会分会干部学习会总结报告》，《新中国红十字》1950 年 12 月第 4 期，第 3—9 页。

④ 参见《中国红十字会总会学习委员会组织规程》，《新中国红十字》1951 年 4 月第 8 期，第 6 页；《中国红十字会总会干部学习计划》，《新中国红十字》1950 年 12 月第 4 期，第 7 页。

要助手,而不再是近代旧式慈善组织,这是新旧红十字会本质区别之所在。所以,改组后重新定名的中国红十字会,所产生的理事会被称为"第一届"理事会,会长为"第一任"会长,从而与历史彻底地划清了界限。

第二节　分会改组和医疗机构整顿

一、各地分会改组

一般在国内,红十字会总会即代表中国红十字会,总会实现改组可以理解为红十字会完成了改组。此后各地分会的改组其实是红十字会改组的延伸、充实和完善。鉴于部分分会已经依据1949年5月颁布的《注意要点》进行规范工作,所以需要改组的是1949年4月之前成立或筹备的分会。此外,这次改组并非理事会任期届满的正常改选,而是包括了机构整理、思想改造等内容,况且大多数分会又缺乏民主选举基础,因此全由协商会议代行会员代表大会的职权,完成改组工作。

红十字会总会具体地指导了分会的改组工作,确定"根据全面调查联系,重点整理改组的原则",并为之提供制度保障、干部基础和支撑条件。1950年8月28日,红十字会总会同时颁布《中国红十字会各地分会整理暂行办法》(以下简称《暂行办法》)和《中国红十字会分会暂行组织通则》(以下简称《组织通则》)作为指导分会改组的工作指南。《暂行办法》规定分会改组以《章程》为最高准则,结合各地分会的具体情况进行,同时明确了改组方式和改组步骤,并指出如果遇到困难,可以随时报请总会予以帮助,或派人前往辅导。《组织通则》则规定分会以市县为设立单位,以所在市县之名称定名,并对会员权利义务、分会组织机构以及筹备程序等作出具体说明。与此同时,红十字会总会将各分会名称、地址及负责人姓名编列一表,分别送往卫生部、内务部及救济总会,并函请卫生部、内务部于1950年10月16日联合发出通令,要求各省市民政、卫生部门对整顿各地红十字会分会予以协助、指导和配合,①救济总会也给各地救济分会下发了同样的指示。

为"交流经验、加强联系、掌握政策、解决问题",从 1950 年 11 月初起,全国来自各大行政区或省会所在地人口众多且具有一定事业基础、"先行整理改组"的 30 个分会 51 位干部参加了红十字会总会在北京举办的分会干部学习会。学习结业后,分会干部即回所属分会发动整理改组工作,并指导和帮助邻近的分会进行整理改组,或时机成熟后积极筹建新的分会,他们实际上成为分会改组的骨干和新分会的领导者。② 此外,12 月底总会还拨出 1.5 亿元人民币(旧币,下同),重点补助 33 个分会充实业务,从而加强了分会改组的基础。

各地红十字会分会根据《暂行办法》及自身情况进行分类改组,改组情形大致有以下五类。

其一,会长、副会长均未离会,理事会尚未解体的分会,分会主动邀请当地政府、卫生、民政机关、救济分会与工、青、妇(农村的加上农会)等群众团体以及办理救济福利事业有声望的民主人士,共同组织协商会议进行改组。其二,会长、副会长已经离会,理事会不能召开,但业务(如医院、诊所等)仍照常维持的分会,在任代理负责人将本会具体情况报告当地政府卫生、民政机关以及救济分会,请求主持召开协商会议进行改组。其三,会务无人负责,工作处于停顿状态,但组织机构仍然存在的分会,总会函请当地政府派出有关部门调查其人事情况,召集原任理事或负责人员,指导整理各种资料,并代为邀请有关机关、团体及个人,组织协商会议,或改组委员会。其四,解放后停顿且与总会尚无联络的分会,总会根据资料函请当地政府有关部门,协助调查其实际情况,商定恢复办法。其五,解放后为人民解放军或人民政府接管的分

---

① 《传达中央内务部、卫生部联合通令》(1950 年 10 月 16 日)。
② 《学习会总结报告》(1950 年 9 月 4 日)。

会,总会函请接管单位予以发还,并以协商会议方式进行改组。

总体而言,各地分会按照以下步骤进行改组。首先,填送红十字会总会制发的各种调查表,并与当地卫生、民政机关会商拟订改组方案及协商会议组织方式报告总会,批准后即按照计划召开协商会议。其次,协商会议依照《组织通则》,制定分会组织规程并选举理事。再次,协商会议后,其主席团或主席负责将改组经过连同分会组织规程、理事名单及理事会所选举的会长、副会长、常务理事等名单,一并报请红十字会总会批准,当地政府备案。最后,分会领导机构改组完成后,新任会长领导进行内部人员及附属机构的整理,事先拟订的工作计划报请总会批准或备案,并报当地政府备案。

如果说1950年是红十字会总会改组之年的话,那么,1951年则是分会改组之年。各地分会的改组是分期分批进行的。派出干部参加学习会,或有较好事业基础的一批分会先行改组,为后期改组的分会提供经验和直接帮助。事实上,各地分会的改组情形大体相同,其步骤、程序与红十字会总会改组也有相似之处。以1950年12月最早完成改组的北京市分会为例,首先争取市政府领导的支持,经多方酝酿后,商定与会代表、新理事会及领导人选,然后邀集相关社会团体代表、民主人士及原分会理事、职工代表等参加协商改组会议。会议代行会员代表大会的职权,通过《中国红十字会北京市分会组织规则》,并选举产生新一届理事会。会后向总会和市政府报告改组经过,并报送组织规则和理事会名单,总会随后予以批准。① 经过这样的改组后,各地分会成为地方性人民卫生救护团体,新任会长多由政府卫生部门或医院负责人兼任。全国部分分会的改组时间、会长情况见表2。

---

① 孙敬敏编纂:《北京市红十字会的六十五年(1928—1993)》,文津出版社1995年版,第35—37页。

表2　部分分会改组时间、会长情况表

分会	时间	会长	现有职务
北京市分会	1950年12月28日	严镜清	公共卫生局局长
武汉市分会	1951年1月8日	卢镜澄	卫生局局长
内江县分会	1951年1月10日	尧文藻	县立中学校长
万县分会	1951年1月16日	曹德鼎	卫生局局长
西安市分会	1951年1月21日	张锋伯	副市长
昌南县分会	1951年1月25日	赵建华	民政科科长
南宁市分会	1951年1月26日	陈麓南	原分会会长
广德县分会	1951年1月26日	陈宏图	卫生局局长、原分会会长
温州市分会	1951年2月3日	葛林宗	卫生局副局长
无锡市分会	1951年2月11日	李德	卫生局局长
青浦县分会	1951年2月11日	徐煦春	原分会会长
夏邑县分会	1951年2月18日	丁湛之	民政科副科长
长泾(江阴县)分会	1951年2月20日	赵元	卫生院院长
镇江市分会	1951年3月1日	杨公崖	社会福利主任委员
梧州市分会	1951年3月16日	黄叙伦	原分会副会长
天津市分会	1951年3月30日	李允恪	卫生局局长
福州市分会	1951年3月30日	陈海峰	卫生局局长
洛阳市分会	1951年4月11日	江玲	卫生科科长
开封市分会	1951年4月12日	韩锡瓒	卫生局局长
杭州市分会	1951年4月13日	陈礼节	卫生局局长
芜湖市分会	1951年4月16日	王修垲	卫生局局长
重庆市分会	1951年4月16日	周洪生	卫生局局长
赣州市分会	1951年4月26日	金级墀	原分会会长
零陵县分会	1951年5月6日	唐作霖	医院院长
临颍县分会	1951年5月12日	魏欣	民政科科长
渠县分会	1951年5月20日	刘振江	卫生科科长
常州市分会	1951年5月27日	吴伯芳	卫生科科长
广州市分会	1951年6月15日	梁广	副市长

分会	时间	会长	现有职务
遂宁县分会	1951 年 6 月 16 日	杜顺福	川北第三医院院长
上海市分会	1951 年 7 月 4 日	刘鸿生	总会副会长
当涂县分会	1951 年 7 月 24 日	张子射	县人民监察委员
南昌市分会	1951 年 8 月 12 日	李善元	副市长
泸州市分会	1951 年 8 月 20 日	胡俊德	副市长
安岳县分会	1951 年 11 月 3 日	申学忠	县第四区区长
济宁市分会	1951 年 11 月 4 日	国彩轩	卫生科科长
太原市分会	1951 年 11 月 12 日	冀贡泉	省文教委员会主任委员
安庆市分会	1952 年 11 月 3 日	陈治祥	市长

资料来源:《新中国红十字》(1950 年 9 月创刊号至 1952 年 12 月总第 23 期)各分会改组按时间顺序排列。

　　从全国情况看,1951 年 9 月第一批 38 个红十字会分会完成改组,到 1952 年 9 月总会改组两周年之际,仅有 51 个分会完成改组,①当时全国 89 个分会中需要改组的并未全部改组到位。此外,分会改组在完成时间、地理分布上呈现不平衡的特点。如表 2 所示,大多数分会于1951 年完成改组;地处原总会办公地附近,以及省会城市的分会,完成改组工作较早;在省域分会中,江苏分会的改组进度处于全国领先地位。② 造成上述结果的原因有很多,分会原有状况、当地社会稳定度,以及土地改革、抗美援朝、镇压反革命等运动的影响是其主要因素。如1951 年 1 月江苏长泾分会商谈改组事宜,适逢全县土改运动,最后商定土改完成后再进行改组。③

------

　　① 李德全:《中国红十字会总会改组两年来的工作》,《人民日报》1952 年 9 月 8日。

　　② 关于江苏分会改组的具体情况,可参见徐国普:《辉煌十五年(1950—1965)》,安徽人民出版社 2009 年版,第 9—13 页。

　　③ 《长泾分会 1951 年 1 月份工作简报》,《新中国红十字》1951 年 2 月第 6 期,第30 页。

二、纯洁分会组织

中国红十字会改组是新中国成立初期社团治理的一个个案,红十字会改组之时适逢社团治理进入实质性阶段,全国开始兴起镇压反革命运动和"三反"运动。其间中央政府除了颁布《社会团体登记暂行办法》和《社会团体登记办法施行细则》之外,还于1951年2月颁布《惩治反革命条例》。这些法规颁布后,全国即"禁止成立"或"解散"反动团体,同时对于利用封建会道门进行反革命活动者,"处死刑或无期徒刑;其情节较轻者处三年以上徒刑"。① 红十字会依据有关政策法规,对各地分会组织进行了清理整顿。

第一,配合清理一贯道,防止不良分子混入组织。

一贯道是当时社会影响较大以宗教团体面目出现的极为反动的封建迷信组织,其反革命活动对人民政权和社会稳定构成直接威胁。因此1950年12月19日,北京市根据摸底和普查所掌握的情况,发出布告,统一行动,取缔一贯道。② 由于新中国成立前,各地红十字会分会,特别是在山东、河南、云南、四川等地常有依附封建势力而设立的情况,社会上有人误认为红十字会是封建迷信组织。为避免不良分子尤其是一贯道分子参入组织,红十字会总会于1950年底发布指示,要求各地分会予以重视,对所有工作人员和全体会员进行一次详细调查。如发现有人被诱骗而误入歧途,可耐心说服,劝其退出一贯道,并向当地政府登记。分会结合此事开展典型性教育,以防止一贯道分子混入红十字会而影响会务的健康发展。③

第二,结合分会改组,清理腐败分子。

---

① 中央人民政府法制委员会编:《中央人民政府法令汇编(1951)》,法律出版社1982年版,第4页。

② 王世刚主编:《中国社团史》,安徽人民出版社1994年版,第443页。

③ 《防止反动会道门混入红会组织》,《新中国红十字》1950年12月第4期,第28页。

　　1951年2月,天津市分会于改组前及时处理舒敏杰等5人贪污案,在红十字会系统引起强烈反响,是纯洁分会组织的典型案例。舒敏杰是天津分会代理会长,掌握与红十字会总会联系,领取经费药品材料等重要任务及推行救济工作。刘学谟是分会诊疗所调剂员,负责保管和配药事务。宋锡莹是业务组长并担任会计。张文华是总务组长,负责管理会内行政和收发物资。陈天骥负责出纳,曾任总务组长、代理会长等。上述5人相互勾结,以经费不足为由,有组织有计划地将会内大批救济物资、药品、医疗器械、会内家具等,以"破烂"、"废料"和"药性已失"为借口,公开盗卖,将价款10%以"扣佣金"名义按股分给全体职工,形成集体贪污,其余由舒敏杰自行处理。此外,舒敏杰私自盗卖物资达百余次,计有汽车、衣服、帐篷、家具等多种物品;盗卖药品及医疗器材约四十次,共数车。1949年11月至1950年3月舒敏杰先后自红十字会总会由上海、南京两地领取西药及医疗器材百数十种,除交会内药房一小部分外,大多在沪、津等地变价销售。刘学谟除集体贪污外,自1948年至1950年6月,利用职务之便,每月窃取药房奎宁片、阿司匹林等各数十片,又陆续窃取止血钳子、镊子、解剖刀、持诊器等物品。

　　1951年2月22日,红十字会总会致函天津市人民政府和中国人民救济总会天津市分会,正式宣布撤销舒敏杰天津市分会常务理事、总干事及代会长职务,取消会员资格,并提请市政府依法对其贪污犯罪行为进行惩罚。[①] 6月29日,上述5人共同贪污渎职罪经救济总会天津分会检举,送请天津市人民检察署起诉,法院作出刑事判决:判处舒敏杰徒刑7年,刘学谟、宋锡莹3年,张文华2年半,陈天骥2年。[②]

　　第三,结合镇压反革命运动,肃清坏分子。

---

　　① 《天津市分会改组经过综合报道》,《新中国红十字》1951年4月第8期,第36页。

　　② 《关于舒犯敏杰案的判决》,《新中国红十字》1951年8月第12期,第10—11页。

分会改组除机构改选以外,还包括思想整顿,其中就有对落后腐朽分子的清理。因长期受到封建思想和资产阶级思想的影响,红十字会内部变得复杂,一批封建地主、恶霸、特务甚至国际间谍利用红十字会慈善的外衣,以在红十字会工作为名,从事危害人民的勾当。所以,分会改组和镇反运动是红十字会纯洁组织的一次极好机会。至1951年5月,在镇反运动中红十字会共有11个分会13人因进行反革命活动而受到政府处决和逮捕。其中被处决的是反对土改的原青岛分会会长曾让之、原胶县分会会长匡鹤生,从事反革命活动的原潜山分会负责人汪叔庆、原安庆分会副总干事洪寿安,匪霸的原百色分会会长黎弼臣、原邻水县分会会长赖尚赤等;被捕的是总会干事霍志徽、原胶县分会医师韩伯元、原福州分会会长黄震、原零陵分会会长左振、原渑池分会会长王子元、北京分会理事兼院长谷光甫、原亳县分会会长王乃朴等。

针对上述情况,为结合镇反运动,自1951年下半年起,中国红十字会组织各地分会认真学习《惩治反革命条例》及有关文件,提高警惕以肃清反革命分子。具体采取座谈会、控诉会等形式,经事先组织、酝酿、研究、讨论,反复学习,领会政府镇反"首恶者必办,胁从者不问,立功者受奖"的政策,做到大胆检举。工作人员首先对自己深入检讨,衷心坦白,搞清自己的历史,不隐瞒、不畏惧,从思想上划清界限,分清敌我,坚定为人民服务立场,肃清坏分子,以纯洁组织,从而建立新的红十字会,开展人民的福利事业。[①]

第四,结合"三反"运动,进行思想改造。

在"三反"运动期间,中国红十字会在系统内组织学习活动,其中1952年上半年的学习成效显著。通过学习,工作人员认识了资产阶级的本质,揭露了许多贪污、浪费和官僚主义的事实,而且划清了阶级界

---

① 《认真学习并提高警惕以肃清反革命分子》,《新中国红十字》1951年5月第9期,第1页。

限,增强了爱护人民公共财产的观念,树立了艰苦朴素、廉洁奉公和全心全意为人民服务的观点。① 这些对于工作人员的思想改造与提高来说,具有重要意义。"三反"之后,红十字会呈现一片新气象和新作风,工作效率大为提高。

三、整顿医疗机构

近代以来,因医疗救护业务的需要,中国红十字会逐步自办了一批医疗卫生机构。新中国成立后,中国红十字会在改组的同时,对其所属医疗机构进行了整顿,所依据的标准,是 1951 年 3 月 15 日卫生部为加强和规范管理全国医院诊所而颁布的《医院诊所管理暂行条例》和《医院诊所管理暂行条例施行细则》。

实际上,新中国成立后,红十字会总会提出了"先发展业务,而后发展会务"、"预防为主,配合治疗"的方针,在整顿旧的医疗保健机构的同时,陆续兴办了一批医院、助产(护士)学校、产院、门诊部、妇幼保健站等业务机构。据统计,到 1953 年,红十字会系统整顿和新办医院 26 个,诊所 66 个,护士和助产学校 6 个,妇幼保健站 20 个。② 下面以北京市分会和天津市分会为例,对医疗机构就其接管、合并以及调整负责人、改进工作方法等进行分类考察。③

(一)医院

北京市分会肺病疗养院创建于 1926 年。1951 年 5 月 8 日,北京市分会第四次理事会通过决议,解除分会理事、疗养院院长谷韬琦的职务,批准成立疗养院院务管理委员会,并制定院务管理委员会暂行条

---

① 李德全:《中国红十字会总会改组两年来的工作》,《人民日报》1952 年 9 月 8 日。

② 中国红十字会总会编:《中国红十字会的九十年》,中国友谊出版公司 1994 年版,第 133 页。

③ 资料源自孙敬敏编纂:《北京市红十字会的六十五年(1928—1993)》,文津出版社 1995 年版;赵辉主编:《天津红十字会九十年》,天津人民出版社 2001 年版。

例。9月22日,市分会第一次常务理事会扩大会议决议聘任崔谷忱为分会理事兼任疗养院院长。12月7日,市分会将肺病疗养院改称为结核病防治院。此时防治院规模:病床59张,工作人员59人,其中医师5人,护士14人,药剂师3人,化验员1人,X线技术员2人,事务员8人,勤杂工26人。防治院改进工作方法,医务人员走出医院开展防痨宣传,深入各单位进行集体透视,推行卡介苗接种,提高了群众对于预防结核病的认识,从而达到早发现早治疗的目的。

(二)助产、护士学校

1951年8月15日,北京市分会经北京市政府批准,接管1945年建于沈阳,后迁址北京的私立北宁助产学校,并改称北京市分会助产学校,校长由市公共卫生局妇幼保健院院长孙毓驯兼任,在校教职员工22人,学生5个班71人。9月1日,北京市分会正式接办助产学校。1953年2月6日孙毓驯被撤职,市分会总干事王康久暂代校长。3月18日李更章被任命为校长,10月该校归并北京市立助产学校。

天津市解放后,经政府同意,天津市分会接办了原天主教在一区营口道建立的天主教医院附属仁爱高级护士学校,并改名为天津市分会高级护士学校,1951年11月5日正式开课。1952年4月30日,为便于统一领导、统一教学和统一管理,该护士学校与天津市卫生局为培养中等护士专业人才而建立的天津市护士学校合并。

(三)产院

北京市分会在接管北宁助产学校的同时,接管了该校附属医院。产床由此前的15张增至23张,婴儿床25张。到1954年3月,工作人员也由11人增至34人。在1953年10月助产学校合并到市立助产学校后,该附属医院即改名为北京市分会产科医院。1956年9月产科医院迁入新址,1957年3月11日医院改名为北京市红十字会产院。

1951年6月,天津市分会开始筹建产科医院。市政府将接收的德美医院的房屋转租市分会,并拨款2亿余元人民币作为筹建经费。11月

24 日红十字会产科医院成立,11 月 28 日产院正式对外应诊。随着业务范围的进一步扩大,1952 年 5 月产院改为综合医院,改名为天津市红十字会医院。11 月 22 日经政府同意,市救济分会和市分会联合接办的津光医院交于红十字会,并入红十字会医院统一管理。

（四）门诊部

颐和园是北京著名景区,附近居民达数万人,园内有数百名职工,加上游客,人口众多。1951 年 2 月,为解决此处没有建立医疗机构而带来的就医难问题,北京市分会特地在宫门前设立门诊部。1952 年,门诊部工作人员共 16 名,以内科、外科为主,并派专人到颐和园巡诊,为游客进行卫生防病宣传。除颐和园门诊部外,1951 年 8 月北京市分会在宣武门外,居民多医疗机构少的丞相胡同设立第一门诊部。1953 年,门诊部职工由起初的 7 人发展到 20 人,设有内科、外科、儿科、妇科,平均每月门诊量约为 370 人。门诊部还承担该地段的预防注射、儿童保健等工作。1957 年 3 月,正式更名为北京市红十字会丞相胡同门诊部。

（五）保健站

新中国成立后,北京市西郊什坊院保健院将保健院全部的药品、器材捐献给红十字会。1952 年 6 月 11 日,北京市分会接管保健院,并更名为北京市分会什坊院保健站,职工共 17 人。保健站的主要任务是保护农民健康,深入农村,开展防病治病、接生访视、预防注射等业务,并协助乡村设立防疫卫生委员会,开展爱国卫生运动,进而有效地控制传染病的流行。

1951 年 6 月天津市分会在筹建产院的同时,着手筹建三个保健所。1951 年 7 月 28 日、1952 年 4 月 26 日和 7 月 10 日,第一、第二、第三保健所分别在红十字会原址原一区归绥道、原红十字会天津县凡爱诊所和原四区唐家口大街成立。三个保健所除开设门诊以外,还承担本地区的下厂巡回医疗、儿童保健和预防注射任务。后由于业务的扩大,1955年2月15日三个保健所分别更名为第一门诊部、第二门诊部和第三门诊部,开设内科、外科、儿科、妇科、中医、化验等科室。与此同时,天津市分会还开办了通泰里、北小道子等7个妇幼保健站,职工达130余人,保健站具有一定的规模。

总而言之,至1952年底,北京市分会的业务单位由改组前的1个结核病防治院发展到包括助产学校、产院、门诊部、妇幼保健站等大小13个单位;从1951年7月到1955年底,天津市分会共兴办12个医疗机构,这样不仅满足了部分地区的医疗需要,而且为发展会务奠定了基础。

由于会务的发展、业务工作范围的不断扩大、会员的不断增加、基层组织的建立以及卫生救护训练工作的开展等,红十字会的管理工作量以及难度也随之加大。1952年10月25日,北京市分会将附属事业单位委托市公共卫生局领导和指导。此后附属单位的管理关系作了调整,如结核病防治院、助产学校及附属产院逐步归卫生局直接领导;颐和园门诊部属海淀区卫生院指导,第一门诊部由宣武区卫生所指导;每天免费提供居民豆浆的红十字会豆浆站归卫生局妇幼科指导。各单位经费仍由市分会统一掌握,经卫生局审核后请领。

需要指出的是,红十字会医院诊所属于公立医院诊所范围,按照有关规定,均免纳工商业税。① 到1956年,中国红十字会再次进行组织调整时,其系统内妇幼保健站均划归当地卫生部门管理。从此,红十字会不再领导和管理医疗保健等业务机构。② 不过,此后一些医院仍保留红十字会的冠名。

---

① 参见中国红十字会总会编:《中国红十字会历史资料选编(1950—2004)》,民族出版社2005年版,第11—12页。

② 值得一提的是,1952年由中国红十字会总会和苏联方面合作在北京筹建的苏联红十字医院,于1957年移交我国,并改名友谊医院。具体内容详见第四章。

第三节　红十字会的内部关系

一、机构设置

全国会员代表大会是中国红十字会的最高机关。新中国成立伊始召开全国会员代表大会的时机和条件尚未成熟,1950 年 8 月召开的协商会议因而代行第一次全国会员代表大会的职权。参加此次会议的有相关政府部门、人民团体的代表以及原红十字会理事、职工代表等,具有广泛的代表性。会议通过《中国红十字会会章》,并选举产生第一届理事会。《中国红十字会会章》规定,会员代表大会每两年召开一次,必要时可以提前或延期召集。实际上第二次全国会员代表大会即延期至 1961 年召开。

理事会是全国会员代表大会闭会期间红十字会的最高领导机关。第一届理事会由会长 1 人、副会长 4 人、常务理事 6 人、理事 16 人共 27 人组成。其中正副会长、常务理事由理事互选产生。理事会的运作机制如下:

第一,理事会议由会长召集,会长不能召集时可由副会长召集。理事会议以会长为主席,会长缺席时以副会长为主席。理事会议每半年召开 1 次,必要时可以临时召集会议,所议事项包括全国会员代表大会(全国会员代表大会未召开前为协商会议)交议事件、会长及副会长提议事件、常务理事会提议事件、常务理事或理事提议事件、本会重要章则及会务计划之拟订、本会预算决算之编制及审查、秘书长及副秘书长之任免事件、其他会务应行审议事件等。

第二,理事会下设秘书长 1 人和副秘书长 2 人。正副秘书长人选由会长提请理事会通过任命。秘书长受会长、副会长委托总理会内一切事务,副秘书长辅助秘书长办理各种事务。总会秘书长、副秘书长应列席理事会议,但无表决权。

第三,秘书长之下设置秘书组、组织组、宣传组和联络组。其职能分别是:秘书组办理总会人事、文书、会计、庶务等事项,组织组办理分支会组织、会员吸收与登记、红十字少年教育及干部训练等事项,业务组办理医药卫生救济福利及物资管理等事项,宣传组办理调查研究、资料整理及宣传教育等事项,联络组办理国际通讯、国际联络及国内有关机关团体联络等事项。各组设主任1人,受秘书长、副秘书长委托主管各组一切事务;副主任1至2人,协助主任办理一切事务;秘书1至2人,干事若干人,承办各种事务。以上人员由会长、副会长任用。各组主任、副主任可列席理事会议,但无表决权。

常务理事会主持会务及执行日常工作,一般由常务理事、会长和副会长组成。常务理事会议由会长召集,会长不能召集时由副会长召集。常务理事会以会长为主席,会长缺席时以副会长为主席。秘书长、副秘书长及各组主任、副主任列席会议,但无表决权。常务理事会每3个月召开1次,必要时可以临时召集。总会常务理事会议所议事项有:理事会交议事件、会长副会长提议事件、日常会务之讨论事件、临时发生无法召集理事会讨论之事件等。

中国红十字会总会是中国红十字会的最高行政机构。1950年9月1日红十字会总会正式成立,包括职员37人、工友12人在内的49名总会工作人员,主要来自三个方面:一是原来的工作人员,经民主评议后重新调整工作;二是救济总会、卫生部调来的干部;三是内务部等处介绍的新的工作人员。为规范工作,红十字会总会自成立后即参照卫生部、救济总会等相关规定,制定了工作人员的任用办法、薪级标准、评薪办法、请假规则、行政制度、公文处理办法以及旅费规定等规章制度。

除上述机构机关之外,中国红十字会总会还根据现实需要,设置各种常设或非常设委员会,委员人选一般由会长、副会长聘任。如为确保各地分会改组工作的顺利开展,1950年11月1日至12月6日,红十字会总会在北京举办分会干部学习会,以加强分会干部政治和业务学习,培养新型的组织干部,总会就此专门成立"分会干部学习委员会",筹划和领导此次学习,总会秘书长胡兰生任主任委员,副秘书长林士笑、倪斐君、组织组主任朱子会、业务组主任马玉汝任委员,下设学习、庶务两组,分别办理学习和生活事宜,组织组副主任王树普、秘书组副主任冯子明分任组长,两组工作人员均在总会的职员中调用。

又如,为领导红十字会工作人员进行学习,并指导各直属单位及各地分会组织推动干部学习,中国红十字会总会特成立学习委员会(以下简称学委会),并制定《总会学习委员会组织规程》。该规程规定,学委会的任务包括厘订学习计划,掌握学习内容及进度,布置学习程序,选择必读或参考文件;确定学习组织,编配班次,区分小组,并领导班主任及小组长汇报;组织启发报告及专题讲演,具体指导自学、漫谈、讨论、研究等活动;解答疑难问题,检查学习成果,领导学习总结,并不断改进学习计划等。学委会设主任1人、副主任2人、委员10至12人。为加强经常领导,学委会设常务委员会,5名常务委员由委员互选担任。常务委员分别承担政治学习、业务学习之布置,通讯出版之领导以及分会学习指导之责。学委会设秘书3人,按照委员会之决议,处理有关学习之日常事务。

值得一提的是,中国红十字会总会根据新颁布的工会法成立了自己的工会组织,同时还成立了中苏友好协会支会,从而与人民团体建立了联系。1950年12月11日,中国红十字会总会工会执行委员会举行改选大会,到会会员37人,选出新一届执委5人,其中孙以琴任主席,韩自强任副主席兼组织委员,杨宝煌、王宝立为文教委员,周立新为劳保委员。① 12月20日,中国红十字会总会中苏友好协会支会成立,并得到北京市中苏友协第一区总支部的批准。这是总会职工学习《中苏

---

① 《工会改选》,《新中国红十字》1950年12月第4期,第12页。

友好同盟互助条约》后，提高对国际主义及中苏友好关系认识的结果，支会新老会员共 36 人。经推选，洪伟英任主任，杨宝煌任副主任兼总干事，唐大本为秘书干事，王宝立为组织干事，杨稼民为服务干事，支会往往配合工会开展各项活动。① 实际上，红十字会与人民团体或主要社会团体之间，逐步形成"嵌入式"交叉网络关系。就此而言，红十字会与行政、事业单位存在某些相似之处。

由上述可见，新中国成立后，中国红十字会不仅设置了一些领导机关、行政机构，而且还设置了多种常设、非常设委员会，建立了自己的工会、中苏友好协会等组织。这些机构、组织的设置和运作，为红十字会会内事务、临时性事务的处理，以及群众性工作的开展提供了重要保证。但同时应该看到，新中国成立初期，中国红十字会在领导人选、经费支持、办公设施、工作规划等方面过于依赖政府，而政府自身监督，特别是社会监督红十字会又严重缺失，这是新中国红十字会治理结构极为欠缺的地方。直至一个甲子之后的 2012 年底，中国红十字会社会监督委员会方才成立，从而弥补了这一缺陷，实现了历史性跨越。

二、组织架构

总会与分会，是中国红十字会自诞生后即逐步形成的两级组织框架，1950 年红十字会改组，依然沿用了这一架构。到 1956 年中国红十字会再次进行组织整顿时，红十字会的地方组织和基层组织开始逐步建立，形成了总会、地方组织和基层组织的多层级组织框架，从而实现了组织的现代转型。需要指出的是，虽然在 1956 年以前，甚至在近代，中国红十字会因业务需要曾在少数分会下设支会、分支会组织，但实际上支会和分支会的存在缺乏普遍性和连续性，因此，支会和分支会不能算作严格意义上的一级组织机构。不过，新中国成立后，一些试点分会

---

① 《成立中苏友协支会》，《新中国红十字》1950 年 12 月第 4 期，第 12 页。

根据工作需要在本市县辖境内的行政区及矿山、交通、工厂、企业、学校、机关、团体内设立支会和分支会，为1956年红十字会基层组织的建立，提供了工作经验和组织基础。

历史上，中国红十字会建有分会组织最多的是在抗日战争时期，分会数曾多达254处。[①] 到1948年底仍有193处，新中国成立后与总会保持联系的有89个分会。如前文所提，自1951年起大批分会开始进行改组，但到1952年9月，仅有51个分会完成改组，改组状况很不平衡。改组或新建后，各地分会以市县为设立单位，并以所在市县之名称定名为"中国红十字会某某县、市分会"（本县内如有市镇、工业区，其人口、文化、经济、商业均超过县城者，会址可设在市镇，名称仍以县名定之，工作范围亦照县行政区域），如1951年2月江苏长泾分会改组后，会址由长泾镇迁至县城，改称江阴县分会。[②]

如前文所提，红十字会分会是地方性人民卫生救护团体，同时受红十字会总会和所在地人民政府领导，新任会长多由政府卫生部门或医院负责人兼任。分会根据总会工作方针与任务，配合当地人民政府，推进医药卫生及救济福利事业。在民主集中制的原则下，分会每月向总会报告会务。

全市县会员代表大会是分会最高权力机关。会员代表大会每两年召开1次，必要时可以提前或延期召集。会员代表大会闭会期间，由其选出的理事会为分会最高领导机关。理事会由11至21位理事组成，由理事互选会长1人、副会长1至3人、常务理事3至5人组成常务理事会，主持分会会务及日常工作。

分会理事会每3个月召开1次会议，常务理事会每1个月召开1

① 中国红十字会总会编：《中国红十字会历史资料选编（1904—1949）》，南京大学出版社1993年版，第189页。
② 《本会长泾分会改为江阴县分会》，《新中国红十字》1951年3月第7期，第31页。

次会议,均以会长为会议主席。理事会下设总干事 1 人,由会长提请理事会通过并任命。总干事根据理事会决议和会长指示,领导干事(或设会务、业务两组)办理日常事务。

三、经费来源

中国红十字会经费主要来源有三个部分,一是会员会费,二是社会捐赠,三是财政拨款。其中会员缴纳的费用有两种,一是入会费,二是会费。入会费,成年会员是 2 斤米①,少年会员是 1 斤米。支会及小组所收的入会费全部上缴分会,分会以 30%上缴总会。会员每季要缴一次会费,入会时因缴入会费,当季可不缴纳会费。成年会员的会费是 1 斤米,少年会员的会费是半斤米。支会及小组所收的会费全部上缴分会,分会以 25%上缴总会。个别会员如因经济困难不能缴纳入会费或会费者,经调查核实后可予以减收或免缴。

实际上,中国红十字会的经费,包括日常行政经费、活动开展所需费用等,主要依靠政府的财政拨款,会员会费及社会捐赠,包括个人和企业捐赠都是十分有限的。这与新中国成立后社会经济基础的变化,包括会员在内的民众收入水平低下,以及红十字会的政府背景等都有着很大关系。

第四节　基层组织重建

一、会员发展

中国红十字会实行会员制。会员是红十字会的组织基础,是红十字事业发展的基本依靠力量,所以发展会员是发展会务的基础,也是基

---

① 产大米地区,以大米计算,产小米地区以小米计算。不产米地区以主要粮食比照米价计算,按当地米价折合人民币。

层组织创建的前提条件。

1949年新旧政权更替时期，多数分会停止工作，会员与组织间的联系因而中断。有鉴于此，9月30日中国红十字会颁布会员制度修订办法，要求对各种会员进行重新登记。但因总会和分会尚未改组，且各分会与总会联系较为松散，此项工作未能达到预期目的。1950年红十字会改组后，确立了"预防为主"、"动员和组织人民实行自救助人"的工作方针，协助各级人民政府，面向工农兵宣传并推广防疫、卫生、医药及救济福利事业成为红十字会的主要任务。以此为依据，开展群众性卫生运动和救护运动，提高人民的卫生文化水平和健康水平，保证国家的国防建设和经济建设是红十字会的主要宗旨。而发展会员是红十字会完成任务、实现宗旨的一项重要组织工作。

1951年，各地分会在发展自己业务的基础上开始发展会员。1月正值第一批分会改组，基于旧的会员制度不再适用，红十字会总会根据《章程》和实际情况，制定并颁布《中国红十字会旧会员总登记办法》和《中国红十字会会员制度暂行规定》，[①]有条件的分会开始办理旧会员登记，并发展新会员。

中国红十字会会员分为三类，即成年会员、少年会员和名誉会员。会员颁发由总会制发的会员证书，名誉会员另颁发证章。入会的条件是，凡赞成红十字会宗旨，遵守红十字会会章，不分民族、性别、宗教、信仰、职业、区域，自愿参加红十字会者，均可向所在地红十字会的各级组织申请加入红十字会。入会的手续较为简单，有一名会员介绍，填写入会登记表并按章缴纳入会费即可。

成年会员一般在20岁以上，少年会员一般是12岁至20岁在校读书的学生。名誉会员系一种荣誉的推赠，推赠权属于总会，但各地分会

---

① 参见《新中国红十字》1951年1月第5期，第25—26页；中国红十字会总会编：《中国红十字会历史资料选编(1950—2004)》，民族出版社2005年版，第14—16页。

可以呈请总会推赠,名誉会员免缴会费。名誉会员来自以下6类人员:介绍200人以上入会者;捐助款物超过10000斤米者;经总会审查认可对红十字会有特殊贡献者;经中央主管部门审查鉴定,在医药科学上有特殊发明及办理救济福利工作有特殊功绩的会员;对红十字会有帮助的国际友人;红十字会代表访问他国红十字会或出席国际会议,国际友人有需要推赠者。

红十字会会员享有以下权利:一是选举权、被选举权及表决权,二是对红十字会议案及工作有建议、讨论及批评的权利,三是对红十字会工作人员有批评的权利,四是享有本会所举办的各种学习、研究及救济福利事业的优先权。会员承担的义务有:遵守红十字会会章及执行本会决议、宣传并贯彻红十字会宗旨、缴纳会费、介绍新会员等。

中国红十字会在发展和吸收新会员的同时,对先前在总会和各地分会入会的各类旧会员,包括名誉会员、特别会员、基本会员、普通会员、纪念会员、正会员、青年会员、团体会员等,办理一次登记。而依照1949年9月红十字会公布的会员制度修订办法曾重新登记的各种会员也在登记之列。旧会员登记的手续是,先上交会员证,再填写登记表,并缴纳登记费,与新会员入会费相当。旧会员办理登记后即转为新会员,依年龄分为成年会员和少年会员。旧会员登记在其所住地分会办理,若无分会可向邻近分会办理。旧会员登记一般在分会改组后的半年内完成。

值得一提的是,至1951年8月,全国34个分会完成改组工作,机构调整后自身管理有所加强。但部分待改组的旧分会在镇反运动中出现异常情况,干部也参差不齐。因此,8月4日红十字会总会慎重地发出通知,要求"停止登记旧会员,暂缓吸收新会员"。① 此后,新会员的发展只限于少数城市进行试点,其他分会一律暂缓进行。事实上,当时

---

① 《停止登记旧会员　暂缓吸收新会员》(1951年8月4日)。

分会的任务是大力整顿内务,甄别干部,领导学习,提高干部政治素质。根据卫生工作的三大原则,在原有事业基础上努力拓展业务。在业务具备一定基础,干部质量达到一定层次后,再考虑吸收新会员。

自 1951 年冬季起,红十字会总会先后选定业务较有基础和具备一定条件的福州、芜湖、天津、杭州、北京等五个分会,重点试办发展会员工作。这些分会发展会员的主要措施和步骤如下:

第一,成立专门机构,负责会员发展。成立组织机构是开展工作的先导。为发展会员,1951 年 7 月福州市分会成立征收会员工作队,邀请海军耆宿萨镇冰为名誉总队长,福州市市长许亚为总队长。总队下设 18 个征收队和 123 个分队,均由当地工、青、妇、农等团体负责人担任队长。[1] 1952 年 9 月在第二次发展会员时,福州市分会成立发展会员工作组,下设工厂、学校、居民工作小组。[2] "三反"运动结束后,1952 年 8 月北京市分会成立发展会员专门委员会,委员来自政府部门、区卫生所和工会、妇联、青年团等单位,主任委员由分会会长严镜清担任。同年 11 月发展会员专门委员会改名为推行委员会,聘请北京市副市长吴晗为名誉主任,并在各区成立推行小组。[3] 1951 年 11 月天津市分会成立发展红十字会员临时工作委员会,委员会下设 15 个征收会员大队。[4]

第二,有步骤有计划地发展。各分会事先依据会员制度暂行规定,并结合实际情况,就发展会员数、发展对象、范围以及发展步骤等制订计划。发展计划在获得红十字会总会批准后,在政府的重视和支持下组织实施。天津市分会自 1951 年 3 月成立后即计划发展会员 11500 人,以本市医务工作者、教育工作者、保育工作者、工商联及工人、青年、

---

① 《对福州市分会发展会员的总结报告》,《新中国红十字》1952 年 9 月号,第 17 页。
② 《关于发展会员工作的总结报告》,《新中国红十字》1953 年 1 月号,第 26 页。
③ 孙敬敏编纂:《北京市红十字会的六十五年(1928—1993)》,文津出版社 1995 年版,第 47 页。
④ 赵辉主编:《天津红十字会九十年》,天津人民出版社 2001 年版,第 46 页。

学生、妇女、机关干部为发展对象。芜湖市分会 1951 年计划发展会员
3500 人,以工人、农民、青年、妇女、工商业者为发展对象,范围涉及机
关、团体、学校、街道、郊区等单位。北京市分会从 1952 年 8 月初开始
发展会员,计划先行发展会员 10000 人,以医务工作者为骨干,有重点
地向工厂、学校、医院和卫生基层组织发展,取得经验后再由点到面普
遍发展。福州市分会结合自身特点,于 1951 年 7 月至 11 月和 1952 年
9 月至 12 月先后两次发展会员。① 各分会发展会员采取动员酝酿、深
入宣传、发展组织和总结等步骤,分阶段进行。

第三,层层发动,进行广泛动员。试发展会员的分会在发展会员
前,进行广泛宣传和动员,以帮助群众了解红十字会的宗旨、性质、目标
和任务,以及会员的权利和义务。其宣传方式主要有:

一是利用各级大会进行宣传。1952 年北京市分会在中山公园召
开全市发展会员大会,6000 余人参会,会上卫生部部长、红十字会会长
李德全,北京市副市长吴晗以及苏联专家瓦斯克莱辛斯基分别作了动
员报告,使得与会者了解红十字会的宗旨、性质和任务,发展会员的意
义以及苏联红十字会会员的作用,这对全市会员发展起了推动作用。
此后,每个区又结合区卫生委员会布置爱国卫生工作大会进行发展会
员宣传,最后在各个发展单位再一次进行宣传。天津市分会则召开理
事会、各单位领导会议以及单位骨干分子会议,进行层层发动。

二是利用媒体进行宣传。北京市分会与市广播电台取得联系,播送
红十字会会务常识、入会条件、会员权利和义务以及苏联红十字会的简要
情况。天津市分会利用电影院放映宣传图片标语,广播电台播送有关演讲
词和文章。福州市分会在工厂多采用广播和自制喇叭,深入车间进行

---

① 《吸收新会员,天津、芜湖两分会重点开展》,《新中国红十字》第 2 卷第 4 期,第
6—7 页;《关于福州市分会会员工作的调查报告》,《新中国红十字》1953 年 5·6 月号,
第 11 页;《北京市分会发展会员的简要情况》,《新中国红十字》1952 年 11 月号,第 25
页。

宣传。

三是利用文字材料进行宣传。北京市分会编印内部刊物《新中国红十字会手册》和《北京红十字》进行宣传。天津市分会邀请报刊转载红十字会总会有关资料，利用市区交通工具张贴标语传单进行流动宣传，并将宣传资料大量印发给各机关、团体、学校，利用各单位集会作宣传报告。

四是发动会员进行个别宣传或组织宣传队深入群众进行宣传。福州市分会会员在平时向邻居、亲戚采取漫谈方式进行宣传，医务工作者会员则利用候诊时间向病人宣传红十字会，小桥区利用这种方式发展会员1000余人。此外，小桥区还组织24个宣传队深入5600户10600人开展宣传。①

各分会经采取以上措施和步骤，会员发展取得成效。至1952年7月，福州市分会发展会员7800余名，芜湖市分会2400余名，天津市分会790余名。② 至1952年年底，北京市分会发展会员达17000人。会员数量的不断增加，为红十字事业的发展提供了重要基础。

二、试建基层组织

支会作为中国红十字会的基层组织，是服务社会的一级重要机构。早在新中国成立前，因业务需要，中国红十字会曾在少数分会下设支会组织，只不过支会的存在缺乏普遍性和连续性。新中国成立后，随着会员的发展、爱国卫生运动的兴起以及急救训练的开展，建立红十字会的基层组织成为现实之需。为此，红十字会总会曾作出规定，"本会依地区及工作需要，在总会下，各市县得设分会，其下得设支会或小组"。

实际上，发展会员和建立基层组织是密不可分的，基层组织是组织

---

① 祁文熙:《发展会员宣传的几种方式》,《新中国红十字》1953年3月号,第18页。
② 《会员工作检查组去福州、芜湖两分会了解情况》,《新中国红十字》1952年7月号,第5页。

会员开展活动的重要力量,而建立基层组织又是会员发展和壮大的必然结果。因此,中国红十字会首先在福州市、北京市、天津市等地重点试办发展会员工作的分会,试点建立基层组织。

自 1952 年 5 月起,福州市分会开始在大根区、鼓楼区、小桥区、台江区和仓山区五个区,以区为单位建立红十字基层组织——区支会。此后在市区内各居民委员会普遍设立支分会,全市五个支分会中所辖支分会最多的有 12 个,最少也有 8 个。市区居民地段支分会共有 52 个,学校支会共 76 个,工厂建有支会 9 个。[①]

北京市、天津市分会在建立基层组织的同时,适时地对其进行组织调整。

1952 年北京市各区在发展会员推行委员会的基础上,陆续筹建区支会,到 1953 年 9 月共建立 8 个区支会。北京市分会建立在街道(派出所辖区)、厂矿、学校等单位的分支会一般由 3 至 7 名委员组成,下按居委会、车间、班级再设立会员小组。值得一提的是,1954 年根据市政府减少街道基层组织层次的指示,北京市分会重点整顿了街道红十字会基层组织,取消分支会,以派出所辖区为单位建立会员大组,选出正副组长,根据居委会范围划分会员小组,居委会卫生委员担任小组长。到 1955 年全市红十字会基层组织基本上整顿完毕。[②]

从 1955 年下半年起,天津市分会着手筹建区级红十字会。1956 年经市人民委员会批准,按照先市区后郊区再各县的步骤,在和平、城厢、南开、塘沽等区建立区红十字会,并在街道、手工业合作社、工厂企业、机关试点建立基层组织。芜湖市分会发展会员后,是按照机关、工会、街道、卫生、工商等五个系统建立基层组织的。为理顺管理体制,芜

---

① 《关于福州市分会会员工作的调查报告》,《新中国红十字》1953 年第 5 · 6 期,第 11—13 页。

② 孙敏敏编纂:《北京市红十字会的六十五年(1928—1993)》,文津出版社 1995 年版,第 49 页。

湖市将各基层组织的工作纳入全市各区的工作计划。从 1954 年 5 月开始,市分会按区设立区支会,下设机关、企业、街道、团体等支分会,对原基层组织进行调整。此项工作在工作组领导下,先在环城、新芜两区试点后再推广全市。①

由上可见,各试点分会基本上是按照行政区划建立以层级结构为特征的基层组织的,即各区设立支会,区下各居民地段设支分会,支会是所属支分会的直接领导机构。一般区支会、支分会设理事会,设会长1人,副会长若干人。会长、副会长及理事均由会员代表大会选举产生,会员代表大会是最高权力机关。会员代表大会闭会期间,所选出的理事会为最高领导机关。

红十字会基层组织主要承担以下职责:一、开展基层干部培训和卫生业务训练工作,组织会员带动群众协助卫生部门办好群众性卫生防疫和人民保健事业。二、贯彻执行上级红十字会及会员代表会议的决议与指示,经常商讨与办理红十字会会员的组织教育等方面的重要问题。三、向上级呈请表扬积极分子并按月报告工作情况。四、支分会特别要领导、计划与检查会员小组及急救站的工作,检查药品器材的保管情况,按季收集会费并呈缴区支会,按月向区支会报告会员增减及变动情况。

基层组织建成后,红十字会会员的作用充分地发挥了出来。如会员被组织起来进行必要的训练后,能够参与爱国卫生运动、急救等工作。1952 年福州市分会将急救训练当作会员的一项权利在各区支会大力推行,全市郊的急救员中红十字会会员占 85% 强,在各居民地段的各个支分会普遍设立了红十字急救站,郊区组织了红十字机动救护队。部分急救站在做好自身急救业务外,还投入爱国卫生运动,开展卫

① 《芜湖市分会调整会员基层组织》,《新中国红十字》1954 年第 7·8 期,第 28 页。

生宣传、挖蝇蛹、示范扫除以及帮助烈军属搞卫生等工作。另有急救站主动配合各居民委员会的卫生站,推动防疫保健工作,成为卫生站医师和护士的助手。① 同年,北京市红十字会会员在爱国卫生运动中发挥了积极作用。北京市东四区第五卫生分会共有 76 名红十字会会员,除完成政府所布置的捕鼠任务外,还人均超额完成 1 只。②

实际上,群众性爱国卫生运动开展后,红十字会组织就成为此项运动的基本力量。1955 年 7 月,北京市分会在西单区抄手胡同办事处进行创新试点。因抄手胡同办事处缺少爱国卫生委员会的基层组织,为解决卫生工作经常化问题,办事处将此处红十字会作为爱国卫生委员会的基层组织,扩大会员队伍,每个居民小组发展十几名会员,每个会员负责带动两三个门牌的院卫生负责人,在组织上形成一套群众卫生工作系统,任务落实到每个会员,卫生任务通过红十字会系统一直贯彻到院卫生负责人。此后,西单经验,即红十字会与爱国卫生委员会合署办公的模式在全国逐步推广,爱国卫生运动得以经常而经济地开展。③

第五节 1956 年的组织调整

1956 年社会主义改造基本完成,我国进入社会主义初级阶段。此时,高度集中的计划经济体制逐步确立,城乡社会结构发生重大变化。从这年起,中国红十字会开始 20 世纪 50 年代以来的第二次组织整顿。下面以江苏红十字会为例展开考察。

---

① 《关于福州市分会会员工作的调查报告》,《新中国红十字》1953 年第 5·6 期,第 11—13 页。

② 《北京市分会发展会员的简要情况》,《新中国红十字》1952 年 11 月号,第 25 页。

③ 孙敬敏编纂:《北京市红十字会的六十五年(1928—1993)》,文津出版社 1995 年版,第 49—50 页。

一、组织调整的原因

20 世纪 50 年代中后期,江苏红十字会各级组织陆续建立,进而健全了组织网络,其原因主要在于以下几点。

第一,社会发展推动红十字会调整组织结构。20 世纪 50 年代中后期,中国共产党领导的各级人民政权已经建立,并得到进一步巩固,社会成员逐步被组织到各类社会组织之中,全社会呈现高度组织化趋势。此时,"个人——农业生产合作社(城市单位)——国家"新型的社会结构确立起来,且带有"身份制"、"单位制"和"行政制"的特征。[1]尤其是,我国政治组织已经广泛形成了中央、中级、地方和基层四个级别的等级制,[2]组织结构的科层化日益凸显。在这样的社会背景下,有深厚政府背景的红十字会必须调整原有组织及其结构,以协调与政府间的关系,促进红十字事业健康有序地发展。

第二,卫生事业的发展需要红十字会进一步健全组织。随着生活水平的不断提高,人们对于卫生服务的需求也日益增长。1956 年 1月,卫生部召开全国卫生工作会议,制定出卫生事业 12 年远景规划,指出从 1956 年起 7 年内,在条件可能的地区基本上消除四害[3]和消灭几种对人民危害最大的疾病。实际上,卫生事业的发展离不开在医疗卫生方面确有比较优势的红十字会的支持,为此,红十字会必须适时发展和完善原有组织(以江苏为例,此时仅有 7 个分会),以提高工作实效,充分发挥卫生部门的助手作用。

---

① 袁方等:《社会学家的眼光:中国社会结构转型》,中国社会出版社 1998 年版,第 209—216 页。

② [美]詹姆斯·R.汤森、布兰特利·沃马克:《中国政治》,顾速、董方译,江苏人民出版社 2004 年版,第 62—64 页。

③ 1956 年,四害是指老鼠、麻雀、苍蝇和蚊子,1958 年初提出了除"五害"(四害加钉螺)。不久,又提出除"七害"("五害"加臭虫、蟑螂)。1960 年四害被修改为老鼠、臭虫、苍蝇和蚊子。(参见《建国以来重要文献选编》第 8 册,中央文献出版社 1994 年版,第 60 页)现如今,四害一般是指老鼠、苍蝇、蚊子和蟑螂。这四种生物对人类可谓有百害而无一利。

第三,受"一边倒"外交政策的影响,社会主义阵营中苏联"老大哥"的红十字会工作,特别是其组织发展的历史经验,以及"北京市红十字基层组织最近试点",证明"红十字会的会员和基层组织成为爱国卫生运动的基本力量和基层组织",①都为当时全国其他地区创建各级红十字会组织提供了重要借鉴和现实依据。

二、构建省域组织网络

由上可知,20 世纪 50 年代中后期江苏红十字会进行组织调整,势在必行,这一重要举措是在卫生部和红十字会总会的部署下进行的。1956 年 3 月 17 日,卫生部、红十字总会发出通知,要求地方红十字会工作在各省(区)、市人民委员会的领导下,纳入地方卫生事业规划中,卫生、民政等部门负责贯彻执行,并成立省和重点市、县红十字会,整顿原有市、县红十字会及发展会员。紧接着,4 月全国红十字工作会议召开,确定当年红十字会的工作重点是整顿原有组织,在各省的地、州、市、县(区)均建立红十字会,企事业单位、乡村、各类学校建立基层红十字会。江苏红十字会的组织调整由此拉开帷幕,继而成功地构建了省域组织网络。

首先,重视"顶层设计",建立省级红十字会。从无到有,成立省红十字会是此次组织整顿的抓手,由此自上而下,推动省以下各级红十字会的改组和新建。1956 年 4 月,江苏省红十字会筹备委员会宣布成立,随后,各项筹建工作有序展开。5 月,省卫生厅、省红十字会筹委会颁布的《关于联合召开江苏省红十字工作会议的方案》明确规定,"在本年内成立江苏省红十字会"。② 8 月 6 日,筹委会就有关省红十字会

---

① 《关于 1956 年发展红十字会组织的联合通知》(1956 年 3 月 17 日),江苏省档案馆档案,第 162 卷。

② 《江苏省卫生厅、江苏省红十字会筹备委员会关于召开江苏省红十字工作会议的方案》,江苏省档案馆档案,第 228 卷。

的筹备情况函告总会。8 月 13 日,总会复函肯定筹备工作,并要求按照国务院的有关文件精神,解决省市县红十字会的编制问题。① 8 月 21 日,省卫生厅、筹委会发出《关于召开江苏省红十字工作会议的联合通知》,要求各地选拔适当的干部参加省红十字会成立大会。②

经过充分准备和酝酿,11 月 7 日江苏省红十字工作会议在南京市召开,会议协商选举产生了江苏省红十字会第一届执行委员会、常务委员会和监察委员会,其中常务委员会主席,即红十字会会长由省卫生厅厅长盛立兼任,③会议还通过了《江苏省红十字会组织规程》。至此,江苏省红十字会正式成立,④江苏红十字事业掀开了新的一页。

其次,加强"中腰"部位市县红十字会的改组和新建。市县红十字会处于承上启下的"中腰"位置,其改组和新建意义重大。根据全国红十字工作会议精神,省红十字会取消了原有各地分会名称,改称市县红十字会,并按照总会的要求,及时上报了地方组织成立的时间、委员会

---

① 《中国红十字总会关于江苏省红十字会人员编制的复函》(1956 年 8 月 13日),江苏省档案馆档案,第 315 卷。

② 《江苏省卫生厅、江苏省红十字会筹备委员会办公室关于召开江苏省红十字工作会议的联合通知》(1956 年 8 月 21 日),江苏省档案馆档案,第 162 卷。

③ 《江苏省红十字会第一届执行委员会委员名单》,江苏省档案馆档案,第 228卷。

④ 关于江苏省红十字会的成立时间,学界有 1956 年 11 月 7 日一说。(参见池子华、郝如一主编:《中国红十字历史编年(1904—2004)》,安徽人民出版社 2005 年版,第159 页)笔者认为江苏省红十字会应成立于 1956 年 11 月 11 日,理由有三:其一,如前文所述,从会议召开之前的会议方案(1956 年 5 月)及会议通知(1956 年 8 月)都可以看出11 月 7 日召开的是江苏省红十字工作会议,成立省红十字会只是此次会议的一项重要议程。根据事先安排,省红十字会的组织机构及其领导成员需经会议充分酝酿和选举之后产生,而进行此项程序需要一定的时间。其二,值得注意的是,此次工作会议于 11月 11 日闭幕,共有四五天的会期,在工作会议开幕的当天(11 月 7 日),甚至在还来不及选举产生组织机构和领导成员的情况下,就宣布成立省红十字会,不符合常理。其三,最为重要的是,1959 年 2 月 28 日产生的《江苏省暨市、县红十字会组织情况表》中的"成立日期"一栏,即明确显示省红十字会成立于 11 月 11 日。(参见《江苏省暨市、县红十字会组织情况表》,江苏省档案馆档案,第 392 卷)

名单、会址等情况。① 同时,省红十字会稳妥地解决了市县红十字会人员的编制问题,如 1956 年全省人员编制为 61 人,②1958 年为 65 人,③这就为市县红十字会的成立和工作运转提供了基本条件。

1957 年 10 月,江苏原有的 7 个市、县(南京、镇江、常州、无锡 4 个市及武进、江阴、青浦 3 个县)红十字会的理事会先后完成改组,此时新建的有徐州、苏州、南通、扬州、清江、新海连等 6 个市和灌云、泗阳、泗洪、松江等 4 个县红十字会。④ 至 1959 年 4 月,江苏新建或改组的市县红十字会达 23 个,⑤这与 1951 年全省仅有 7 个分会相比,可谓天壤之别。

再次,大力发展基层红十字会,夯实组织基础。1957 年 2 月,省红十字会指定无锡市红十字会以街道为试点,江阴县红十字会以农业合作社为试点,在实践中摸索和总结一些经验方法,以便推广。⑥ 6 月初,省卫生厅和省红十字会联合召开全省红十字工作座谈会,落实同年 4 月召开的全国红十字工作会议有关精神,"有计划、有步骤地发展会员,训练红十字卫生员,建立基层组织"。此后,各地大都在整顿、健全和巩固已有组织的基础上,贯彻边发展、边组织、边训练、边巩固的"四

---

① 《中国红十字会总会关于请报你省地方组织成立情况的函》(1957 年 10 月 18 日),江苏省档案馆档案,第 290 卷。
② 江苏省红十字会编著:《江苏红十字运动八十八年(1911—1999)》,东南大学出版社 2001 年版,第 83 页。
③ 《江苏省卫生厅、江苏省红十字会为 1958 年新建 8 个市县红十字会组织增加编制 4 人,并调整原有编制请予核示的报告》(1957 年 10 月 18 日),江苏省档案馆档案,第 290 卷。
④ 《江苏省 1957 年三个季度红十字工作情况的报告》,江苏省档案馆档案,第 290 卷。
⑤ 《各市县红十字会组织情况表》(1961 年 10 月 10 日),江苏省档案馆档案,第 442 卷。《江苏省暨市、县红十字会组织情况表》(1959 年 2 月 28 日),江苏省档案馆档案,第 392 卷。
⑥ 《江苏省 1957 年三个季度红十字工作情况的报告》,江苏省档案馆档案,第 290 卷。

边"方法,适当地建立基层组织。至 9 月,南京、镇江、常州、无锡、苏州、南通、扬州、徐州、清江、新海连、武进、江阴、青浦、松江、灌云、泗洪、泗阳等 17 个市县红十字会,①在工矿、企业、街道、学校、手工业合作社、农业合作社、饮食行业和船民中,建立基层组织达 222 处。

1958 年,在全国性大跃进浪潮的推动下,江苏基层红十字会的建立进入了发展的快车道。这年 6 月,省红十字会向各市、县红十字会(筹委会)发出《关于贯彻社会主义建设的总路线做好工作跃进计划的通知》,②并附上《无锡市红十字会关于突击建立红十字会基层组织的行动计划》和《常州市红十字会除七害、讲卫生、红十字卫生员训练工作计划》,供各地参考,这极大地推动了基层组织的迅速发展。实践表明,1957 年至 1959 年江苏全省实际建立基层红十字会 10644 个,其中大多数就是在 1958 年建成的。③

三、重塑管理体制

1956 年,江苏红十字会各级组织开始创建,从这时起,江苏红十字会有了实体意义,即是在省红十字会的统一领导下,由省市县红十字会(地方组织)和基层红十字会(基层组织)构成的红十字共同体。而此前,滥觞于 1904 年金陵分会的江苏红十字会,主要是分布在江苏的、较为松散的中国红十字分会群。所以,20 世纪 50 年代中后期的组织调整,对于江苏红十字事业的发展来说,具有重要的里程碑意义,这不仅仅在于建构了省域网络化组织,还在于重塑了产生深远影响的管理体制。

---

①　《江苏省卫生厅、江苏省红十字会关于确定区、乡红十字会兼职干部的联合通知》(1957 年 7 月 10 日),江苏省档案馆档案,第 290 卷。
②　《江苏省红十字会关于贯彻社会主义建设的总路线做好工作跃进计划的通知》(1958 年 6 月 2 日),江苏省档案馆档案,第 345 卷。
③　《江苏省红十字会 1957—1959 年组织训练工作统计表》,江苏省档案馆档案,第 442 卷。

　　江苏红十字会各级组织建立的同时,其组织结构和管理体制相应地得到重塑。由前文可知,20 世纪 50 年代初期江苏各地的红十字会分会均接受总会和所在地政府的领导。而从 1956 年起,江苏红十字会由原本毫无隶属关系的、独立的分会群,逐步转变为多层次"塔式"的、领导与被领导的省、市、县红十字会和基层红十字会。根据中国红十字会特有的双重分层管理体制,[①]江苏省、市、县红十字会逐级领导,并由省红十字会统一管理市、县及基层组织,同时,各级红十字会均接受当地各级党政、卫生部门的领导。江苏红十字会的组织结构和管理体制从而实现了现代转型,呈现出类科层化(分多层级管理)和类行政化(按行政区域建制)的特征。当然,江苏红十字会管理体制的重塑是中国红十字会重塑管理体制的组成部分和必然结果。不过,红十字会系统内上对下的领导,大多是工作和业务方面的指导和监督,而党政部门对于同级红十字会的领导,多集中在领导层人选、编制预算、经费支持等方面。

　　事实上,此时开始的按行政区域建制是新中国红十字会组织的最大特色。因此,1958 年 4 月江苏省辖的上海、嘉定、宝山等 3 个县,以及 11 月松江、青浦、金山、川沙、南汇、奉贤、崇明等 7 个县划归上海市,[②]同年江苏省辖的砀山和萧县两县划归安徽省,原属安徽省的盱眙县和泗洪县划入江苏省,[③]已建成的红十字会组织也随行政区划作了相应的变更。

　　值得一提的是,1956 年中国红十字会确立的双重分层管理体制,其实质性内容自 1961 年起融入《中国红十字会章程》,并写进《中华人

---

　　①　中国红十字会不同于一般社会组织,实际上受中央政府管理,其系统内,总会以下各级组织同时接受总会和当地政府的管理,笔者称之为双重分层管理。这与一般社团组织同时接受各级业务主管部门和民政部门的双重管理,有所不同。而学界通常所说的双重管理,往往是指后者。

　　②　刘定汉主编:《当代江苏简史》,当代中国出版社 1999 年版,第 200 页。

　　③　江苏省红十字会编著:《江苏红十字运动八十八年(1911—1999)》,东南大学出版社 2001 年版,第 87 页。

民共和国红十字会法》(1993 年产生),成为当前发展中国特色红十字事业的重要保障和动力之源,历史影响非同一般。

通过以江苏红十字会为个案,对 1956 年中国红十字会组织整顿进行考察后,我们得出以下结论。

其一,1956 年中国红十字会作为重要的"社会器官",顺应时代和社会的发展,再次进行组织整顿,其间,红十字会相应完成了组织调整和管理体制重塑,因而避免了内部的分散与对立,实现了有效治理。此次整顿,为红十字会拥有强大的组织网络和广泛的群众基础,以及改革开放后发展中国特色红十字事业打下了坚实基础。

其二,中国红十字会的组织演变根本上是社会环境,特别是政治制度、社会结构等因素共同作用的结果,这表明红十字会的组织发展,总体上与社会运行呈正相关关系。这种演变不仅见证了中国社会的整合与变迁,同时体现出国家与社会的互动,而这种互动在当时多以"自上而下"为原则,表现为政府推动与红十字会的服从,总会部署与下级组织的服从等。一个典型的例证是,1959 年 4 月周恩来就红十字会工作作出重要批示:"根据需要与可能适当发展。"[1]这样,自 1958 年开始的基层红十字会的迅猛发展,就此终结。

其三,虽然按照国际惯例,红十字会是政府主导型社会组织,受政府的支持、资助和监督,但从 20 世纪 50 年代组织整顿以及红十字会曾与卫生部门、救济总会、爱卫会等合署办公中可以看出,在高度集权的计划体制下,社会组织严重依附政府,其独立发展的空间极为狭小,政社不分的现象十分突出。国家主导社会,强国家弱社会的时代格局从此逐步形成。实际上,此时中国没有纯粹意义上的、改革开放以后特别是市场经济条件下才逐步兴起的"第三部门"。

---

① 池子华、郝如一主编:《中国红十字历史编年(1904—2004)》,安徽人民出版社 2005 年版,第 167 页。

第三章　国内救助事业的起步

新中国成立后,在中共和人民政府的主导下,经济恢复,社会重建。中国红十字会作为人民卫生救护团体,是政府部门在卫生救护、医疗保健等工作领域的重要助手。新中国成立初期,为服务经济社会发展,中国红十字会以全新的态势重新启动国内救助事业,协助政府开展大规模的卫生救护训练和医疗预防服务,并积极参与爱国卫生运动。实际上,新中国红十字会的救助事业在业务领域、工作方式、经费来源等方面与新中国成立前有很大的区别,因而具有鲜明的时代特色。

第一节　卫生救护训练

新中国成立后,因医治战争创伤、巩固国防和经济建设的需要,开展救护训练,维护身体健康,增强群众体质迫在眉睫。开展群众性卫生知识普及训练和现场初级卫生救护知识培训是中国红十字会的一项常规业务,也是开展救护工作的基本前提。1950 年《中国红十字会会章》即明确规定,"团结群众,担任救护训练"是中国红十字会的任务之一。① 1951年红十字会总会要求"充实现有教育机构,增加班次,扩大学生名额";业

---

① 中国红十字会总会编:《中国红十字会历史资料选编(1950—2004)》,民族出版社 2005 年版,第 3 页。

务基础较好的分会"应举办短期训练班及带徒弟办法,培养中初级卫生人员",扩大妇婴保健,各分会可利用现有基础,与当地妇联结合,设立妇婴保健站,办理接生及训练旧产婆并实施妇婴卫生的教育。①

实际上,新中国成立初期,中国红十字会根据社会需要,按照"预防为主"、"面向工农兵"、"团结中西医"、"卫生工作与群众运动相结合"的卫生方针,不仅开展了大规模的急救训练,还在不同时期组织开展了诸如家庭护理员、初级医务人员、接生员、保健员、炊事员、行业卫生等一系列卫生救护训练,为妇幼卫生、家庭护理、医疗预防等工作储备必需人才。

一、急救训练

（一）训练概况

急救,是对一个急病或意外伤害的人在未送医院或医师未到之前,进行临时紧急适当的处理,以防止或减少其意外伤害进一步酿成疾病、残废或死亡。急救是对急病或意外伤害的第一步救助。轻者,经包扎等即可恢复工作;重者,经紧急处理可为尔后送往医院治疗作准备。可见,急救实质就是救急。②

新中国成立初期,在巩固国防和建设经济的事业中,由于器械使用范围不断扩大,器械伤人事故屡有发生。此外在日常生活中,无论是在城市还是在乡村,在工厂还是在学校,在交通线上还是在矿山,无论男女老幼,意外伤害总是不能避免的。因此,中国红十字会推行急救训练,让更多的人懂得急救常识和技术,对于保障人民群众的健康与安全很有必要,而且意义重大。

事实上,急救就是及时地现场处理。因此,急救训练范围包括外伤处理（如枪弹伤、火伤、烫伤、骨折等）、急症处理（如中暑、中毒、休克等）

---

① 《中国红十字会总会关于1951年工作计划的指示》,《新中国红十字》1950年12月第4期,第1页。

② 《为什么要推行急救训练》,《新中国红十字》第2卷第4期,第4页。

和急变处理(如溺死、缢死、服毒等)。急救训练对象是:在城市,以工人(包括店员)、职员、学生及街道卫生防疫员等具有一定文化、技术水平的有组织的群众为主;在农村,以民兵、农会会员和青壮年妇女为主;在军队,则以全体战斗员、通讯员、警卫员和连以下干部为主。急救训练内容除了解急救意义外,还包括急救原则和急救技法。急救必须求快求准,其原则主要是熟练急救技术,头脑镇静,胆大心细地处理,适当器材的应用和患者尽快转医等。急救技法有绷扎法、消毒法、止血法、骨折固定法、脱臼整复法、烫伤处理、电伤处理、冻伤处理、中暑处理、中毒处理、溺水处理、自缢处理、休克处理、一般处理(包括异物入眼、入鼻、入耳,晕车、晕船、醉酒等)、人工呼吸法、患者搬运法等。值得一提的是,在急救训练过程中,有些分会还增加了环境卫生、个人卫生、传染病预防及管理、车间卫生、行业卫生、学校卫生等其他大众化的卫生知识,满足不同层次学员的需求。

急救训练,一般分为急救常识训练和急救员训练两种。急救常识训练,如对居民和学生的训练,只要求学员了解并宣传急救常识,不必参加急救工作。常识训练其实是急救训练的普及,也就是说,经常识训练后能够做到自救。而急救员训练,则要求学员经训练和教育后熟练掌握技术,成为急救员,参加急救站的具体工作,不仅自救还要救人。

苏联急救训练的工作经验以及美国侵略朝鲜行径而引发的国家安全意识,促使中国红十字会更加重视群众性的急救训练。1951 年红十字会总会在制订工作计划时,特别要求各地分会扩大急救训练工作,"与工会学联结合,组织工人及学生教导救护急救常识,以便在工人与学生中间普遍地养成救护知识"。① 同年 11 月 14 日,红十字会总会与全国总工会、妇联、青联、学联、中华医学会等社会团体,联合向上海、南京、广州等城市发出关于推行急救训练的通知。② 通知要求各地克服

---

① 《中国红十字会总会关于 1951 年工作计划的指示》,《新中国红十字》1950 年 12 月第 4 期,第 1 页。

② 《普遍推行急救训练的联合通知》,《新中国红十字》第 2 卷第 4 期,第 5 页。

困难采取"突破一点"的工作方法逐渐推广,目的是要达到每一车间、每一教室、每一单位、每个自然村均有急救站,而且每个生产学习的互助组、每个家庭都有急救员,在全国逐步形成一支强大的急救力量,并组成巩固的急救网。11 月 30 日,军委总后勤部、卫生部通知各地卫生机构,要求协助红十字会开展急救训练。① 随后,长春、北京、灌县、永城、绍兴等 24 个城市开展急救训练,全国大规模的急救训练由此拉开序幕。

1953 年 1 月,红十字会总会根据各地经验,制定并颁发急救训练组织方案,明确规定训练对象以工人、农民、学生、卫生防疫人员、民兵为主。实际上自 1953 年起,为配合国家计划经济建设和社会主义工业化建设,工矿卫生逐步成为红十字会的工作重点,因此红十字会开始着重地在工厂、矿山、工地进一步推行急救训练。

(二)组织与推动

总体而言,急救训练由各地红十字会分会、中华医学会分会,联合妇联、学联、青联、工会、医联、卫协等团体组成急救训练委员会,由红十字会分会、中华医学会分会及医联、卫协或当地医师负责训练,其他团体协助配合,有计划重点地进行。在具体实践中,担任讲师的往往是来自当地卫生机构或所在机构的医务人员,也有的是来自分会事业单位或分支机构的医务人员,或是经训练的急救员中的优秀分子。急救训练首先在学校、工厂的训练班、补习班、识字班以及其他有组织的团体内开展,之后由城市推广到乡村。

1952 年 10 月,济南市分会邀请市民政局、文教局、卫生局、青联、妇联、总工会、工商联、学联、医学会等机关团体开会,筹建组成急救训练委员会,领导或指导训练工作,有关部门作了具体分工。② 同年,常州市分会在举办急救训练之前,在市文教局、总工会以及区政府、派出

---

① 《协助我会开展急救训练工作》,《新中国红十字》第 2 卷第 4 期,第 22 页。

② 郭琦元:《武汉济南两分会的急救训练工作及我们所体会到的几点初步意见》,《新中国红十字》1953 年 12 月号,第 44 页。

所等组织和机构的帮助下进行动员，掌握一般情况后，选择优秀人员参加训练，以提高训练质量，达到理想的效果。常州市分会还与市爱国卫生委员会取得联系，争取卫生工作者协会（医协）的协助，解决师资问题，订出具体的训练计划与办法，并进行分工负责。

1953年冬季，无锡市分会重点地在无锡市建筑工程公司第一、第二工地开展急救训练，训练工作得到了工地党、政、工、团的重视和支持，先由工程行政处和现场工会在工人中进行动员，使工人了解学习急救技术的意义，引发学习热情，共有百余人报名参加训练。训练班成立后，从行政、工会、医务室和教师及学员中选出7人组成班委会，领导训练班。学员按照工种编成学习小组，教师则由工地医务室和工地附近医院的医师担任。①

与上述分会推行训练的方法有所不同，开封市分会首先建立急救站，然后开展急救训练。1952年开封市分会在得到市政府重视后，在卫生机构协助下，动员150名负责街道卫生保健的责任医师组织若干急救站，再由急救站负责人选择和组织附近居民中的积极分子训练成急救员。急救站的业务，同时得到了巩固和发展。②

实际上，组织急救训练离不开宣传动员的推动。北京、福州、常州三地分会均根据实际情况，结合真人真事，开展自上而下、自会员到群众的急救宣传，宣传急救的目的、性质，特别是急救与工作间的重要关系。在确定训练对象以后，依据他们不同的思想顾虑，利用大会小会、个别谈话进行动员教育，安定情绪，为学习打下基础。③

值得一提的是，农村急救训练往往配合农业互助合作运动进行，在

---

① 王岳松：《我们在工地训练了急救员》，《新中国红十字》1954年3月号，第14—15页。
② 世恪：《推行急救训练方法介绍》，《新中国红十字》1952年10月号，第17页。
③ 《北京、福州、常州三个分会的急救训练工作》，《新中国红十字》1953年4月号，第19页。

组织工作方面与城市存在不同之处。如 1954 年山东省高密县分会在县第七区仁和乡 11 个农业合作社重点试办急救训练,训练师资全部是来自区卫生所的医生,每个合作社选送两名 25 岁以下初小文化程度的青年社员作为训练对象,训练内容结合农村实际,除急救外,还讲授传染病预防、隔离、清扫卫生的办法等。结业后,在合作社的急救员属于社务委员会领导,全乡的急救员由区行政领导,区卫生所具体掌握急救员工作的布置、经常性的学习活动等。[1]

(三)训练方法

急救训练班,一般按照区域或单位编成,每班不超过 60 人,城市不少于 30 人,农村不少于 15 人。急救训练的教材,多是由中国红十字会总会编写的《急救》和《急救教材挂图》。有些分会,如安庆市分会将中国红十字会机关刊物《新中国红十字》上刊登的有关急救训练的文章,编印成小册子《急救训练的介绍和实施步骤》作为训练材料。[2]

急救训练主要是利用业余时间,或在不妨碍业务并得到行政主管同意的时间进行,时长一般在 12 小时至 48 小时之间。[3] 在训练之前,讲师要了解训练对象,根据学员的不同成分和文化水平订出包括急救要求、课程进度、配合材料等内容在内的教学计划,以便灵活运用。训练是按照教、学、做合一的方式进行,尤其注重练习。在具体辅导过程中,有些分会调派本单位医务人员为辅导员,深入小组,分组包干,利用小组长集体补课,辅导教学。北京市分会把辅导员组织成教研组,经常研究教学辅导的方法和发现问题后如何纠正等,[4]而常州市分会首先

---

① 聂逊:《农业生产合作社中的卫生急救工作》,《新中国红十字》1954 年 11·12 月号,第 16 页。

② 鲁承勋:《安庆分会开展工人急救员训练》,《新中国红十字》1954 年 1 月号,第 13 页。

③ 《积极推行急救训练》,《新中国红十字》1952 年 10 月号,第 12 页。

④ 《急救的训练、组织和如何发挥作用等问题的商榷》,《新中国红十字》1953 年 11 月号,第 12 页。

推行的小先生助教制具有普遍意义。

1952 年 6 月至 12 月，常州市分会举办三期急救训练班，共训练急救员 949 人，①在训练过程中实施小先生助教制。小先生是从受过分会急救训练的 26 个干部以及前一期优秀学员中产生的。小先生负责到学员中去鼓励学习，了解困难，并及时给予帮助。如对学员不理解的知识点要帮助复习，随时检查纠正学习中的错误等，使得每个学员都能熟练掌握动作要领和急救方法。②此外，训练时还做到讲师和小先生（辅导员）密切联系，小先生和小组长定时交换意见，统一备课。分会在讲授理论时，经常结合实际操作，做到因材施教。分会根据不同对象，选择不同教材，大课一般讲解，小先生个别深入辅导，对工厂工人、城市居民与学校教师、学生分别进行训练。工人、居民一般文化水平较低，教材要通俗易懂，训练进度要慢，讲授时力求通俗易懂，多操作，多用土语，多联系实际，特别是医学名词更要解释明白。而教师、学生因是知识分子，训练进度则快一些。③

（四）组建急救站

除训练普通群众外，急救训练的主要目标就是培训一大批急救员，从而在建立急救站之后能够为社会服务。一般而言，学员训练后考试成绩由各训练小组民主评定，不及格的参加下一次训练。考试及格的急救员，结业后及时地被分会组织起来，成立急救站。急救站作为分会的业务机构之一，一般配备一只急救箱和一面红十字旗。

为便于急救工作的开展，急救站按照工作地的实际情况在站内设立急救分站和急救小组。急救站经民主讨论，订立会议汇报、学习、值

①　吴逸樵：《常州市分会推行急救训练情况》，《新中国红十字》1953 年 2 月号，第 22 页。
②　世恪：《推行急救训方法介绍》，《新中国红十字》1952 年 10 月号，第 17 页。
③　《北京、福州、常州三个分会的急救训练工作》，《新中国红十字》1953 年 4 月号，第 18 页。

班、交接班等各项制度,一般由 1 至 2 名急救员轮流值日,负责联系急救工作。急救员工作时需佩戴红十字臂章。不少分会将地点适中、工作模范的急救站设为中心急救站,负责统一调配担架、急救任务的联络及会议召集等,逐步成为当地急救站的总枢纽。有些分会根据工地特点创造性地按流动型、固定型和半流动半固定型,或永久型和临时型等类型建站。在组站过程中,有些分会还建立了急救信息报告网等联动机制,从而提高急救效率。总之,急救站的组建,一方面使分会有条件继续扩大急救训练,另一方面为发展会务提供了基础。

值得一提的是,急救站活动经费及此前急救训练所需费用,分会预算后上报红十字会总会按年度下拨。其中急救站活动经费下拨标准为:市级以上分会的急救站经费每月 10 万到 12 万元,市级以下的 8 万到 10 万元。这些经费用于急救药材之补充,而非药材开支不能超出总额的 10%。急救站制作担架及覆盖的油布所需费用由总会专项经费支出。①

（五）急救训练的成效与不足

新中国成立初期,中国红十字会组织的急救训练,成效显著,这主要表现在以下几个方面。

第一,大批群众和急救员经受训练,急救站、卫生站等广泛建立。自 1951 年 11 月中国红十字会总会与相关社团发出推行急救训练联合通知后,仅一年时间,各地红十字会培训群众和急救员达 30 万多人,建立急救站 388 个。1953 年,因急救训练在全国范围广泛开展,各地红十字会培训了大量人员,并广泛建立急救站。如广州市分会培训急救员 1005 人;武汉市分会 1286 人;开封市分会在面粉厂、油厂、火柴厂先后培训急救员 70 多人;安阳市分会 359 人,建立急救站 19 个;芜湖市分会 433 人;内江市分会 378 人;济南市分会 1070 人;南京市分会两期

---

① 《关于推行急救训练和急救站的几个问题的意见》,《新中国红十字》1952 年 10 月号,第 14 页。

对262人进行训练,建立7个急救站;福州市分会734人,为52个居民委员会建立54个急救站;太原市分会106人;青浦县分会对33个消防队员进行了急救训练等。据1956年统计,42个分会在厂矿、街道、农村、学校训练不脱产的急救员17万多人,建立救护站7000多个。[①]

第二,有利于保护和增进人民健康,从而增加劳动生产。无论是在急救站内还是在急救站外的急救现场,急救员都能够把训练时所学到的技术与红十字急救员的服务精神运用到实践中去,他们是"卫生急救工作不可忽视的一支力量"。[②] 总之,无论是在城市、厂矿企业,还是在农村,急救站、卫生站等均发挥了积极作用。

武汉市第一棉纺织厂在未成立急救站时,工人在车间生产时受了伤或生了小毛病,如到医务室就诊,必须请假出车间,再到医务室挂号、诊断、取药,起码需要一个小时。有些工人怕耽误时间,小伤小病就不去诊治,往往致使伤口化脓、轻病加重,以后诊治起来更加浪费时间,影响生产。1953年2月,棉纺织厂建立三个急救站,配备30个急救员,工人一旦发生小伤小病,马上就可以得到急救。9个月全厂共急救处理大小工伤、急病3.1万人次,每次止血、包扎只需10分钟时间,比去医务室治疗要节省半个多小时,这样就增加了4200多个工作日。如以一个工人看400个锭子,每小时产20支细纱20磅计算,可增产20支纱67万多磅。与此同时工人的患病率也逐步下降了。再如,1956年焦作市李封煤矿7个井下红十字卫生站,两个月共急救1021人次,可节省255个工时,增产煤256吨。同年,天津市4个建筑公司的红十字卫生员,9个月在工地处理外伤3.2万人次,共节省1840个工作日。[③]

---

① 中国红十字会总会编:《中国红十字会的九十年》,中国友谊出版公司1994年版,第146—147页。

② 杨迪群、陆希羽:《常州市工厂急救员起了助手作用》,《新中国红十字》1954年5·6月号,第9页。

③ 中国红十字会总会编:《中国红十字会的九十年》,中国友谊出版公司1994年版,第148页。

1953 年秋收时节,镇江市分会及时地派出医务人员在郊区象山乡设立农忙急救站,配合乡里原先训练的急救员进行急救工作,并做免费医疗服务,21 天共救治 1503 人次。他们还帮助隔壁托儿所生有暑疖、暑疮的儿童治好了病。① 同年当农民上交爱国公粮之际,麻城县分会为保护送粮农民身体健康,特地组织 106 个急救员,在仓库附近及运粮路线上设立 8 个送粮急救站,为送粮农民服务,半个月共急救 2190 人。② 实际上,农业合作社的急救员,一方面对农业生产过程中的受伤农民进行急救,减少了治疗时间,相应地增加了劳动时间和工作日,提高了农业产量;另一方面宣传卫生知识,及时地报告重大疫情,对于提高农民卫生文化水平,改进农村卫生工作发挥了重要作用。

由上可见,急救站、卫生站等的设立,减少了医务室、卫生所的门诊数,有利于保护群众健康,增加生产,提高城乡整体的卫生水平。

第三,配合并推动其他卫生训练及工作开展。单纯、静止、孤立地进行急救训练往往收效甚微。实际上,有些分会将急救训练和急救工作纳入地方政府卫生工作计划,统一安排,与其他群众性卫生防疫训练,以及卫生部门的中心工作、爱国卫生运动等群众性卫生防疫工作配合进行。还有不少分会的急救员参加了当地爱国卫生运动的宣传,尤其是在厂矿、工地,急救员参加本单位工人的安全保健工作。如 1952 年,常州市分会急救员在市卫生科开展郊区白喉注射时,主动暂缓站里的日常工作,到郊外参加注射疫苗,并帮助开展卫生宣传。③ 1953 年,开封市植物油厂和内江、柳州等地的急救员参加当地政府组织的预防流行性“乙型”脑炎的防蚊灭蚊工作。同年夏季,梧州、天津、开封、西

---

① 闵金禾、金造华:《农忙急救站确是救了我们的急》,《新中国红十字》1953 年 10 月号,第 15 页。

② 刘炎晴:《麻城县分会组织送粮急救站为农民服务》,《新中国红十字》1954 年 1 月号,第 12 页。

③ 高明之:《新中国红十字的急救员们》,《新中国红十字》1953 年 2 月号,第 26 页。

安等市分会的急救员配合当地防疫注射工作。① 梧州市急救员在历次爱国卫生运动中主动与各镇卫生委员会取得联系，参加到卫生运动工作队中去，而且协助取缔反动会道门展览会、广西省宣传贯彻婚姻法展览会及"五一"节群众游行等活动的救护工作。② 农村急救员往往配合妇幼卫生、环境卫生以及预防接种等其他卫生防疫工作的开展，从这个意义上说，他们既是急救员，也是接生员、家庭护理员。

需要提出的是，有些分会在推行急救训练的过程中，在处理与地方政府及红十字会总会关系、训练对象、训练师资、急救站的组织等方面，明显存在问题和不足，主要表现在：

第一，领导关系不顺，计划不切实际。1953年武汉市分会和济南市分会因不能及时地与上级沟通联系，直到出现困难才找领导解决，甚至有困难也不及时报告、请示，实际形成脱离领导，单搞一套的局面，因而在训练中困难重重。同年，开封市分会原定训练2万人，但实际上自1952年至1953年5月共训练5000多人，而符合条件的学员为数不多。无独有偶，1953年济南市分会原定训练9300人，但至5月才训练1000多人，计划难以实现。③

第二，宣传不到位，训练对象不明确。武汉市分会选择训练对象时，一味追求高数字，不考虑条件，加上宣传不准确不到位，以致由街道选送参加训练的多是待业青年。济南市分会则以招考的方式，让考生拿户口簿报名投考，被录取的多数是失业者。④ 常州市分会训练的学

---

① 《开封市植物油厂和内江、柳州等地的急救员参加防蚊灭蚊工作》，《新中国红十字》1953年11月号，第19页；《急救的训练、组织和如何发挥作用等问题的商榷》，《新中国红十字》1953年11月号，第12页。

② 《密切配合群众活动丰富急救员工作内容》，《新中国红十字》1953年5·6月号，第17页。

③ 陈荣孝：《急救员训练中的几个问题》，《新中国红十字》1953年5·6月号，第16页。

④ 郭琦元：《武汉济南两分会的急救训练工作及我们所体会到的几点初步意见》，《新中国红十字》1953年12月号，第45页。

员,有的身兼数职,训练时常缺课,结业后组站也不能很好地发挥作用;有的对训练意义不够了解,对训练兴趣不大,甚至出现"上级派我来学,我就来学,无所谓"的现象,从而影响了训练效果。①

第三,师资配备和组建急救站出现问题。开封市分会没有慎重考虑师资配备问题,盲目地将训练任务交给全市 115 名责任医师,而有的医师明显不能胜任,在训练前也没有组织这些医师召开教学会议,研究如何进行统一训练。② 镇江市分会和青岛市分会训练急救员后,未能及时组建急救站,或在组站过程中几经周折。南昌市分会放松了组织工作,致使急救员不能全部发挥作用。③ 常州市分会急救站的活动方式脱离实际,以致许多工作行不通,推选行政领导任站长,结果要求过高,反而影响了急救站的工作。④

在急救训练工作中,尽管有些分会出现了上述不足,但他们能够及时地发现问题,并加以更正解决。

二、其他训练

(一)接生员训练

新中国成立前,我国缺少妇幼医院和病床,医务人员人数少,技术水平普遍较低。广大群众的文化程度也较低,对卫生常识普遍缺乏了解。因此,时常发生孕妇将要生产时仍进行重体力劳动,分娩时基本上是自己接生或靠旧产婆接生的现象。实际上,旧的接生方法存在很大的卫生隐患和细菌感染的风险。因为旧的接生方法是叫产妇蹲在脚盆

---

① 杨迪群:《常州市分会检查了急救工作的缺点提出了改进的办法》,《新中国红十字》1953 年 5·6 月号,第 15 页。

② 陈荣孝:《急救员训练中的几个问题》,《新中国红十字》1953 年 5·6 月号,第 16 页。

③ 《急救的训练、组织和如何发挥作用等问题的商榷》,《新中国红十字》1953 年 11 月号,第 11 页。

④ 杨迪群:《常州市分会检查了急救工作的缺点提出了改进的办法》,《新中国红十字》1953 年 5·6 月号,第 15 页。

上或土堆上生产,遇有难产,则掀拦门骨或用扁担压腹部。若久生不下,便用称钩子把孩子钩死拖出来。而且孩子生下来,多用锈剪子、镰刀、破瓦片或高粱秸皮割断脐带,所以患破伤风的情况很多。群众不明白破伤风感染的道理,认为是命运注定的与鬼神为害,或是吹了风所致。人们怕新生儿抽风,就用针乱刺婴儿的口,致使很多婴儿口腔糜烂化脓。还有一般群众深受封建迷信思想影响,干部也不重视妇幼卫生,一些妇女生产时不让陌生人去看,担心延长生产时间,结果事故经常发生,甚至出现不应发生的死亡悲剧。

由上可见,由于旧产婆未经专门训练,不懂消毒、灭菌和产科知识,还有封建迷信的旧习惯,在接生过程中往往造成感染和产道损伤,引起各种并发症,尤其是产妇产褥热和新生儿破伤风普遍发生。新中国成立初期的一项统计表明,全国死亡率最高的,除流行病外就是妇幼的死亡,而婴儿死亡率则更高。因此,为做好妇幼卫生保健工作,训练接生员,推广新法接生有着十分重要的意义。

1951 年 11 月,江阴县分会举办接生员训练班,36 名产婆共受训 14 天。这也是县卫生院委托代为训练的,内容重在对旧法接生的批判、纠正,消毒、卧产的讲解,难产送医院等方面,旨在推行新法接生,以及接生员守则"十要十不要"①。1952 年 12 月,天津市分会在天津县

---

① "十要十不要"内容如下:十要:1.要劝妊妇作产前检查。2.要准备好接生时消毒及一切要用的东西。3.要剪短指甲,用肥皂、刷子、温开水洗净两手。4.要使产母仰面平睡床上并洗净外阴和肛门。产时要注意保护会阴。5.要为生下不喘气的小孩施行苏生。6.要用煮过或烧过的剪刀剪脐带。7.要用消毒脐包或烧酒浸过的棉花、粗线同纱布包扎脐带。8.要给小孩两眼滴眼药。9.要脐带脱落后就替小孩种痘。10.要经常作产后访问并报告产后母子情况。十不要:1.不要使产母站着、蹲着或坐着生孩子。2.不要用手检查阴道。3.不要放任何东西在阴道内。4.不要用手乱拉扯胎儿。5.不要用力拉脐带及衣包。6.不要用碎碗片、牙齿或没煮过的剪刀来断脐带。7.不要叫产妇坐灰袋。8.不要遇到难产乱动手而不送医院。9.不要喂小孩"开口汤"、挑"马牙"、割"螳螂子"。10.不要用不清洁的盆洗小孩子。参见《遂宁、江阴两分会均举办接生员训练班》,《新中国红十字》1952 年 1 月号,第 46 页。

咸水沽举办接生员训练班。此前市分会与天津县卫生院、县妇联组成的"天津县接生员教导委员会"是接生员训练的领导机构,分会负责教学工作,卫生院、妇联负责组织和政治教育。全县108名接生婆和92名青年妇女参加训练学习,教材采用卫生部出版的《初级助产学》。接生婆除了解旧法接生的坏处、新法接生的好处外,重点学习消毒知识、顺产处理以及脐带处理等,而青年学员主要学习基本卫生知识、孕期现象以及科学的接生方法等。①

1953年,内江市分会与市卫生科、市妇联共同成立接生站,接生员经常向群众宣传妇幼卫生常识、产前检查、新法接生及产后访视。分会负责的接生站一个月内即接生154次,没有发生一次事故。济宁市分会训练的旧产婆结业后,根据居民需要,又吸收开业的助产士和训练过的接生员,按照地区组建接生站,在不脱产的原则下轮流值班。泸州市分会训练的一批接生员,大多分配到卫生局下各接生站担任接生工作,成为卫生部门的有力助手。此外,北京、洛阳、安阳、临颍、寿县、芜湖、乐山、大竹等分会在接生员训练以及建立接生站方面,成效显著。②

各地分会在接生员训练结业后,或独立组建接生站,或负责接生站工作,一方面接生员拥有了自己的工作平台,另一方面新法接生得以推广,妇幼保健事业因此取得初步成效。例如,至1953年,江苏全省新法接生率已逐步提高到20%,产褥热和新生儿破伤风发病率开始下降。③

(二)家庭护理训练

家庭护理是一种卫生常识,也是一种大众化的技术。它能预防疾病传染,保护身体健康,并帮助病人,减少痛苦,免发并发症,使其早日痊愈。新中国成立前,广大群众往往病在家里,由于缺乏科学的护理,

---

① 赵辉主编:《天津红十字会九十年》,天津人民出版社2001年版,第64—65页。
② 邹德邻等:《各地分会及诊所大力推行新法接生培养了许多优秀的接生员》,《新中国红十字》1953年5·6月号,第20页。
③ 刘定汉主编:《当代江苏简史》,当代中国出版社1999年版,第82页。

甚至采用封建迷信的方法,常常使得轻病加重,重病致死,尤其是不知道传染病的隔离和消毒,更是互为媒介,散播蔓延,或死于传染。事实上,家人相处最亲切,性情了解最深刻,所以照顾病人也最能体贴入微,帮助最大。因此,推行合理的家庭护理教育对人民健康具有重要意义。

家庭护理训练曾在苏联得到广泛推行,并取得丰富经验。新中国成立后在举国学习苏联的背景下,家庭护理很快由苏联传入我国。不过,当时家庭护理作为新事物尚处在试办之中。1953年红十字会总会制定关于开展家庭护理训练与组织方案,要求有条件的分会可作为重点试办家庭护理训练,训练对象以家庭妇女为主,全年计划训练2万人,急救训练委员会特别是妇联、卫协护士学会是领导家庭护理训练的主要力量,分会组织的家庭护理小组负责联系属地医院、诊所和妇联以推进训练工作。训练的教材是红十字会总会编写的《家庭护理》。训练的主要内容是家庭护理技术与操作、一般常见传染病的预防与护理知识,以及个人卫生、环境卫生、妇幼卫生(包括孕妇、产妇、婴儿的护理及营养)等基本知识。[1]

1953年6月,北京市分会举办第一个家庭护理训练班,学员基本上是来自京西矿区机电厂的工人家属。工人家属在学习热情、争取领导的支持、组织学习工作、学成后发挥作用等方面明显具有优势。同年,镇江市分会配合市妇联训练家庭护理员,学员绝大多数为妇女委员和妇女代表,文化水平较高。训练时着重讲授家庭护理的重要性及家庭护理的基本知识、一般技术等方面内容。通过学习,学员对家庭护理有了较明确的认识,能够进行一般性护理工作。[2] 柳州市分会与妇联一起组织100名街道妇女积极分子,开办第一批为期5个星期的家庭护理训练班,聘请市立医院保健站、防疫站、卫生科等单位干部担任教

---

① 《一九五三年家庭护理的训练与组织方案》,《新中国红十字》1953年1月号,第29页。

② 《家庭护理试办简况》,《新中国红十字》1953年10月号,第21页。

学。值得一提的是,随着在各行各业大规模地开展急救训练,天津市分会举办的家庭护理培训就纳入了街道红十字卫生员培训课程之中,不再单独举办家庭护理知识培训班。①

家庭护理训练结束后,分会及时地将护理员组织起来,成立家庭护理站。如黄石市分会在家庭护理训练结束后,即组织家庭护理互助小组,制定汇报、检查制度。1953 年 7 月京西矿区机电厂家属护理站成立,下设 7 个护理小组。家庭护理员的任务主要是:一、向群众进行卫生常识、一般预防、护理常识和妇幼卫生常识的宣传;二、预防传染病发生,进行家庭访问;三、协助爱国卫生运动,监督并检查公共场所的清洁卫生;四、协助卫生机构开展各项预防接种工作。②

(三)行业卫生训练

随着公共食堂、托儿所、幼儿园等集体福利事业单位在城乡的广泛建立,广大群众对于卫生的要求普遍提高,为此,中国红十字会配合有关部门对炊事员、保育员、理发员等进行行业卫生知识的训练,使他们在各自的岗位上,结合自己的工作,加强卫生措施,以保证群众身体的健康。

为有效控制夏季肠胃病的复发和流行,1953 年三四月间江苏泗阳县分会诊所举办县直机关炊事员的卫生训练班,共有 68 人报名参加,分成 6 个小组进行学习,学习内容以个人卫生及炊事房卫生(包括食品、炊具的卫生)为主,并结合环境卫生。教学以边教、边学、边做的方式进行,然后炊事员联系实际展开深入讨论。结业后,将炊事员组织成县直属机关单位炊事房卫生委员会,制定制度和公约,使炊事房卫生走向制度化和经常化。1954 年 4 月,常州市分会协助市政府卫生科、总工会举办市属工厂、机关炊事员训练班,130 名学员参加了训练。学习

---

① 赵辉主编:《天津红十字会九十年》,天津人民出版社 2001 年版,第 66 页。
② 《京西矿区机电厂家属护理站已经起了作用》,《新中国红十字》1953 年 10 月号,第 20 页。

内容包括个人卫生、典型事例及炊事人员工作守则等,采取合班上课与分组讨论相结合的教学方式。①

1953 年 5 月,泗阳县分会诊所组织行业卫生训练。训练对象包括饮食行业 57 户(饭馆、茶馆、肉铺、酱园等)和卫生行业 46 户(理发、浴室等),分为两个班进行训练,训练班成立学习委员会,进行分组,订出学习制度,采用大组报告、小组讨论等形式进行学习。内容有行业卫生和个人卫生、公共卫生等,并根据不同行业提出不同的卫生重点和具体的卫生要求。② 同年夏季,济宁市分会在春季爱国卫生突击运动的基础上举办卫生饮食行业人员训练班,来自饭馆、面食、粥汁等行业的学员在不影响生产的原则下分批接受训练,学习内容有个人卫生、环境卫生、饮食卫生及有关营养、传染病知识和山东省卫生所颁布的《卫生饮食行业管理规则》等。全年共训练 8 期,受训学员达 492 人。③ 训练结束后,泗阳县各行业根据自身情况制定出切实可行的制度,在很大程度上提高了各行业的卫生水平。而济宁市大部分行业还添置了防尘、防蝇设备,做到食具消毒,并建立自查互查制度,大大改善了饮食行业卫生条件。

(四)护理员、初级医务人员以及保健员训练

除上述训练外,红十字会还组织护理员、初级医务人员以及保健员训练。1950 年 8 月,镇江市分会诊疗所为培养基层卫生干部开办护理员训练班,吸收初中毕业或同等学力,并略具医学常识的男女学生数人参加学习。学员每天在诊所工作时,辅助护理事务,在工作前后由诊所

---

① 陆希羽:《常州市分会协助当地训练炊事人员》,《新中国红十字》1954 年 5 · 6 月号,第 11 页。

② 《泗阳县诊所办了炊事员及行业卫生训练班》,《新中国红十字》1953 年 7 月号,第 12—13 页。

③ 《济宁市分会办了饮食行业卫生训练》,《新中国红十字》1953 年 7 月号,第 13 页;《济宁市分会的饮食行业卫生训练》,《新中国红十字》1954 年 4 月号,第 30 页。

医护人员等义务授课,进行课程和政治学习。①

1951 年,常州市分会根据实际需要举办初级医务人员训练班。18 名学员(其中化验 5 名、助产 5 名、医护 5 名、调剂 3 名)参加为期一年的学习,主要学习新道德、业务技术以及健全体魄,养成艰苦朴素作风,树立为人民服务的观点等。② 1952 年 10 月常州市分会在市爱国卫生委员会的领导下,以不影响生产为原则,与市卫生科、总工会联合举办常州市工厂保健员训练班,280 名受训学员主要是来自纺织、五金、食品、电业与搬运等行业的工人。训练内容包括急救、卫生常识、细菌、传染病、妇幼卫生、卫生宣传等,其中急救学时比重最大,训练时间共 72 小时。③

1953 年 10 月,南京市分会按照南京市卫生局指示,举办市区卫生委员训练班。受训的 74 位学员主要是由区政府保送的,结业后他们即成为市区不脱产的基层卫生干部。在为期 50 余天的训练中,学员除学习政治课外,主要学习传染病、预防注射、消毒、公共卫生、急救、卡介苗等业务知识。④

通过上述考察,我们不难发现各类训练存在如下共同特点。

其一,红十字会总会统一组织,对各种训练进行技术指导,并作经费安排,当地政府和相关团体配合分会具体实施。其二,总会或分会对训练情况开展检查,发现问题后及时纠正,并改进工作。其三,训练结束后,立即成立急救站、护理站等组织,作为分会的业务机构,更好地发

① 吉仰明:《镇江分会治疗所办护理员训练班》,《新中国红十字》1951 年 7 月第 11 期,第 34 页。

② 于开明:《常州分会的初级医务人员训练班》,《新中国红十字》1951 年 7 月第 11 期,第 30 页。

③ 陈雨人:《常州分会举办工厂企业保健员训练班》,《新中国红十字》1952 年 11 月号,第 25 页。

④ 官敏卿:《南京市分会进行卫生委员训练》,《新中国红十字》1954 年 1 月号,第 28 页。

挥训练成效。其四,各类学员学成后,在完成自身业务的同时,根据分会统一安排,协助配合其他业务的开展。可见,在训练的实践过程中,红十字会总会与相关社团、分会和当地政府、分会与当地社团形成了协助、领导和合作的互动关系。分会内部学员间形成了"我为主体,他人配合"的互相合作关系。

需要指出的是,各类训练除专业技术学习外,还安排会务学习、政治学习等课程内容,注重对学员的思想政治教育。因此,通过学习了解党政方针,特别是卫生方面的政策,使学员逐步摒弃单纯技术的观念,树立为人民服务等意识,认清个人主义、封建迷信等落后的旧思想,从而成长为新中国卫生事业的建设者。

实际上,红十字会组织大批次的卫生救护训练,真正受益的是广大人民群众,受益后的群众由衷地感谢党和人民政府,赞美新社会。以急救员为例,1954年3月4日麻城白杲区梁家畈乡举办春节文娱活动,名叫罗文兰的妇女不慎从两丈多高的6人秋千中摔落,当场昏迷,正参加活动的县急救员宁永忠马上进行人工呼吸,并取来急救箱,为伤者注射"康福那心",并包扎伤处,用钵母尼亚茴香醋刺激神经。罗文兰苏醒后,在急救员护送下抬回家里。群众纷纷表示,急救员这种为人民服务的精神令人敬佩,"要不是急救员,哪里有救呢!"[1]再如,1954年常州市平冈乡农民为争取水稻丰收,计划6天内修浚一条3里多长的水利工程,市分会急救员应邀前往担任急救工作。在工作中,急救员态度和蔼,及时抢救受伤民工,经常很晚才收工回去,因而受到农民欢迎。工程结束后,这些民工写信给常州市分会,感谢急救员,感谢政府。[2]可见,卫生救护训练对塑造广大城乡新面貌新风尚发挥出一定的作用。

---

① 《"要不是急救员,哪里有救呢!"》,《新中国红十字》1954年4月号,第15页。
② 杨迪群、陆希羽:《居民急救员的救护活动》,《新中国红十字》1954年7·8月号,第14—15页。

第二节 医疗预防服务

新中国成立初期,由于历史原因,全国医疗卫生条件落后,特别是农村、治淮工地、革命老解放区和少数民族地区更是缺医少药,疾病流行。土改以后,农民的生活开始逐步好转,对于卫生保健的要求也随之增加。在此背景下,为配合政府开展群众性的卫生运动和救护卫生教育,以支持生产救灾和国家经济建设,中国红十字会作为卫生救护团体,贯彻"预防为主"等卫生工作方针,面向广大劳动人民,从事宣传和推广防疫、卫生、医疗、救护等事业,并且根据实际需要,临时组织流动的医疗机构——医防服务队,深入农村、工地、老区和少数民族地区开展一般为期数月的短期医疗卫生服务。

一、总会的农村医防

广大农村人口众多,教育落后,文化程度较低,是影响我国现代化建设的重要因素。农村工作始终是中共和人民政府工作的重中之重。新中国成立初期,农村医疗卫生工作,尤其是受灾地区,任务重,困难多,因此开展此项工作具有重要意义。

组建医防队奔赴特定地区开展巡回医疗卫生服务,是中国红十字会常见的一种工作模式或工作机制。1950 年 6 月,为配合救灾工作,解决灾民健康问题,中国红十字会组织一支医防服务队前往苏南武进县灾区,开展为期 3 个月的巡回医防服务,这是新中国成立后红十字会组建的第一支医防服务队。

武进县属沿江湖一带,解放后即划分为两个行政区,城内为常州市,城外为武进县,市人口 20 余万,县人口 98 万余。1949 年夏天长江堤岸决口,秋收大减,灾情严重。1950 年 2 月武进县第二届人民代表会议上的报告称,灾民已达 20 万,3 月以后可能超过 30 万人。全县农户十有八九无力购买肥料。初夏淫雨成灾，农村经济衰落，贫病人数增多，灾民亟须医务知识、技术和医药支援。4月21日，在武进县政府的建议下，常州市分会向中国红十字会总会提出申请，要求组织巡回医疗队并补充药械。①

6月1日，红十字会总会正式组建为数11人的巡回医防服务队。其中队长兼医师1人，医师3人（2人为助理医师），护士2人，检验员1人，药剂师1人，事务员1人，工友2人。6月20日，经过短期学习后，医防服务队在队长何嘉明医师率领下赶赴武进县北塘区。根据"预防为主"，配合治疗的方针，医防服务队除了进行医疗工作之外，还开展了防疫工作和卫生宣传教育。其主要业绩如下：

其一，防疫注射与环境卫生工作。在北塘区政府召开的防疫会议上，医防队和地方干部、学校、团体中的4位私人开业医生取得联系，并组成7个防疫注射小组，每组中西医生各有一人。村镇干部配合小组做宣传发动工作，利用农民休息时间进行注射。全区共注射42400次，有21500人完成了霍乱伤寒预防皮内注射。此后，医防队动员了学校教工以及暑假回乡教师，通过街头演讲，出版墙报、黑板报开辟卫生常识专栏，出动化装游行等方式，开展防蝇灭蝇、农村粪便处理、厕所改良等环境卫生工作。如在立夏的前一天，医防队组织全镇清洁大扫除，对粪缸加盖，清理垃圾厕所，填塞污水沟池，禁止在饮水河里洗涤便桶等。医防队开展防疫和环境卫生工作的一条重要经验，就是配合地方政治干部，并以街村卫生小组为核心开展工作。

其二，门诊治疗。在艰苦的条件下，医防队的8位技术人员每天进行紧张工作，短短的三个月内共治疗21813人次。由于门诊人数不断增多，从每天70人增到350人，最多超过500人，挂号员往往被人团团

---

① 《常州市分会要求补充药械》、《常州分会报告灾情要求组织巡回医疗队及补充药械》、《武进分会前黄站请领药品之情》，中国第二历史档案馆档案，全宗号476，卷号2925。

围住,挂号速度缓慢,在区乡政府的帮助下,青年团员自愿参加义务工作,维持挂号和诊疗秩序。与此同时,创造条件,除去诊病室前的蔬菜和野草,搭起凉棚,排上长板凳。这样,一方面候诊的病人可以休息,另一方面,医师可以利用候诊时间进行卫生保健教育,让病人了解卫生常识和健康的重要性。

医防队员工作时态度和蔼,不仅克服语言不通的障碍,耐心地说服病人,虚心地接受批评并加以改正,而且克服物质条件的困难,减少浪费。如队员用白布单将房子隔成内、外科室,夜间急诊时在煤油灯下实施手术,处方上尽量应用主药,减少佐药,严禁浪费一粒药片,病历纸、挂号簿和处方笺正反面都使用等。

其三,防治血吸虫病。人体血吸虫病的病原体分为埃及血吸虫、曼氏血吸虫和日本血吸虫三种,在中国的属于日本血吸虫。血吸虫病对人的生命和健康影响很大,其症状急性期有发热、咳嗽、肝大和肝区疼痛等症状,慢性期有腹泻、肝脾大等症状,脑型血吸虫病有症状性癫痫等,晚期有肝硬化。医防队驻地北塘区郑陆桥,地处江阴、无锡、武进交界,距离长江仅 20 里,河流密布,沟渠纵横,有血吸虫病分布。医防队在 678 次粪便检查中,143 次发现血吸虫病感染者,而 2/3 感染者有 3 年至 6 年的病史,其中 14 岁至 25 岁的青年最多。医防队将患者编成队按期注射治疗。加强粪便管理、消灭钉螺、个人防护、安全用水和治疗病人、病畜是血吸虫病主要的预防措施,为此,医防队深入村庄,配合干部,联系卫生小组进行宣传教育,重点介绍由苏南专署卫生处编写的《怎样防止血吸虫病》小册子。

其四,新法助产接生。新中国成立后,助产士的工作主要集中在城市,广大农村的产妇仍由接生婆按旧接生法接生,产妇、婴儿的患病率及死亡率较高。但由于农村接受科学助产事例很少,加上旧思想和封建迷信盛行,医防队一开始在灾区推广新法接生困难重重。因此,医防队一方面加大宣传教育,另一方面通过新法接生的鲜活产例来增强说服力。如有一次，医防队外出巡诊刚回来，一位渔民急匆匆地跑来要求急诊。医防队员立刻背上急救箱，奔向十多里外的产妇朱俞氏家中。原来朱俞氏是异位难产，接生婆折腾了20多个小时后，见仍不能分娩，就溜走了。医防队员迅速穿好无菌衣，戴上无菌手套，鼓励产妇积极配合，分娩终于顺利完成，母子平安。"由于这个产例，我们把握机会深入妇女群众，宣传妇婴保健，工作有了进展。"①在巡回医防期间，医防队员挽救了不少产妇和孩子的生命。

灾区医防队的工作赢得了社会的广泛认可。7月14日《苏南日报》、8月3日《大公报》、10月11日《解放日报》发表文章，对红十字会总会巡回医防服务队在苏南的表现大加赞扬。如8月3日《大公报》刊登武进县郑陆桥镇读者祁和鸣来信，称医防服务队分为内外两大科，且有显微镜等化验设备，护士义务助产接生；从诊察、针药、包扎、化验到接生、手术等全部免费，是前所未有的；医防队员每天在黑板上写着业务报告，工作之余还学习《社会发展史》，这种诚恳服务、努力学习的精神，使人感动不已。②

需要指出的是，中国红十字会总会根据卫生工作需要，还组建了第一、第二医防服务大队，分别集中在淮河工地和江西革命老区、海南少数民族地区开展工作。第一、第二服务大队除集中工作之外，还根据救灾、防治地方病的需要，离开驻地到全国其他农村地区开展巡回医防工作。

1950年9月，上述总会巡回医防服务队在苏南完成工作之后，即转向皖北治淮工地，编入第一医防服务大队，继续开展医防服务。③

---

① 《总会农村巡回医防服务队在苏南农村三个月的工作总结》，《新中国红十字》1950年11月第3期，第15页。

② 《表扬信》，《大公报》1950年8月3日。

③ 1950年11月11日，医防队接到总会通知配合治淮工程，调赴皖北灾区凤台。11月23日离开武进，11月30日到达凤台。12月2日便开始治疗工作。参见《总会农村巡回医防队近况》，《新中国红十字》1950年12月第4期，第25页。

1952年6、7月，淮河第二阶段工程结束后，因苏北灾区防治雅司病、钩虫病等地方病的需要，第一医防服务大队离开治淮工地，分批移驻苏北淮阴专区的淮阴、沭阳、涟水、泗阳等县及清江市，配合生产救灾，推进防疫和妇幼卫生工作，并结合爱国卫生运动，掀起卫生工作热潮。如6月20日，医防队开始在苏北设立门诊部，开展防治地方病——"雅司病"工作，并作孕妇产前检查，以学校为中心进行儿童健康检查等。另有一队在泗阳县重点地开展环境卫生、地方病治疗、接生员训练及妇幼卫生宣教等工作，尤其是在众兴镇，将新华、新民街上以集肥谋生的291人组织起来开展劳动，结果85个露天粪坑变成了5个合作厕所。①

1952年10月，第一医防服务大队结束苏北巡回医防工作，除泗阳、泗洪两诊所仍留在原地作地方病防治，并进行农村卫生工作外，其余回北京集中整休整编，总结工作经验教训，评比先进模范，制定此后工作计划和方向。总会特地将第一医防服务大队整编成9个队，分别派至福州、黄石、麻城、临颍等9个重点分会，协助开展业务，为发展会员创造条件。

如1953年4月，第一医防服务大队第四队在黄石市爱国卫生运动突击月中，配合市环境卫生工作组在解放街工作。解放街上有68座厕所，还有不少粪缸，蛆和苍蝇滋生，臭气冲人，卫生极差，是黄石港镇最落后的一个死角，被认为是"永远攻不破的碉堡"。第四队队员多次召集厕所主人会议，宣讲蛆和苍蝇以及病菌的危害，吸收群众提出的整理厕所的办法，并对个别人进行说服动员。最后，队员采取给厕所加盖、废除不合格厕所的办法进行整理，"攻不破的碉堡攻破了"。②

又如，7月30日第三、第八两个队抵达皖北灾区阜南县中岗区一

---

① 《第一医防服务大队在苏北展开了"雅司病"的防治工作》，《新中国红十字》1952年7月号，第7页；《第一医防服务大队在苏北泗阳训练接生员工作总结》，《新中国红十字》1952年12月号，第21页。

② 江蔚生：《攻破了"攻不破的碉堡"》，《新中国红十字》1953年7月号，第13页。

带后,结合当地生产救灾的中心任务,开展医防工作。设立门诊,边治疗边宣教,使患者懂得预防为主的道理以及基本卫生常识,平均每天约有 200 名患者前来就诊,其中小孩占 90%。①

　　值得一提的是,宣传教育是医防队更好地开展工作的必要前提。医防队因地制宜,不断地创新工作方法进行卫生宣传,如第七队在河南省农业机械厂即采用结合速成文化学习的方法进行宣传。队员将预防肠胃传染病的快板注上拼音字母,印成宣传材料,经机械厂扫盲委员会同意后,作为文化教材发给学员学习。这种方法具有明显的优势:快板形式为群众所喜爱,容易引起阅读兴趣,宣传内容也就容易被接受。学员们在练习拼音,多认识生字的同时,掌握了卫生常识。②

　　1953 年 9 月,曾在江西和海南岛服务,后转入河南治淮工地工作的第二医防服务大队调往河南商水县进行防疫卫生工作。商水一带夏秋两季相继发生虫、霜及水灾,群众生活困苦,病魔肆虐。为此,医防大队以控制流行病为重点开展服务。在七区黄坡乡、范庄乡设置门诊室和巡回小组进行以儿童为重点对象的疾病防治,并调查疫情,展开宣传,配合卫生所注射白喉类毒素,以控制流行病。③ 医防大队在六区邓城开展妇幼卫生工作,进行孕妇产前检查、示范教育和家庭访视,并重新培训接生员,改造旧产婆,④以降低婴儿死亡率。此后商水七区训练了两期接生员,全面推行新法接生。

　　与此同时,医防大队在商水举办中医进修班和初级化验人员训练

　　① 赵孟邻:《第一医防大队在皖北生产救灾地区的活动》,《新中国红十字》1953年 10 月号,第 21 页。
　　② 《结合速成识字学习进行宣传是一种好办法》,《新中国红十字》1953 年 9 月号,第 18 页。
　　③ 陈光复等:《第二医防服务大队在商水》,《新中国红十字》1953 年 11 月号,第 29 页。
　　④ 《第二医防队在商水展开了妇幼卫生工作》,《新中国红十字》1953 年 12 月号,第 50 页。

班。中医进修班为期一个月,以省卫生厅规定的课本为教材,学习几种简单的治疗、消毒技术,了解传染病来源、病理及预防知识等,掌握人体大致构造及针灸原理。初级化验人员训练班为期一周,采用边教边实习的带徒弟方式进行。训练班的举办对提高当地卫生工作者水平,增加卫生人员力量,起到一定作用。①

除上述华东、中南等地区外,东北地区亦有医防服务队的身影。1951年9月,东北辽河、松花江水灾地区亟须医防服务,中国红十字会组织生产救灾医防服务队共27人,前往受灾最严重的辽东省西丰县一带担任灾民医疗救护工作。在一个月的工作中,服务队即治疗慢性肠胃病、佝偻病、甲状腺胀大症、关节肥大病、风湿、沙眼及蛔虫患者达5369人。②

二、治淮工地上的医防

(一)组建第一医防服务大队

淮河"冠带中土,流贯百川",是中华民族发祥地之一,史上曾有"走千走万,不如淮河两岸"的美谈。但自宋代以后,由于淮河水利设施遭到破坏,加上黄河夺淮,以致泥沙淤积,河床填塞,尾闾不畅,灾害连年不断。民国时期,淮河流域间隔不到一年就发生一次灾害。

1950年,淮河发生严重水灾,受灾人口1339万。同年7月20日、8月5日、8月31日和9月21日,毛泽东接连四次对治淮工作作出重要批示。根据毛泽东的指示精神,10月14日政务院发布《关于治理淮河的决定》,制定"蓄泄兼筹"的治淮方针、治淮原则和治淮工程实施计划,确定成立隶属中央人民政府的治淮机构——治淮委员会。由此掀

---

① 参见张吉禄:《黄坡乡、范庄乡开始用新法接生了》,《新中国红十字》1954年1月号,第14页;《第二医防服务大队在商水》,《新中国红十字》1954年2月号,第16页。

② 总会卫生组:《两年来的中国红十字会国内医防服务队》,《新中国红十字》1952年9月号,第14页。

起了新中国第一次大规模治理淮河的高潮,1951 年参加治理工程的民工就达 220 万人之多。

保障百万民工健康,让治淮大军正常地投入紧张工作,是伴随整个治淮工程的一项重要任务。为配合政府推动生产救灾和兴修水利,做好部分民工防疫保健以及医疗卫生工作,以保证治淮工程的顺利完成,并为今后农村卫生工作提供一个良好的基础,1951 年 1 月中国红十字会总会组建第一医防服务大队开赴治淮工地,①开展巡回医防服务。

1950 年 12 月 18 日,红十字会总会特地在南京举办医防服务干部训练班。训练班的开办,为服务大队的组建奠定了基础。来自西安、济南、汉口、上海、镇江、南京和青浦分会共 128 名医务人员或产校护校毕业生参加学习。后来学员增至 140 名,其中医师 13 人,医士 21 人,助产士 24 人,药剂员 10 人,护士 19 人,检验员 2 人,护理员 49 人,环境卫生员 2 人。经过为期 18 天的政治学习和业务学习,学员摒弃了单纯的技术观点,树立为人民服务的人生观,掌握了一般急救法,并初步认识传染病,而且学员能够进行一般防疫的技术操作和宣传教育,能够对饮水进行消毒,处理垃圾粪便,扑灭有害昆虫等。②

1951 年 1 月 13 日训练班结业,随即成立第一医防服务大队。医防服务大队共 175 人,受红十字会总会直接领导,王昌来任大队长。大队下设大队部和五个队。大队部由卫生技术组、业务股、事务股组成。每队由医师、医助、护士长、护士、助产士、药剂员、检查员、护理员、文书、事务员、工友等 34 人构成,民主选举产生队长 1 人,组长 2 人,组长负责本队的学习和生活工作。③ 第一队由原来苏南农村巡回医防服务

---

① 《中国红十字会医防服务大队组织规程》,《新中国红十字》1951 年 1 月第 5 期,第 19 页。

② 《中国红十字会医防服务干部训练班在宁开学》,《新中国红十字》1950 年 12 月第 4 期,第 13 页。

③ 《中国红十字会医防服务大队组织规程》,《新中国红十字》1951 年 1 月第 5 期,第 19 页。

队扩充组成,其他四个队由参加训练班的学员组编而成,五个队队长分别是王述炎、王宗岳、苏秀峰、倪裕时、杨泽斌。根据总会要求,每旬末或月中各队向大队部报告工作,每月中大队部向总会汇报。

医防服务大队在与卫生部、中央救灾委员会、水利部以及华东军政委员会卫生部、治淮委员会等有关部委取得联系后,第一队被分配到颍上,第二队驻临淮关,第三、第四两队驻正阳关,第五队随大队部驻凤台工作。① 1951 年 1 月 19 日,医防服务大队从南京出发,开往淮河中游,分赴指定地段开展以民工为主的医防工作。同年 4 月从朝鲜归来的 63 名国际医防服务队员以及来自万县、武康等分会未能参加第一批赴朝工作的医务人员,赴安徽凤台县加盟第一医防服务大队,大队由原来的 5 个队扩编为 8 个队,人数增至 298 人。

实际上,在治淮工地为民工开展医防的,除红十字会组织的医防服务大队外,还有作为治淮医防主体的中央防疫总队、华东防疫总队(分布在阜阳专区 400 余里淮河干支堤上共有 200 余人)以及工地各指挥部各总队的防疫队,也有来自东南医学院、皖北各县区的中西医务工作者。② 防疫队和医防队广布于工地间,各有分工,各有侧重,它们与当地卫生行政机构合作,形成政府卫生机构、机关防疫队和社会团体医防队协同工作的大医防格局。

(二)医防工作的开展

1951 年 1 月 21 日,第一医防服务大队到达安徽凤台县,并与治淮委员会卫生处、当地政府卫生机构以及有关团体取得联系。此后,医防队便开展开工前的卫生工作,进行开放门诊、乡村巡回医疗、城厢家庭妇幼卫生调查等工作,并联合当地卫生院创办助产训练。因工作的需

① 《中国红十字会医防服务干部训练班结业,成立医防大队配合治淮工作》,《新中国红十字》1951 年 1 月第 5 期,第 19 页。

② 周世民:《治淮线上的医务工作者》,《新中国红十字》1951 年 5 月第 9 期,第 24 页。

要，医防队不断地进行迁移，工作地点也随之变化。刚开始，第一队在颍上，第二队一组在临淮关，第二队二组 1 月 29 日赴嘉山县清村区，第三队和第四队一组在寿县，第四队二组在正阳关，第五队 1 月 25 日到达凤台峡山口。① 不久后，大队部和第一队在正阳关，第二队在蒙城，第三队在寿县，第四队在赵台孜，第五队在峡山口，第六队在东湖拦水坝，第七队在陈大营子，第八队在润河集。② 实际上，医防服务大队除在皖北霍邱、寿县、凤台、颍上的 6 个队为治淮民工服务外，另有两个队在蒙城和涡阳担任地方卫生工作。可见，在休工期间或因卫生需要，本为民工服务的医防队有时候也会在工地附近的农村开展卫生工作。

在工地上，医防队员利用门诊和巡回医疗相结合的形式，给民工种痘、防疫注射、工伤医疗，改善工地环境卫生，建立基层卫生组织——民工卫生小组，举办接生员训练班、急救训练班和中西医研究班，宣传卫生常识等。在长达千里的淮河干支堤上，无论是在晴和的日子还是风雪交加的大冷天，医防队员都在堤上或在工棚里为生病民工治疗，同时进行卫生预防和宣传教育。③ 据统计，从 1951 年 1 月下旬到 6 月，医防大队在防疫方面，共注射 160001 人，种痘 613542 人，灭虱 136851人；在治疗方面，内科治疗 46433 人，外科治疗 66796 人；在环境卫生方面，改良与新建厕所 12198 个，改良与新建水井 4070 个。④

1951 年 7 月 13 日，因淮河春修工程告一段落，第一医防服务大队离开工地抵达北京红十字会总会。水利部、内务部、卫生部、中央生产

---

① 《我会医防服务队在皖北展开河工及乡村卫生工作》，《新中国红十字》1951 年 2 月第 6 期，第 17 页。

② 《本会第一医防队最近工作地点》，《新中国红十字》1951 年 4 月第 8 期，第 20页。

③ 周世民：《治淮线上的医务工作者》，《新中国红十字》1951 年 5 月第 9 期，第 24页。

④ 李德全：《中国红十字会总会改组一年来的工作总结》，《新中国红十字》第 2 卷第 1 期，第 28 页。

救灾委员会、中国人民救济总会、中国红十字会总会、中华医学会、中央防疫总队等单位团体举行欢迎仪式。水利部赠与医防大队一面锦旗"辛劳的工作,光荣的任务",并高度评价其医防工作,"保障了民工的健康使胜利地完成治淮工作。"①

随后,医防队在北京和天津两地作短期休整集训,加强政治和业务学习,总结前一阶段的工作经验教训。由于第二期治淮工程,即淮河冬修工程的启动,红十字会总会对原治淮医防队加以整编,批准部分队员参加国际医防队赴朝工作,同意昆明、石家庄前来参加抗美援朝志愿医疗队的队员以及北宁产校、济南分会产校实习生和毕业生加入,组成包括大队部和4个队共166人新的第一医防服务大队,由洪伟英担任代大队长。1951年10月8日,第一医防服务大队由天津出发再次前往淮河工地。② 如前文所提,到1952年6、7月,淮河第二阶段工程结束后,第一医防服务大队分批移驻苏北进行巡回医防。

在第二阶段,医防大队工作卓有成效,以环境卫生工作为例,主要采取了以下举措:

第一,做好准备工作。治淮民工来自各个分散的农村,到工地集中时有先有后,因此在准备阶段,医防队员先于民工到达工地,与行政方面取得联系后,选择地势高且干燥的地方作为计划搭建集体营房式或街道式工棚的地段和方向,规划厕所、垃圾坑以及水沟、水井的安置方位。在民工到达后,工程开工之前,队员就帮助民工搭建工棚,安置厕所、垃圾坑,并挖掘水沟和水井,便于此后环境卫生的开展。

第二,建立卫生组织。建立卫生组织,发挥组织力量,并健全规章

① 郝执齐:《保障民工健康是根治淮河的重要工作》,《新中国红十字》1951年7月第11期,第13页。

② 《治淮第一医防服务大队出发前往淮河工地》,《新中国红十字》第2卷第2期,第41页;《淮河队出发工作　总会特予以指示》,《新中国红十字》第2卷第2期,第31页。

99

制度是搞好环境卫生工作的关键。医防大队在寿县东淝闸工地建立卫生委员会、基层卫生组和检查组。卫生委员会负责领导和监督工地的环境卫生工作,定期开会了解情况,解决基层组织提出的问题,基层组织负责经常性卫生工作。每个中队设检查组,以炊事员为骨干,组员有5至7人不等。检查组负责确定检查范围,每天检查一次卫生,三天或一个星期邀请中队卫生委员(中队长)、卫生组长(分队长)参加进行一次大检查。通过评分,召开卫生工作检讨会,开展表扬和批评,总结优缺点,订出下一阶段工作计划。经常性的工棚和环境卫生工作则由卫生员(炊事员)负责。卫生员是卫生工作的得力助手,经常被组织起来进行卫生教育,帮助提高。

第三,发动卫生红旗竞赛。为保持卫生工作的热情,促进中队间卫生工作的均衡发展,医防大队一般10天左右组织一次卫生红旗竞赛活动。竞赛之前做好计划,进行干部、民工动员,然后开展研究,确定竞赛形式和方法,以及评比模范的标准,成立评选委员会等。适时召开扩大的干部、民工动员大会,邀请领导作竞赛动员报告,进行思想教育,并且配合黑板报、油印快报、大字壁报、漫画及演剧等方式进行深入宣传,甚至分发讨论提纲,组织民工讨论,提高认识,为竞赛作热身准备。竞赛结束由评选委员会组织一次大检查,召开颁奖大会,授予最好的中队一面红旗,赠给模范卫生员红花,并邀请其作经验介绍,提高整体卫生工作水平。

由于采取了以上措施,大部分工棚内外清洁,被褥折叠整齐,衣服集体放置,互相监督不随地大小便,卫生员每天轮流打扫厕所,垃圾入坑。民工不吃生冷食物和生水,被单、铺草两三天晒一次,衣服一两天洗一次,工地到处干干净净。

需要指出的是,除第一医防服务大队外,第二医防服务大队也曾活跃在治淮工地上。1952年10月第二医防服务大队结束工作,除部分队员留在当地继续开展工作外,其余队员回到南昌集中整休。之后整编为 7 个中队,于 1953 年春季由黄超汉大队长率领到达河南信阳,参加治淮工程,①为洪河的练村集至黑龙潭工段的 14000 余名民工提供医疗卫生服务。第二医防服务大队前后奋斗 58 天,完成医防突击任务,保障了民工的身体健康。其间医防大队涌现出 17 名甲等、乙等和丙等模范,受到河南省治淮总指挥部的表彰。②

（三）慰问：一种多方的互动

治淮工程是国家投入建设的一项重点工程,1951 年一开春即有百万民工参与其中。医防服务工作不仅关系到民工的身体健康,以及淮上农业生产的收成,农民生活的改善,还直接关系到国家经济建设的成功,全国抗美援朝,保卫世界和平力量的增强等。为了鼓励医防服务大队队员努力工作,红十字会总会多次向队员及家属发出慰问函,并派出慰问团去工地一线进行慰问。队员及家属及时地予以回函或回应,对政府和红十字会的关心表示感谢,并表示努力劳动,支持工作,保证完成医防任务。

1951 年 1 月 30 日、31 日,即第一医防服务大队到达指定地段工作后不久,红十字会总会首次分别向大队队员及队员家属发出慰问信。在慰问信中,总会指出队员们在正值新春佳节的寒冷冬季,到环境生疏、物质条件落后的治淮工地,面向农村,面向工农兵,克服一切困难,为人民服务,认真履行职责,奉献自己的智慧、技术和劳动,体现出高度的革命人道主义精神,值得欢迎和祝贺,这一举措使得红十字事业的新发展有了良好的开端。总会表示,为改善医防工作条件,总会尽力提供医防队所需的药品、器材和交通工具,并加强总会与医防队间的联系,督促医防队员的工作和学习。总会还勉励队员们掌握理论武器,开展

---

① 张景和：《第一、第二医防服务队走向新的工作岗位》,《新中国红十字》1953 年 1 月号,第 41 页。

② 《治淮工地上的模范红十字工作者》,《新中国红十字》1953 年 10 月号,第 14 页。

群众工作,发挥出积极性、创造性和组织力量,有重点、有步骤地进行调查研究,并在工作中不断摸索前进,改进方法,建立规章制度,提高工作效率。①

　　总会对队员家属的支持表示感谢和敬意,并预备一份贺年薄礼,要求分会上门赠送慰问。随后,春节期间镇江市、南京市、济南市、无锡市、西安市、汉口市、北京市等分会按照总会要求,携带总会慰问函和猪肉、年糕等礼物或代金3万元赴队员家中进行亲切慰问。队员家属当场表示,有的甚至写信给总会表示,政府照顾得非常周到,保证进一步激励家属全心全意地为人民医药卫生事业工作,以报答人民和共产党的深厚恩情。②

　　在发出慰问函后不久,红十字会总会先后收到第一医防服务大队共108封来信。队员们在信中表示:对担负起历史性的艰巨任务感到无比光荣,对消灭疾病保障河工健康已有足够的信心;在工作和生活中已与河工、农民建立了感情,并感受到了人民群众伟大的创造力;慰问函给予了很大的鼓励,将更加坚定地克服困难,完成任务。③

　　除发出慰问函之外,红十字会总会还组织慰问团去医防队工作地开展实地慰问。4月4日,红十字会组织治淮民工医防慰问团一行4人,带着总会职工的慰问函和一批慰问品到达皖北医防队工作地进行慰问,5月10日慰问团结束工作返京。队员见到慰问团,热情而亲切,"总会真是关心我们,见了总会来人真像见了亲人一样"。总会职工的慰问函通报了总会的工作动态,如组织国际医防服务队赴朝鲜参加国际救援等,一下子拉近了总会与队员间的心理距离。队员们表示努力

---

　　① 《中国红十字会总会给第一医防服务大队全体同志的慰问信》,《新中国红十字》1951年1月第5期,第20页。
　　② 王玉甫:《春节慰问医防队家属》,《新中国红十字》1951年2月第6期,第17页。
　　③ 《第一医防大队来函一〇八封》,《新中国红十字》1951年4月第8期,第22页。

在"后方工作,无负兄弟队远征"。① 慰问团离开时,队员依依不舍,除表示感谢或写感谢信外,还保证继续努力工作,以实际行动答复人民的期望。②

通过实地慰问,红十字会总会对医防队员的工作有了更多的了解。医防队员在条件艰苦的治淮工地,克服困难,为民工和农民看病治疗,办理接生训练班,为群众种痘,并想出种种预防疾病的方法。队员们的付出取得了成效,医防工作不仅保护了群众身体健康,协助治淮工程的顺利进行,而且推动了农村卫生工作,这给群众带来很大的精神安慰和工作鼓励。在工作过程中,队员为民工的辛勤劳动所感动所鼓舞,并在实践中得到了锻炼,也提高了自己,更加增强了为人民服务的群众观和工作责任心,从而赢得了群众的尊敬和信任。

在慰问期间,总会要求队员在已有成绩的基础上继续努力工作,并与兄弟医防队加强联系合作,相互学习,推广经验,共同把治淮工程的卫生工作做好。同时要求队员在工作中,注意加强组织纪律性,把自己锻炼成为身心健康、全心全意为劳苦大众服务的坚强的医务工作者。

由上可知,在总会慰问与队员及家属回应的过程中,红十字会与队员、红十字会与队员家属、队员与家属间形成互动关系。红十字会传递给队员的是鼓励和支持,获得温暖和信心的队员对政府和红十字会所要表达的则是热爱和感谢。同时,在慰问过程中,红十字会与民工、队员与民工间的关系得到增进和融洽。民工进一步了解红十字会,并感谢政府和红十字组织医防服务,队员与民工相互理解、相互激励的程

---

① 《本会职工再度函慰淮上第一医防队同志》,《新中国红十字》1951年5月第9期,第28页。

② 《总会慰问团到达淮河》,《新中国红十字》1951年4月第8期,第30—31页;《让红十字旗帜更光辉地飘扬在淮河两岸》,《新中国红十字》1951年5月第9期,第17—19页。

度也进一步加深。

三、老少边穷地区的医防

(一)医防在江西和海南

中国红十字会组织的医防服务不仅分布于淮河两岸,部分农村,而且老少边穷地区也有医防服务队的身影。新中国成立初期,革命老解放区和边疆少数民族地区十分贫穷落后,医疗卫生条件几乎无从谈起,"各少数民族,极端缺乏科学的医药卫生设备,他们有了疾病,只靠打卦、念经、祭鬼、求神,因此常至倾家荡产……少数民族生活艰苦,疾病很多,特别是藏区流行的性病,云南、西康一带的麻风和云南边境的瘴气病为害最大。此外,沙眼、胃病、肠寄生虫、甲状腺肿、风湿性疾病等,各地都很普遍存在。婴儿死亡率一般很高,云南、贵州有的地区竟达百分之八十"。至于革命老区,"因为过去历受国民党反动派的严重摧残,全国解放后,虽然已经恢复了不少元气,但是人民的生活还是比较艰苦的,医疗卫生的设备,也非常需要"。① 因此,根据"各民族一律平等,实行团结互助"的民族政策,②人民政府设法逐步地有重点地在上述地区建立医院、卫生院或组织巡回医疗队。1951年西南地区即组织20多个医疗队。

为配合政府卫生工作,1951年11月中国红十字会专门成立第二医防服务大队,兵分两路,分别在汉口、广州两地集中,开赴江西革命老区和海南岛少数民族聚居地区,开展医防服务。第二医防服务大队是继治淮过程中第一医防服务大队组成和壮大后,又一支国内医防工作

---

① 《为少数民族及老解放区群众服务——祝第二医防服务大队出发》、《第二医防服务大队已组成 将赴少数民族地区与老解放区工作》,《新中国红十字》第2卷第4期,第3、9页。

② 中央人民政府法制委员会编:《中央人民政府法令汇编(1949—1950)》,法律出版社1982年版,第26页。

的生力军。它的组建是红十字会贯彻动员和组织人民实行自救助人的救济福利方针，以及协助各级人民政府，面向人民大众，宣传并推广防疫、卫生、医药及救济福利事业的又一个具体表现。

第二医防服务大队以从朝鲜前线归来的国际医防服务第一大队的队员为主体，并加入什坊院妇婴保健班毕业学员以及各地志愿参队的医务工作者扩充而成，包括医护、后勤人员共 249 人，原国际医防第一大队的正副大队长黄超汉、胥继昌继任第二医防服务大队正副大队长。① 国际医防第一大队通过抗美援朝的实际锻炼，政治认识大大提高了，爱祖国爱人民的热情也大大增强。回国汇报和总结工作后，全体队员不愿休息，一致自愿签名要求到少数民族地区和老解放区去工作。这也是红十字会组织第二医防服务大队的一个重要原因。

江西人民在工农红军长征后，坚持革命近 20 年。由于国民党长期摧残压迫，以致贫病交加。针对此种情况，1951 年 12 月 9 日，第二医防服务大队的江西队到达江西之后，分别派往瑞金、井冈山、上饶以及南昌、九江、袁州、吉安、赣州、浮梁、抚州、宁都等专区从事医防、卫生宣教等工作。

江西队在政府的支持下，迅速召开有关妇幼卫生、清洁卫生、中西医业等群众会议，大力宣传卫生保健工作，同时传达中央政府对革命老区人民的关怀，介绍新中国红十字会的性质和医防服务队的任务，并着手联系工作。在 5 个月内，江西队训练妇幼保健员 1489 人，组建 37 个保健站和 18 个小组，建立 9 个保健网，并制定保健员的汇报制度。保健员还订立了接生公约，推行新法接生。由于妇幼卫生的开展、医疗实例的影响以及会议宣传，环境卫生工作得以普遍开展。在实践中，队员向群众传授卫生常识，并动员群众组织各乡区清洁卫生委员会，通过流

---

① 第二医防服务大队分成江西队和海南岛队之后，胥继昌任江西队队长，黄超汉任海南岛队队长。

动红旗的方法,掀起清洁比赛热潮。为保护水源和饮水消毒,江西队建立了很多消毒站,改良和新建水井 445 口,厕所 276 座,清洁污水塘 79口,填平污水塘 86 处,尿桶加盖 843 个。江西队特别注意团结中西医,每到一地即召开中西医会议,提高他们的政治觉悟和技术水平,并协助成立联合诊所,开展农村"预防为主"的卫生工作。

江西队协助当地建立起经常性的卫生检查制度,以及疫情报告、隔离和监视制度。如袁州专区发生急性杆菌性肺炎之后,便发动群众组织 5 户至 10 户不等的卫生小组和义务担架队,发现疫情即将病人送往隔离医院就医,严密监视疫户,禁止往来探视和访友,避免接触,并由卫生小组负责疫情报告,使疫情得以控制。江西队还配合爱国卫生运动的开展,如 1952 年 6 月,协助当地防疫委员会开展防疫常识师资训练及防疫预备队组训工作,一个月即训练了师资 642 人,组训县防疫预备队 1209 人。[①] 在整个服务期间,江西队因"具备着高度服务热情及吃苦耐劳精神,颇得群众爱护与好评"。[②]

1951 年底海南岛队到达海南岛后,即分赴保亭、乐东、白沙三县及五指山区为黎、苗两族同胞开展为期 10 个月的医疗防疫工作。少数民族地区不仅生活水平、卫生条件落后,而且历史遗留下来的对于汉族的误解仍有残余,对新中国颁布的民族政策则是半信半疑,这为医防队在少数民族地区开展工作额外地增添了不少困难。为此,医防队利用多种形式充分宣传党和政府的民族政策、卫生方针以及红十字知识,同时跋山涉水深入深山里的村子,不分昼夜辛勤而热情地工作,以忘我的工作精神,发挥一切为了"治病救人"的优良作风,从根本上消除了群众的误解和思想顾虑,从而拉近了群众与医防队员间的心理距离,为医防

---

① 总会卫生组:《两年来的中国红十字会国内医防服务队》,《新中国红十字》1952年 9 月号,第 15 页。

② 《第二医防大队江西队工作暂告一段落》,《新中国红十字》1952 年 11 月号,第19 页。

工作顺利进行奠定了基础。

海南岛队在保亭、乐东、白沙三县普遍进行了接种和防疫注射。为根本扑灭天花，解决种痘人员缺乏问题，海南岛队还专门组织训练种痘员。此外，队员经常向黎、苗两族同胞作卫生宣传教育，发动他们整理环境卫生，①大量建造公厕，保护水源清洁，培训出公共卫生员1046人（平均每240人中即有1名公共卫生员）。海南民族地区婴儿死亡率高，流行"只见妇人大肚子，不见小儿行路"的顺口溜，针对这一情形，海南岛队大力推行新法接生，普及妇幼卫生知识，举办助产员训练班，共训练助产员1273人（每100个妇女中即有1名助产员），并在卫生院增设留产所和留医病床，②极大地降低了出生死亡率。

海南岛队的工作，除具有一般意义之外，还增强了民族间的了解和团结，有利于祖国统一，"使遥远的海南岛兄弟民族与北京中央人民政府、共产党、毛主席的距离更缩短了"。③

如前文所提，1952年10月第二医防服务大队结束工作，撤离时根据群众的要求，江西队56名队员、海南岛队34名队员自愿留在当地继续进行医疗防疫工作，其余队员回南昌集中整休，之后赴河南治淮工地服务。

（二）新编的三大医防队

自过渡时期总路线提出以后，全国迅速掀起学习和实践总路线的热潮。1953年12月，为适应新的发展形势，发挥医防队员更大的作用，保障基本建设中工人的健康，消灭传染病，红十字会总会根据卫生部的指示，将第一、第二医防服务大队调集开封整休，学习过渡时期总路线，并将第一、第二医防服务大队重新改编为三个医防服务大队，分赴华北、西北、中南三大行政区工作。新的医防队由"大区卫生部门负

---

①　《第二医防队海南岛队返抵北京》，《新中国红十字》1952年11月号，第35页。

②　总会卫生组：《两年来的中国红十字会国内医防服务队》，《新中国红十字》1952年9月号，第16页。

③　李寿：《在五指山中》，《新中国红十字》1952年11月号，第34页。

责领导、使用和掌握，工作重点将放在工矿区，以便积极为生产服务"。
1954年1月16日至25日，三个医防大队分别到所属大区卫生局报到，
经理论学习和业务学习以后，走上新的工作岗位。①

西北区医防服务大队根据西北区卫生局的指示，分成三个分队。
1954年3月15日，三个分队从西安出发，分赴西安市②、甘肃省、陕西
省的基本建设工地进行卫生防疫工作。

第一分队由冯维祖、李健华负责，下设宣传教育、安全卫生检查、医
疗和巡回医疗检查四个组，并与西安市卫生局共同成立医疗预防站。5
月下旬，第一分队与工程公司医务所、工会劳保合作，开始在市东郊基
建工地，主要以国棉三厂、四厂工地为重点对象开展工作。同时开展保
健员和炊事员训练。

第二分队由孔宪富、费天伦负责。到达兰州市以后，第二分队在甘
肃省卫生厅领导下，一部分队员协助有关部门开展为期一个月的工地
安全卫生大检查。针对发现的问题，如高空作业不系安全带、乱倒垃
圾、厕所少而远等，建议有关单位解决。另一部分队员参加省建筑工地
的卫生工作，自上而下建立安全卫生组织，并为工人预防接种和灭虱。
5月，第二分队组织开展比任务、比学习、比团结、比健康和比先进经验
的"五比"劳动竞赛活动，队员自编快板和相声开展宣传。6月，分队举
办保健员训练，并开展环境卫生工作。经分队的有效工作，工人发病率
开始降低，出勤率增加了。

第三分队由黄慕仁、王建中负责。第三分队在陕西省卫生厅领导
下，参加省建筑工程公司各工地的卫生工作。分队下设四个组，并成立

---

① 《本会新编三个医防大队愉快地走上新岗位》，《新中国红十字》1954年2月
号，第16页。

② 西安市，1949年5月解放，时属陕甘宁边区辖市；后于1950年，改由西北军政
委员会领导，1953年1月改为西北行政委员会管辖；同年3月改为中央直辖市；1954年
6月改为省辖市。

各级安全卫生检查委员会,除一组配合医务室工作外,其余均在工地工作。值得一提的是,分队还组建了一个巡回宣传组,配合电影放映队,利用快板、讲演、相声、舞蹈等方式进行工地安全卫生宣传,以进一步深入开展卫生工作。①

中南区医防服务大队到达河南省卫生局以后,即派30名队员配合省卫生局检查工地、厂矿卫生工作。之后,医防服务大队编为六个分队,大队部设在河南中牟县。除第一分队担任治淮工地医院工作外,其余5队分别担任3个国棉厂、1个烟厂和1个煤矿的卫生工作。3月底,六个分队分赴各地报到。② 其中,驻河南省观音堂煤矿工业卫生工作组主要采取以下方式,开展卫生宣传,效果明显。

其一,小型歌舞剧。工作组演出的歌剧是根据真实事例改编的《咱们去打防疫针》,其配曲采用易唱易懂的民间小调。演出后工人即学会小调,并传唱开来。整个演出中还穿插西藏舞、红军舞、马车舞、朝鲜舞等舞蹈节目。

其二,安全卫生展览会。为迎接“五一”劳动节,工作组举办为期三天安全卫生展览会,主要内容为先进采煤法、井下安全生产以及妇幼卫生、个人卫生和传染病常识等。展品中有巨幅彩色漫画、图表、模型、挂图、标本、显微镜等,观众达3600余人。

其三,电影。工作组播放的电影主要是推介新法接生的《母子平安》以及卡通片《消灭苍蝇》。

其四,活报剧。工作组先后改编和演出了《蚊哥哥蝇妹妹》和《公审五毒》两个活报剧。活报剧易编易演,能够及时地配合各项宣传。

其五,墙画、黑板报和小报。工作组在适当的地方画巨幅彩色画,如在街头,画打扫环境和饮食摊贩卫生一类的漫画;在食堂门口,画饭

---

① 费天伦等:《西北区医防大队在建筑工地上》,《新中国红十字》1954年7·8月号,第10—11页。
② 孙以琴:《三个医防服务大队的近况》,《新中国红十字》1954年4月号,第14页。

前洗手、吐痰入盂等漫画;在浴室门口,画大池子洗,小池子刷等内容;在井口附近,画井下安全内容等。黑板报,尽可能地字大整齐,内容通俗、简单,并根据不同内容插上小图。煤矿每周出版小报一次,内容有报道各项工作情况、卫生工作动态,交流卫生工作经验,表扬卫生模范单位等。

其六,喇叭筒喊话。这是工作组经常采用的一种最灵活、收效快的宣传方式。每当浴室、食堂等卫生状况差的时候,工作组就在人多的时间,利用喇叭喊话,提醒工人注意卫生。

其七,广播电台。工作组将广播器搬到食堂、浴室,并与广播员合作,播送涉及卫生内容的快板、相声和对口讲话等节目。此外还插播群众喜爱的河南梆子、民歌等,让工人在轻松愉快的气氛中接受卫生教育。①

卫生工作组在观音堂煤矿通过以上方式的宣传,普遍提高了群众卫生文化水平。广大矿工及家属纷纷投入爱国卫生运动,普遍订立卫生公约,整个矿区卫生面貌开始出现新的气象。

华北区医防服务大队于1954年5月分为三个工作小组。其中,第一工作小组分配到河北官厅水库水力发电工程处工作。10名医防队员到达目的地后,即与张家口专区防疫队、原水库防治组共同组成工地防疫工作组,协助工区卫生科和所属防疫队整顿卫生组织。此前,官厅水库水力发电工程处卫生科及所属防疫队已在工区建立卫生委员会、分会、小组等群众性卫生组织。整顿之后,卫生工作由卫生科统一分配工作区,指定专人负责,注重分工合作,相互联系,交流经验。5月,工区成立爱国卫生运动委员会,组织全体职工进行疫苗注射,改善工区环境卫生,并制定各项卫生公约和制度。如安全卫生三级检查制,即卫生小组每周检查1次,卫生分会每半月检查1次,工区卫生委员会每月大检查工区安

---

① 张页、冯卉心:《在观音堂煤矿的卫生宣传工作》,《新中国红十字》1954年7·8月号,第9页。

全卫生1次,工区卫生科、防疫队则是随时可到各单位抽查。此外,工作
小组还协助开展炊事员、饮水消毒员和公务员卫生训练,加强职工卫生
教育。平时,医防队员和工人生活在一起,并建立起深厚的友情,卫生工
作推展顺利,职工出勤率一直保持在99.5%以上。①

第二工作小组分配到河北丰(台)沙(城)铁路新线第四工程局工
作。6月下旬,工作小组到达目的地,在第四工程局卫生处医疗防疫队
统一调配下,分成两组,协助两处保健站推行工地爱国卫生运动,预防
痢疾、乙型脑炎和食物中毒发生,并做好工棚、水源、排水沟、厕所以及
厨房等环境卫生。医防队员深入群众,实践"四勤"和"五干"②,工地
卫生出现了新的面貌,工人患病率开始下降,因而促进了铁路建设。医
防队的表现两次受到第四工程局通报表扬,《铁道建设报》也报道了队
员的工作情况。③

第三工作小组分配到河北省鼠疫防治所,配合开展消毒、检疫和打
扫环境卫生、灭鼠、灭蚤等群众性防疫工作。④

四、分会的医防服务

1950年中国红十字会总会改组以后,即将组织农村巡回医防服务
队到缺医少药、疾病流行、卫生状况差的农村地区开展巡回医疗服务,
列为自身一项重要的任务。⑤ 而总会农村巡回医防服务队在苏南的成

---

① 张景和、王绍谦:《他们和工人建立了友情——记官厅水力发电工程建筑工地
上的医防队员》,《新中国红十字》1954年9·10月号,第9—10页。
② "四勤"是指腿勤、手勤、眼勤和口勤,"五干"是指苦干、实干、带头干、多干、带
动大家干。
③ 周金生:《一心向着铁路建设者的健康》,《新中国红十字》1954年9·10月号,
第11—12页。
④ 王宗岳:《华北区医防大队目前工作情况》,《新中国红十字》1954年7·8
号,第10—11页。
⑤ 《中国红十字会总会一九五零年九月至十二月工作计划大纲》,《新中国红十
字》1950年9月创刊号,第11页。

功实践，表明"号召医生下乡，面对农村大众，这是一个正确的任务，是人民所急切需要的"。因此，1951年，红十字会总会根据卫生工作原则，要求各地分会组织医防服务队，重点进行防疫和一般卫生工作，特别是农村和厂矿卫生工作。[①] 此后，各地分会效仿总会的工作经验，纷纷组织医防队"下乡"，开展巡回医防服务。如常州、江阴、开封、永城的农村巡回医防队，青浦的防治血吸虫病医防服务队，昆明的个旧矿区和丽江震灾医防服务队，内江为修筑成渝铁路民工组织的医防服务队，岳阳的荆江分洪医防服务队，垫江为运粮民工组织的医防服务队，南宁为少数民族组织的医防服务队，等等。这些医防服务队，对促进工作地区人民卫生保健事业，支援国家建设都作出了重要贡献。[②]

各地分会所组织的医防服务队呈现出不同类型。医防队按照业务，可分为业务全面型、配合（卫生运动）型和专项应急型；根据组成方式，可分为独立型和合作型；根据规模，可分为大型（如二十多人的医防队）和小型（如三四个人的医防组或医疗队）；根据工作时间，又可分为短期的（几天）和长期的（几个月）。实际上，各地分会医防服务队往往同时具备上述多种类型的特点，即属于混合型。

（一）业务全面型

业务全面型，即医防队开展的工作是全方位的，涉及预防医疗、妇幼保健、卫生宣传等各个方面。如1951年7月，针对广大农民因长期生活贫困，身体健康难以保障，急需医学常识、技术、医疗支援的实际情况，江阴分会长泾医院抽调部分医护人员组织农村巡回医防队，帮助河塘乡政府制定环境卫生工作计划。自7月25日起，医防队在长泾区河塘乡一带作巡回服务。因密切联系群众，医防队顺利地进行了防疫注射和诊疗工

---

① 《总会关于1951年工作计划的指示》，《新中国红十字》1950年12月第4期，第1页。

② 兰于树：《活跃在祖国各地的医防服务队》，《新中国红十字》1953年11月号，第5页。

作。据记录,第一天就诊疗 32 名病人,防疫注射 400 余人。①

1952 年 5 月,西安市分会在办完第三期卫生讲习班之后,组织由 14 人组成的乡区巡回卫生医防队,到市九区一乡岳家寨开展工作,在取得经验后于 6 月初正式开展医防服务。一个月内,医防队在医疗方面,共门诊 4000 余人,出诊 240 余次。在组织工作方面,建立了全乡的卫生基层组织,共 126 个卫生小组,并制定了定期卫生检查和汇报制度。在宣传教育方面,进行 20 次幻灯宣传,观者达 6120 人;举办两天卫生画展,参观者 610 人;办黑板报 17 处,并更换 3 次;配合村卫生行政干部检查卫生 30 次;在小学作卫生讲座 18 次;召开卫生小组长会议 15 次、村干部会议 52 次、群众会议 14 次、妇女会议 6 次;在夜校作妇幼卫生宣传 2 次。在妇幼卫生方面,除宣传之外,还进行了产前检查 88 人 129 次;接生 8 人,产后访视 36 次;举办接生员及旧产婆训练班 6 个,结业学员 64 人。在预防工作方面,发现麻疹患者后,即召开全村群众大会,放映幻灯,介绍麻疹流行原因及预防方法,同时将患者隔离,对全村儿童作麻疹预防注射;7 月中旬在全乡作防疫注射 1900 余人;对学龄儿童作健康检查和驱蛔虫工作,426 名儿童共驱虫 1516 条。在配合爱国卫生运动方面,发动群众排除和填平污水塘各一个,打捞孑了了 25 余斤,组织捕蝇队灭蝇 94751 只,同时教育群众开展保护水源和积肥等工作。② 值得一提的是,巡回卫生医防队在市九区一乡完成医防任务后,在省卫生厅的协助下转赴蓝田县焦岱镇开展医防工作,特别是在当地掀起了卫生运动高潮,一改此前市容的落后面貌。③

---

① 王祖尧:《江阴分会进行农村巡回医防工作》,《新中国红十字》1951 年 8 月第 12 期,第 49 页。

② 艾庄:《西安市分会的乡区巡回卫生医防队》,《新中国红十字》1952 年 10 月号,第 22 页。

③ 周克任等:《西安市分会乡区巡回卫生医防队的乡村爱国卫生工作》,《新中国红十字》1953 年 2 月号,第 12 页。

1953 年冬季,孝感县分会组织农村巡回医防队先后在骑龙、白鹤等乡开展工作。医防队利用大幅墙画、大字墙头标语、纸书标语、黑板报、春节特刊及会议、访问、候诊教育等方式进行卫生宣传。医防队在骑龙店和汪家岗配合爱国卫生运动,建立基层卫生组织,实行清洁检查制度。医防队在骑龙店设门诊所,除一般门诊外,并做家庭访视和巡回治疗,前后治疗 1908 人。工作结束后,当地干部群众赠送医防队一面"人民医防队"锦旗,以表感谢。①

与上述分会独立组织医防队不同,遂宁县分会农村巡回医防队和内江市分会农村巡回医防组虽是业务全面型,但是由几家单位共同组建的。从这一标准看,它们又属于合作型。

遂宁县分会医防队是 1953 年 8 月由县分会与专区医院、防疫站、保健站、县卫协会等几家单位共同组建的。医防队在澜西、西眉、安居和永兴四个区开展医防服务。医防队利用黑板报、展览会、花鼓、幻灯、座谈会、访问、候诊教育等方式进行卫生常识教育,受众达 50400 多人;医防队在各区所在地设立门诊部,并组织当地卫协会会员及接生员分成小组,携带简单药品深入农户进行治疗,人数达 10900 多人;医防队团结当地卫生工作者,利用赶集召开技术座谈会 16 次,并帮助建立和调整 4 个联合诊所,建立各项规章制度;医防队利用新法接生 24 人,产前检查 486 人,召开妇女座谈会 8 次;医防队还选择重点区开展环境卫生工作,使之经常化和制度化。②

内江市分会医防组也是合作型的。1954 年 1 月内江市分会抽调 5 人,与有关单位共同组织一个农村巡回医防组,到 4 个乡开展医防服务,主要工作是麻疹防治、妇幼保健、卫生宣传等。16 天内,共作产前产后检

---

① 王善普:《孝感分会的农村巡回医防队》,《新中国红十字》1954 年 3 月号,第 30 页。
② 唐成德:《遂宁县分会的农村巡回医防队》,《新中国红十字》1954 年 3 月号,第 28 页。

查 85 人,治疗内外科病人 590 余人,并对 3000 多人进行了卫生宣传。①

（二）配合型

配合型,即医防队主要是为了配合参加爱国卫生运动等而组成的。1952 年柳州市爱国卫生运动在进入第二阶段后,其工作重点开始由城市转向农村。为配合此项工作,10 月,柳州市分会组织爱国卫生运动巡回医防宣传队,共 23 人,分会副会长马正贵兼任队长。队员们经学习后,订立下乡工作公约,携带总会配发的一部分药品、幻灯,还有分会门诊部器材,深入郊区农村开展医疗和宣传工作。在 10 多天中,医防宣传队不仅免费为 1237 位农民医治疾病,还举办孕妇和旧产婆座谈会,介绍妇婴保健常识和新法接生,并对 50 名孕妇做产前检查。医防队除白天进行医疗工作、下田访问外,晚间还利用休息时间召开集会,结合歌舞、演剧、幻灯等方式,展开宣传教育。其间,医防宣传队共召开大会 10 次,参加的农民 4800 多人。通过宣传教育,农民普遍认识到"四灭"（灭蝇、蚊、虱、鼠）、"五净"（道路净、房屋净、锅碗净、衣被净、身体净）的重要性。与此同时,医防队挨家挨户检查卫生,对房屋、厨房、厕所、牛栏等进行清洁消毒。②

同年 12 月,为配合爱国卫生运动,南昌市分会组建 4 个巡回医防队,每队包括医师、护士、司药、化验及会务宣传干部 10 余人,利用星期天到市郊七区的唐山、闸口等 7 个乡进行巡回医防工作。在乡政府、农会、妇联及卫生部门的支持下,医防队上门为病人免费医疗和检查,并宣传卫生常识。同时,医防队还进行了妇幼卫生、环境卫生等方面工作。③

（三）专项应急型

专项应急型,即医防队是根据工地厂矿、自然灾害、农忙以及疾病

---

① 《内江市分会的农村巡回医防组》,《新中国红十字》1954 年 4 月号,第 29 页。

② 《柳州市分会爱国卫生运动巡回医防宣传队的工作总结》,《新中国红十字》1952 年 12 月号,第 24—25 页。

③ 周久俊:《南昌市分会的巡回医防队活跃在农村中》,《新中国红十字》1953 年第 5·6 月号,第 8—9 页。

流行等特殊需要而组建的,其开展的工作往往是单项的应急事项,主要有以下几类:

其一,工地厂矿医防。两湖一带水灾频发,发动民工兴修水利,治理河湖是件常事。湖北孝感县分会和湖南岳阳县分会多次组织医防队专为民工开展医防服务。1951年孝感县政府兴修水利,近2万人响应,准备把旧河堤补修坚固,并在南乡开辟一条西起白湖南止朱湖,以及在东乡开辟一条南自三军台北达车站的两条新河,以便于夏秋出洪。3月18日,孝感县分会组织由6人参加的堤工巡回医防服务队,赴工地开展医防服务,5个星期里内外科共诊疗373名工人。医防队还教育工人改掉使用公共毛巾、用手抹眼、喝生水、吃不洁食物等不良习惯。① 无独有偶,1953年8月上旬,襄河水涨,孝感县分会与县卫生院、卫生所合组医疗队开赴汉川襄河大堤,不分昼夜为抢险民工服务。4天后待洪水完全消退,医疗队才返回。②

1952年,荆江实施分洪工程,岳阳县分会特地组织5人医防队到分洪工地为民工服务。分洪医防队后来与岳阳县、临湘卫生院的同志合并为荆江分洪湖南指挥部长沙专区民工总队卫生股,共14人。岳阳城区区委陈海泉负责卫生股行政工作,分会特聘医师赵鹏负责业务工作,担负起4462名民工的医防服务。队员初到工地只进行门诊、外科、工棚急救等治疗服务,后来开展了环境卫生工作和霍乱预防注射,其中,三天注射4034人,基本上控制了工地传染病的流行。③

此外,1953年岳阳县分会与县卫生院、人民医院合作组织岳阳医防总队开往南洞庭湖,担任治湖民工的保健工作。由于医防总队在工

① 曾慕藩:《孝感分会的河工巡回医防队》,《新中国红十字》1951年4月第8期,第44页。
② 龚共龙:《孝感分会医疗队为防护河堤民工服务》,《新中国红十字》1953年10月号,第30页。
③ 岳阳市分会:《我们及时地组织医防队为荆江分洪工程服务》,《新中国红十字》1952年8月号,第26—27页。

作之前采取了以下主要措施,医防工作进展顺利。一是建立卫生基层组织,成立了总队卫生委员会,以及6个大队卫生委员会、50个中队卫生基层小组。二是发动中队干部进行民工健康检查。三是开展卫生宣传,将总队工作人员分成若干宣传小组,在工地上、工棚里,运用漫画、快板、歌词、舞蹈及广播等方式广泛宣传卫生常识。四是改善环境卫生,要求棚棚开窗叠被,人人睡高铺;室内干燥,室外清洁;饮水消毒,不在野外大便,并利用重点培养、典型带动全面,采取包干负责制及红旗竞赛等方法开展工作。五是健全医疗组织,建立医疗队,在10里长的堤线上加设分诊所,组成3人巡回医疗小组,每人负责两个大队医疗工作。医防总队此次参加治湖,"不但保证了岳阳7千多民工和干部的健康,并为当地今后推行群众性的卫生工作,打下了基础"。①

在江苏,1952年10月江阴分会组成一支6人的医防小组,到澄锡运河拓浚指挥部所在河堤,为民工开展医防服务。医防小组分成三组,每2人一组,克服困难为民工治病。如器械用具不够,就用毛竹筒代替油膏缸;将竹片削成刮药刀,消毒后使用;用三叉树枝做成搁脚架等。此外,医防小组有计划、有步骤地实施疾病预防措施,如发动民工进行宿舍清洁大扫除等。河堤工程结束后,澄锡运河拓浚指挥部举行评比模范大会,两名队员分别被选为特等劳动模范和一等劳动模范,得到县政府的奖旗和运河指挥部的奖状。还有两名队员加入共青团。②

云南个旧是中国的锡都。新中国成立后,政府重视矿上福利,改善矿工生活待遇,并设立矿工医院,以保护矿工身体健康。1951年9月初,为解决医院医务人员缺乏的问题,昆明市分会特组织6人医防队配合政府卫生人员,前往矿里进行医疗防疫工作。34天后,医防队完成

---

① 赵鹏:《南洞庭湖整修工程中的医防工作》,《新中国红十字》1953年8月号,第23—24页。

② 王祖尧:《澄锡运河上医防工作的模范》,《新中国红十字》1953年5·6月号,第23页。

任务,返回昆明。矿工反映,"毛主席领导我们穷人翻了身,不但是挖了我们的穷根,而且还派人来挖我们的病根"。①

其二,灾区医防。1951 年 12 月 21 日,云南丽江区发生地震。12 月 26 日昆明市分会组织医疗队到达丽江,协助省救灾工作组和当地政府设立的临时医院开展医疗救护工作。医疗队工作及时而迅速,不仅挽救了许多生命,而且增强了群众战胜震灾的信心。② 1952 年 7 月,福州市受严重洪涝灾害,全市几乎被淹。为抢救和慰问负伤灾民,福州市分会组织巡回医防队和巡回宣传队。7 月 23 日在洪水期,医防队乘着木船,冒雨前往受灾最严重的地区安淡、茶亭、莲宅、王庄、高桥等地进行急救工作。7 月 26 日,福州市分会及分会医院根据市政府开展灾区治疗救济慰问等工作的精神,组织两个巡回医防队。此外,红十字会支会也先后组织了巡回医防队,如仓山区 4 个队,小桥区 6 个队,台江区 4 个队,鼓楼区 3 个队,大根区 4 个队,加上其他单位组织的,全市共有 25 个巡回医防队深入灾区开展医疗救济工作。7 月 27 日红十字会总会专为灾区医防队电汇 1000 万元作卫生材料费。③

其三,农忙季节医防。在农忙季节里,农村更是需要医疗服务。1953 年夏季,福州、杭州、麻城、内江、垫江、高密、永城等地分会组织小型巡回医防队,深入农村为"抗旱保秋"、"抗旱除虫"的农民服务,天津、开封、广州分会的巡回医防队则到附近水灾地区对受灾群众进行医疗慰问。医防队抵达农村后,不管烈日当头,每天都在田野里、水车旁,在有农民劳动的地方,巡回防治中暑、外伤等,医防队还利用晚间乘凉时间放映幻灯,中午吃饭时间或休息时间到农民家里去串门,进行卫生

① 朱宁瑞:《个旧矿区医防队光荣回返昆明分会》,《新中国红十字》第 2 卷第 4 期,第 34 页。
② 《昆明分会医疗队赴丽江震区展开救护工作》,《新中国红十字》1952 年 1 月号,第 17 页。
③ 王悟淦:《福州分会组织巡回医疗队抢救水灾负伤灾民》,《新中国红十字》1952 年 8 月号,第 26 页。

常识宣传,为农民送医送药。①

1954年农忙季节,泗洪县分会诊疗所组织农村巡回医防组,以农业生产合作社和互助组为重点进行卫生宣传和医疗服务。医防组对经济困难的农户采取先记账,等到麦收后再收取费用的办法,对烈军属及经济特别困难的农户则予以免费的优待,对一般单干农民予以适当照顾,以鼓励早日走上合作化道路。除重点地进行预防医疗外,医防组还利用农民休息时间,以小型漫谈的方式,对地方病特别是黑热病以及一般疾病的预防、护理常识等进行宣传。② 同年,在春季插秧和秋收农忙季节,大竹县分会组织巡回医疗组进行医疗服务。春季,医疗组工作一个半月,在7个区一面进行巡回治疗,一面配合县卫生科检查当地联合诊所和接生站。秋收时节,医疗组工作半个月,主要进行疾病治疗和卫生宣传。③

其四,防治流行病。1953年夏季,北京市分会针对一些建设工地胃肠传染病流行的情况,组织巡回医疗队赴工地工作。除医治疾病外,还向工地的行政、工会、专业队、保健室提供改善环境卫生的意见和办法。④ 随后工人疾病明显减少,从而增加了生产率。同一时期,柳州市第六农场的部分垦殖工人患了痢疾,柳州市分会组织医疗小组前往治疗,并指导工人整理环境卫生,对饮水和衣物用品消毒等。3天后痢疾基本扑灭。⑤ 同年9月,安仁县分会根据上级指示精神,与卫生院合作组织两个疟疾巡回防治队,并注意吸收当地中西医参加。防治队深入

---

① 余建中等:《受群众欢迎的小型巡回医防队》,《新中国红十字》1953年11月号,第24页。

② 孙英杰:《为农业互助合作服务的卫生工作》,《新中国红十字》1954年7·8月号,第18页。

③ 王汝涛:《大竹县分会的农忙巡回医疗组》,《新中国红十字》1954年11·12月号,第20页。

④ 王毓芬:《北京市分会组织基本建设工地巡回医疗队》,《新中国红十字》1953年9月号,第10页。

⑤ 胡瑜:《柳州市分会在农场中进行医防工作》,《新中国红十字》1953年10月号,第29页。

农村田头、农民家里,为农民防治疟疾,以保障生产。其间,492 人得到了治疗。①

通过上述分类考察后,我们发现红十字会总会和分会的农村巡回医防队,不仅治愈了农民疾病,减少流行病的发生,增进身体健康,而且帮助农民增加了卫生知识,改掉了不良习惯。重要的是,医防队在开展业务的同时,还宣传了党和国家的政策以及红十字会性质、工作方针等知识,提高了群众的思想政治觉悟以及对于红十字事业的了解。同时,群众对医防队的欢迎进一步教育了队员,队员们意识到医防工作是非常光荣的,应该更加辛勤地劳动,全心全意地为人民服务。群众通过对比,切身感受到今非昔比,从而增强了对中共和人民政府的热爱,对走社会主义道路的认同。例如,1951 年 12 月,昆明市分会医疗队协助丽江地震救灾,一位受灾的摩西族老人说:"我们几代人都没有看见过这样的政府,人民政府首长这样关怀我们,真是梦想不到。"② 又如,1953年夏季,麻城县分会医防队抗旱除虫的服务实践,使群众认识到"今天的政府的确是人民自己的政府,今天的红十字会,是人民自己的团体"。③ 再如,1954 年泗洪县分会农村巡回医防组开展工作时,20 多个村庄的群众普遍反映,"现在有病,不用出庄就能得到治疗,既便利又不误生产,共产党和人民政府真照顾得周到","我们全组不知怎样感谢毛主席和人民政府才好,我们只有将组办好,加紧生产,创造办社条件,争取早日发展为农业生产合作社"。④ 由此可见,医防队不仅具有

---

① 《安仁县分会配合卫生院组织了疟疾巡回防治队》,《新中国红十字》1954 年 1 月号,第 29 页。

② 《昆明分会医疗队赴丽江震区展开救护工作》,《新中国红十字》1952 年 1 月号,第 17 页。

③ 余建中等:《受群众欢迎的小型巡回医防队》,《新中国红十字》1953 年 11 月号,第 24 页。

④ 孙英杰:《为农业互助合作服务的卫生工作》,《新中国红十字》1954 年 7·8 月号,第 18 页。

业务功能,而且承担了一定的政治功能。

实际上,农村巡回医防队的规模有大有小,工作时间有长有短,机动灵活,随时可以"上山下乡",送医送药。医防队之所以能够成功地开展医防工作,主要原因在于以下三个方面:一是红十字会总会和当地政府的领导与重视,特别体现在对工作的指示安排、经费和药品器材的支持等方面,这是医防队开展工作的根本保证。二是医防队广泛地进行社会动员,教育农民,并密切联系群众,这是医防队开展工作的重要基础。三是医防队往往与当地医协、卫协、妇联等社会团体合作,尤其是团结当地医务工作者,并将医防服务与爱国卫生运动、农业生产、互助合作运动结合起来进行,这是医防队开展工作的关键。

第三节 参与爱国卫生运动

爱国卫生运动是新中国成立后逐步形成的一种中国特色的旨在动员和组织全社会力量,讲究卫生,改善环境,防治病害,以增进人体健康的社会大卫生工作模式。爱国卫生运动起源于1952年反美细菌战,在卫生运动之前冠以"爱国"二字,突出其与国家前途与安全的联系,卫生运动俨然成为一项重大的政治任务。[1] 在正常的情形下,全国每年都开展爱国卫生运动,距今已有60年的历史。作为群众性卫生救护团体,中国红十字会自始至终参与爱国卫生运动。

一、卫生运动之发轫

1952年1月下旬,抗美援朝期间美国不顾国际禁令向我国东北及青岛等地投掷苍蝇、蚊虫、蜘蛛、老鼠、青蛙等带有病毒和细菌的昆虫及

---

[1] 《进一步开展爱国卫生运动》,《人民日报》(社论)1952年7月10日。

5

媒介物,发动了残暴的细菌战争。① 为反对细菌战,3 月 14 日,政务院第 128 次会议决定成立中央防疫委员会,周恩来任主任委员,②以领导开展全国性爱国卫生运动。自 1953 年起,各级领导爱国卫生运动机构统称为爱国卫生运动委员会(简称"爱卫会"),中央级称中央爱国卫生运动委员会,中央以下各级冠以各行政区域或单位名称,其职责为领导反细菌战工作及群众性卫生运动。各级爱国卫生运动委员会一般是由各级人民政府负责首长任主任委员,所属各有关部门负责人及当地工、青、妇团体负责人担任委员组成。中央及大区爱国卫生委员会办公室内设计划检查、研究及行政三部分,工作人员除一部分由卫生机关现职人员兼任外,可设若干名专职人员。以下各级办公室不设研究组,工作人员均由卫生机关现职人员兼任。值得一提的是,一般医疗预防卫生防疫工作仍由各级卫生部门负责。可见,爱卫会是群众性组织,与卫生部门及机构在职能、性质和工作范围上有所区别,因此,爱国卫生运动与一般卫生医防工作在内容以及开展模式上也不尽相同。

1952 年是全国开展大规模爱国卫生运动的第一年。3 月 19 日,中央防疫委员会向各省、市、自治区发布反细菌战的指示,要求各地做好灭蝇、灭蚊、灭蚤、灭鼠以及其他病媒昆虫,由此一场规模空前以反对美国细菌战为中心的爱国卫生运动在全国逐步展开,6 月卫生运动进入高潮。人民群众在运动中提出"八净"(即孩子、身体、室内、院子、街道、厨房、厕所、牲畜圈都要干净)、"五灭"(即灭蝇、蚊、虱、蚤、臭虫)、"一捕"(捕鼠)的要求和"打死一个苍蝇就是消灭一个美国鬼子"的口

---

① 《当代中国》丛书编辑部:《当代中国的卫生事业》(上),中国社会科学出版社 1986 年版,第 55 页。

② 《中央人民政府政务院关于 1953 年继续开展爱国卫生运动的指示》,《新中国红十字》1953 年 1 月号,第 7 页。

号，①男女老幼，上下一致，取得辉煌成绩。据不完全统计，仅山东省和北京、天津、重庆三市参加环境卫生大扫除的群众即达 1400 余万人。为有组织地开展运动，许多地方开始训练卫生工作骨干，仅浙江一省和沈阳、济南、昌潍三市就在群众中训练了 64 万余卫生工作人员。各地还通过工人、农民夜校对群众进行卫生常识教育。② 开展爱国卫生运动不仅给美国侵略者以有力回击，而且大大改善了城乡卫生面貌，同时使得群众受到深刻的清洁卫生教育。

　　1952 年 12 月，第二届全国卫生行政会议总结全年爱国卫生运动工作，并决定 1953 年继续开展爱国卫生运动，要求"使之达到普遍深入和经常化"。③ 而毛泽东为此次会议的题词——"动员起来，讲究卫生，减少疾病，提高健康水平，粉碎敌人的细菌战争"——成为继续开展爱国卫生运动的最高指示。实际上，1953 年继续开展爱国卫生运动的原因主要来自以下三个方面：一是美国继续进行侵略朝鲜的战争，还继续在朝鲜和我国进行细菌战。二是我国卫生状况虽然已有好转，但是距离应有的要求还很远。三是我国卫生基础还很薄弱，而卫生部门本身的力量还十分有限，经过群众性的爱国卫生运动来健全卫生工作的基础，还是一个长时期的任务。

　　1952 年 12 月 31 日，政务院发布《关于 1953 年继续开展爱国卫生运动的指示》，④明确 1953 年爱国卫生运动一般任务仍以反对美国细菌战、清除蚊蝇滋生繁殖地带，捕灭病媒动物和普及卫生知识为主。1953 年 1 月 30 日，中央爱卫会发布《关于进行春季爱国卫生突击运动

---

①　李德全：《三年来中国人民的卫生事业》，《新华月报》1952 年 10 月号，第 47 页。

②　冯鲁仁：《全国人民的爱国卫生运动获得了巨大成绩》，《新华月报》1952 年 8 月号，第 165 页。

③　贺诚：《为继续开展爱国卫生运动而斗争——在第二届全国卫生会议上的报告（摘要）》，《新中国红十字》1953 年 1 月号，第 9 页。

④　《中央人民政府政务院关于 1953 年继续开展爱国卫生运动的指示》，《新中国红十字》1953 年 1 月号，第 7 页。

的指示》，指出春季爱国卫生突击运动的主要任务是，发动群众对病媒昆虫滋生繁殖场所进行及早清除。① 爱国卫生运动有突击性活动和经常性活动两种形式。两者互相配合，没有突击性活动，不容易普遍地发动群众，没有经常性活动，就不能巩固已取得的成果，并继续将运动推向深入。突击性活动是经常性活动的开始，经常性活动是突击性活动的继续。1953 年春季，全国进行了一次短期的爱国卫生突击运动，目的在于及早消灭病媒昆虫，为全年的爱国卫生运动打下基础。

推进爱国卫生运动有其重要性和政治意义。《人民日报》在较短时间内就爱国卫生运动的开展接连两次发表社论。1953 年 1 月 8 日《人民日报》在社论《卫生工作必须与群众运动相结合》中指出，经过1952 年的爱国卫生运动，在推行卫生工作方面取得很多经验，而最根本的经验是"卫生工作与群众运动相结合"。2 月 26 日《人民日报》发表社论《为彻底粉碎美国的细菌战而斗争》，在论证美国在朝中进行大规模的细菌战罪行之后，社论号召全国人民继续大力开展爱国卫生运动，粉碎敌人的细菌战争。

1953 年 12 月召开的第三届全国卫生会议指出，卫生部门必须从国家的总路线和总任务出发，"今后卫生工作，应首先加强工业卫生工作和城市卫生工作，并继续开展爱国卫生运动，防治对人民危害最大的疾病，有步骤地结合互助合作运动开展农村卫生工作，为增进人民健康，加强国家的经济建设和国防建设而奋斗"。这表明爱国卫生运动已经由战时性任务和临时性任务转变为常规性工作，进而成为我国人民卫生事业的重要组成部分，其重点开始由"消除病媒，粉碎敌人细菌战"向"除害灭病，保障经济建设"转变。

综观 20 世纪 50 年代爱国卫生运动，从消除病媒到除害灭病，其

---

① 《中央爱国卫生运动委员会关于进行春季爱国卫生突击运动的指示》，《新中国红十字》1953 年 2 月号，第 4 页。

工作重心因形势变化和现实的需要发生过位移,大致是:1952 年"消除病媒,粉碎敌人细菌战"的爱国卫生运动发轫,1954 年运动开始转向"除害灭病,保障经济建设",自 1956 年起,除四害讲卫生又是"除害灭病,保障经济建设"的重中之重,甚至成为爱国卫生运动的代名词。1956 年 1 月,《一九五六年到一九六七年全国农业发展纲要》(草案)颁布,其中第 26 条规定,"从 1956 年开始,分别在 7 年或者 12 年内,在一切可能的地方,基本上消灭危害人民最严重的疾病"。第 27 条"除四害"规定,"从 1956 年开始,分别在 5 年、7 年或者 12 年内,在一切可能的地方,基本上消灭老鼠、麻雀、苍蝇、蚊子"。① 上述两条实际上是对除四害、讲卫生、防治和消灭疾病提出的原则性要求。1957 年 9 月,党的八届三中全会进一步明确爱国卫生运动的任务和目的是除四害,讲卫生,消灭疾病,振奋精神,移风易俗,改造国家。

二、红十字会的卫生动员

新中国成立初期爱国卫生运动的开展,一般是由政务院领导部署,中央爱卫会具体组织实施的,红十字会响应政府的通知精神,协助并参与其中。如 1953 年初,红十字会总会为响应政务院及中央爱卫会的指示,对春季卫生运动作出具体指导和要求:其一,各地分会所有工作人员要用一定的时间,认真学习有关开展爱国卫生运动的文件。其二,没有参加当地卫生委员会的分会,应尽速洽商争取参加。其三,注意春季卫生运动必须与生产相结合。其四,春季卫生工作主要是彻底清除病媒动物的滋生地带及解决经常运动中不易解决的问题。其五,工作中应特别注意结合当地地方病及流行病的预防。②

---

① 《人民日报》1956 年 1 月 26 日。
② 《总会关于 1953 年春季开展爱国卫生运动的指示》,《新中国红十字》1953 年 2 月号,第 4—5 页。

1954年在国家过渡时期总路线的指引下,为推进第一个五年经济建设计划,红十字会继续带头参加并积极推动爱国卫生运动,使之深入工矿、农村、城市和乡镇,紧密地与当地生产任务和中心工作结合起来。红十字会参与爱国卫生运动的主要任务是防止急性传染病的流行;在工厂、矿场和建筑工地推行急救训练,减少工伤事故和工矿中的多发病;改善农村环境,减少危害农民健康最大的疟疾、血吸虫病、钩虫病和黑热病等慢性寄生虫病,①以保障劳动人民身体健康,使之在国家经济建设中发挥出更大作用。这一年,零陵县、麻城县、高密县、梧州市、芜湖市、武汉市、安庆市、常州市、天津市等9个分会和泗阳县诊所在工厂、城镇开展春季爱国卫生运动。② 值得一提的是,自1954年起,爱国卫生运动开始逐步走向经常化。

在卫生运动开展的过程中,各地红十字会分会是参加当地爱卫会并受其指导的,同时注意与工农业生产相结合,与当地中心任务或地方病及流行病的预防相结合,这实际上是红十字会参与爱国卫生运动的组织方式和基本原则。从实践来看,各地分会是在当地卫生部门和爱卫会共同领导下,有组织地参与爱国卫生运动的,必要时由分会急救站、保健所、诊所与居民委员会、基层卫生组织联合推进。

在爱国卫生运动期间,为推进运动的开展,红十字会采用多样化的方式进行卫生宣传教育,使群众对于爱国卫生运动的认识、态度和成效预期较以前有很大的转变。红十字会卫生动员的方式主要有以下几种。

第一,召开或利用会议动员。

---

① 金宝善:《继续开展爱国卫生运动 提高劳动人民的健康》,《新中国红十字》1954年1月号,第9—10页。

② 《各分会积极在工厂、城镇展开春季爱国卫生运动》,《新中国红十字》1954年5·6月号,第14页。

在爱国卫生运动的初始阶段,分会往往采用会议形式进行宣传动员。1952 年 5 月万县市分会及所属医院参与全市爱国卫生运动,在第一阶段,医院抽调医师 1 人,护士 7 人,每天下午到负责地段利用大会、小会及个别谈话进行宣传,初步启发群众认识美国进行细菌战的罪行及宣传卫生防疫常识。此外,市分会助产学校学生 40 人与专区卫生学校学生共同组成 3 个大队,分别到万县、万县市及忠县进行爱国卫生运动,也采用会议形式如村干部大会、村防疫委员会会议、段卫生员大会等,说明卫生运动的重要性及意义,然后再由村组长或卫生员召集居民分组讨论,进而发动群众。① 召开小型卫生座谈会是 1953 年福州市分会和第一医防大队第一队在福州市大根区推行卫生工作的重要方法。自 3 月 17 日起,他们先后在 24 个居民小组召开 29 次小型卫生座谈会,计有 937 人参加。小型座谈会的优势在于:宣传能够普遍深入;能够及时准确地了解群众普遍关心的、亟待解决的卫生问题;能够发扬民主,集思广益,寻求解决问题的办法;能够发掘群众的积极性和潜在力量,为全面突击运动和使运动经常化创造条件。②

第二,举办卫生图片展览会。

为巩固爱国卫生运动所取得的成果,使科学的理论与实践结合起来,各地分会往往自主或协助举办卫生图片展览会,内容涉及卫生常识和时事政策两个部分,现场一般都配有讲解员。据统计,1953 年春季,开封、泸州、芜湖、柳州、零陵、即墨、梧州、遂宁、孝感、乐山、青岛、江阴等 12 个分会配合爱国卫生运动举办展览会,观众达 30 余万人。其中开封市分会的展览会是与市爱国卫生运动展览大会联合举办的,共展

---

① 《万县、寿县两分会在爱国卫生运动中》,《新中国红十字》1953 年 2 月号,第 11—12 页。

② 范厚裕:《小型卫生座谈会是推行爱国卫生运动的一个好办法》,《新中国红十字》1953 年 4 月号,第 8—9 页。

览 20 天,观众达 116000 多人,约占全市人口的 1/2。泸州市分会主办
的妇幼卫生展览会,观众达 32000 余人,创新近三年来各种展览会观众
的新纪录。其他大多数分会的展览会都是配合当地爱国卫生运动委员
会、卫生科、卫生院、妇联、文化馆、卫协会、中苏友好协会等有关单位共
同举办的,内容包括爱国卫生运动、环境卫生、个人卫生、传染病、妇幼
卫生和新旧婚姻法的连环画、苏联妇女和儿童生活图片以及中国红十
字会两年来工作活动照片等。①

　　1954 年春季,青浦县红十字保健所、卫生院、防治站等组成卫生宣
教组,举办以血吸虫病防治为中心,②配合预防季节性传染病、妇幼卫
生等内容的爱国卫生展览会。在筹备期间,宣教组派人重点深入农村
搜集真实事例,并绘成图书,制成了模型。3 月 4 日至 18 日,展览会先
后在全县 7 个区的 13 个乡镇展出。③

　　在教育落后和文化生活贫乏的年代里,尤其是在广大乡村,爱国卫
生展览会成为当时人们向往的一道文化大餐。展览会每在一地展出,
小小的村庄集镇就顿时活跃起来。妇女们都打扮得整整洁洁,结伴而
来观看展览;矿山工人、工人家属、学校学生也都利用工余、课余时间组
队前来参观;有的人自己观看了两三遍,还动员别人来观看,并且主动
向他们讲解;闻讯从三四里地之外赶来观看展览会的也很多。展览使
得广大群众更加深刻地认识到中共和人民政府多方面地对人民健康的
关怀,同时增加了群众的卫生常识,进而转变了封建残余思想和迷信
观念。

　　第三,开展文娱活动。

---

　　①　《怎样开好展览会》,《新中国红十字》1953 年 5·6 月号,第 6 页。
　　②　青浦县是血吸虫病流行较为严重的地区,青壮年中感染血吸虫病的比例很高,
1950 年应征青年粪检阳性率达 97%,流行最重的任屯村,居民粪检阳性率达 97.4%,几
乎家家户户有晚期病人。参见刘定汉主编:《当代江苏简史》,当代中国出版社 1999 年
版,第 231 页。
　　③　《青浦县的爱国卫生展览会》,《新中国红十字》1954 年 7·8 月号,第 27 页。

　　1952 年 11 月,江阴县分会青阳医院及保健站利用青阳区城乡物资交流大会①的机会,除布置卫生展览会开展宣传外,还于 11 月 17 日、18 日、19 日三天日夜演出与消灭吸血虫病和新法接生内容有关的两个歌剧,观众达 2.5 万余人。据不完全统计,1952 年江阴县分会在长泾、青阳两区演出有关群众卫生的节目有 10 次之多,观众约 6 万人,受到群众的欢迎。通过宣传教育,农民认识到卫生、健康、生产三者是分不开的,进而有力地推动了环境卫生工作,里巷居民乐于接受卫生措施,如预防接种和注射,并经常保持室内外清洁,自觉自愿地在粪坑上加盖,河里不倒马桶,集体送检大便以及时备查血吸虫;妇女对于新法接生的认识和信心较以前有很大提高,在妇幼保健站接生和产前检查的妇女人数逐月增加。事实说明,运用文娱方式的宣传教育极大地推动了爱国卫生运动的深入开展。②

　　第四,利用广播、电台、幻灯等媒体。

　　无锡市分会,尤其是该分会劳工保健所利用广播、电台、幻灯等媒体开展卫生宣传教育,取得了宝贵经验。

---

　　①　新中国成立之初,交通运输不畅,恶性通货膨胀严重,因此有组织地开展城乡物资交流会,促使物资货畅其流,进一步加强城乡之间的经济联系十分必要。1951 年 3 月,全国贸易行政工作会议确定以公商、私商及合作社共同参加的城乡交流为 1951 年贸易行政工作的首要任务,也是工商行政工作的中心任务。1951 年全国各大行政区和各省、市举行各种城乡物资交流展览会 30 余次。不过,初级市场的交流是推动全省以至全区物资畅流的基础,全国各地高、中、初级等一系列城乡物资交流大会自 1952 年 4 月全国土产交流会议后才真正地普遍开展起来,据不完全统计,1952 年各类城乡物资交流会共有 7789 处次,有效地促进了市场交易的繁荣。参见《当代中国商业》编辑部:《中华人民共和国商业大事记(1949—1957)》,中国商业出版社 1989 年版,第 67、102、124 页。1951 年 5 月至 1952 年夏秋间,江苏各市、专区、县以及一些集镇,纷纷举办物资交流大会或物产展览会。同时,各地还普遍举办初级市场物资交流会。参见刘定汉主编:《当代江苏简史》,当代中国出版社 1999 年版,第 89 页。

　　②　张翰胄:《江阴县分会青阳医院及保健站展开卫生宣传》,《新中国红十字》1953 年 1 月号,第 38 页。

1951 年,无锡市分会与苏南暨无锡市人民广播电台①接洽,定期广播,每星期一、三、五共广播 3 次,每次 30 分钟,主要是配合当时社会运动以及无锡市医务工作者共同进行。比如春季,为响应中国红十字会会长李德全对美帝国主义发动细菌战提出的抗议声明,无锡市分会即请当地医师播送"什么叫细菌战"、"昆虫的种类"、"细菌与战争"、"跳蚤与鼠疫"等内容。7 月,正值无锡市开展爱国卫生运动,该分会协同医师协会进行日常清洁卫生的宣传。秋季,分会在广播电台的妇女节目中进行卫生宣传,每月 2 至 4 次,主题为月经期的摄生法、怎样带孩子、怎样预防乳房脓肿等;还运用扩音器在工厂里讲解妇婴卫生及有关卫生常识,如白喉病的预防等,每个工厂每周定期宣传 1 次,泰纶丝场、企新丝厂和新毅布厂分别在每周三上午 9 时、周一下午 3 时、周日早晨和夜校进行宣传。② 在 1952 年"中苏友好月"活动中,分会工作人员胡立人在广播电台播送了《从北京苏联红十字医院看苏联对中国医药上的无私援助》。

无锡市分会的劳工保健所(以下简称保健所)在开展卫生宣传教育工作中,形成了自己的一套做法。为了提高群众卫生常识并扩大红十字会的影响,保健所与苏南暨无锡市人民广播电台接洽,每月定期广播两次,又与无锡市的晓报社联系,在妇女周刊上介绍妇幼卫生常识。在爱国卫生运动中,保健所与无锡市的熙春街居民委员会取得密切联系,保健所工作人员帮助他们出黑板报,利用黑板报副刊介绍日常卫生常识,该居民委员会聘请保健所医师担任文教委员兼黑板报委员会编

---

① 自 1949 年 4 月 30 日起,南京、苏南、苏北等 5 座人民广播电台相继建立和播音。为适应全省统一的需要,1952 年 11 月 1 日,原苏南、苏北、南京、徐州人民广播电台合并建立江苏人民广播电台,并开始向全省播音。参见刘定汉主编:《当代江苏简史》,当代中国出版社 1999 年版,第 81、93 页。

② 《无锡市分会进行卫生宣教和工厂卫生工作》,《新中国红十字》1952 年 1 月号,第 46 页。

辑,群众反映很好。

幻灯片是通过通俗化的语言和引用生动的例子来教育群众的,更能激发他们,特别是儿童的兴趣。无锡市分会利用儿童进行再宣传,成为宣传教育工作的有效方法。[①] 1952年六一儿童节,保健所在无锡市东门棚户地区放映幻灯时,还同时顺利地进行了儿童检查。尤其是熙春街居民委员会每次活动时,都把保健所的幻灯放映作为一个精彩节目。保健所还通过报社的联络,向附近郊区各读报组开放幻灯片,无锡市的堰桥读报小组曾来信保健所致谢:"你们不辞劳苦地开展幻灯宣传,提高了我们的卫生水平。"不过保健所与晓报社联合组织放映队,后来因人力与业务所限,没有经常深入进行。而幻灯在布厂放映的次数比较多,在卫生座谈会上常常把它作为余兴节目插进去。庆利厂有些工人不愿意吃用漂白粉消毒过的水,保健员在开映"饮水卫生"片前,就特地指出消毒水的好处,然后利用幻灯片上的内容结合厂内实际情况进行教育,效果很好。

第五,进行候诊教育。

1952年,芜湖市分会在门诊部配备卫生宣传小册子和《新中国红十字》月刊等,供候诊病人阅览,一方面宣传卫生常识,另一方面增加了群众对红十字会性质和方针的了解。[②] 从而达到在候诊时对病人进行相关教育的目的。

1953年无锡市分会劳工保健所的下厂医师几乎每天都做候诊教育,只是每次对象都不多。候诊教育是为解决现实问题而进行的一种针对性很强的教育,有时候诊病人对与他有关的内容听得入神,无关的就漫不经心。为激发候诊病人的兴趣和集中其注意力,医师在医药室

---

① 《无锡市分会及其劳工保健所的卫生宣传教育》,《新中国红十字》1953年2月号,第15—17页。

② 《芜湖市分会积极进行爱国卫生工作》,《新中国红十字》1952年7月号,第13页。

内悬挂卫生挂图,让他们先提出问题,再围绕问题进行宣教,这种方法在庆利布厂获得成效。比如,候诊病人在看到挂图上一个面黄肌瘦的人的大肚皮(日本血吸虫病病症)时,就感到恐惧,后又看到"大肚皮"下面的一只螺丝和几只小虫(幼虫),他们就会想到螺丝和虫都是害人的东西,经说明传染的途径后,就可以达到预防教育的目的。有时工人担忧地问:"得了这种病怎么办?"医师就回答:"这个病还有药可治,不过治疗比较困难,时间长,最好还是平时多加注意防止被传染。"这样就使他们懂得了预防为主的重要性。庆利布厂有个青年工人柳锡旅患钩虫病,过去他检验大便怕麻烦,吃药怕苦,经过形象化的(挂图)教育后,他就主动要求服药,经常检查大便了。[1]

三、参与运动的方式

红十字会各地分会在参与爱国卫生运动过程中,因组织安排或工作需要,呈现出不同的参与方式,主要有以下几种类型。

第一,任务包干式。任务包干式是指各地分会以任务包干的方式独立承担爱国卫生运动中的某些工作。1952年芜湖市分会承担市里四个街道的清洁防疫工作,具体包括卫生宣传、防疫注射、饮水消毒及捕鼠等,如市分会动员分会及分会医院的全部人力每天晚上分班进行防疫注射,两周内共注射鼠疫疫苗4886人,霍乱疫苗2948人,接种牛痘84人。[2] 同年5月起,万县市分会依据区域负责制,担任市公安局第四分所地区10个户籍段内卫生运动的推进工作。第一阶段是利用会议开展宣传(如前文所提),第二阶段是配合"五净三无、一捞一捕、饮水消毒"等工作,开展口头宣传和放映幻灯片,并演出经改编的京剧

---

① 《无锡市分会及其劳工保健所的卫生宣传教育》,《新中国红十字》1953年2月号,第15—17页。

② 《芜湖市分会积极进行爱国卫生工作》,《新中国红十字》1952年7月号,第13页。

《消灭五毒》。① 同年 9 月,赣州市在开展第二阶段爱国卫生运动时,市分会担任第一区五个街的宣传任务。市分会及其医院工作人员每天抽调 30 人出动宣传,每个居民组或读报组分派一人进行宣传,宣传内容主要是解释"五净"、"五灭"、"一捕"和饮水消毒等卫生常识,并讲解爱国卫生运动的政治意义及其结合生产建设的现实意义。与此同时,市分会注意吸收群众意见和要求,创新宣传工作方法,以实现 70%以上的群众接受教育。② 1953 年二三月间,梧州市分会包干乾城北镇卫生工作,涉及卫生宣传、挖蛹、清扫垃圾、疏通和修理沟渠、改良厕所、修理猪栏、建造沙井等。③

第二,区域参与式。与上述任务包干式不同,局部参与式是指分会在某地区配合或参与卫生运动,其工作内容往往是全方位的,比任务包干式的要多。1952 年 4 月西安市开展"卫生月"活动,市分会医院保健科参与市一区的爱国卫生运动,保健科参与的全面性体现在:一、进行发动与宣传。保健科领导分会举办的第一、二期卫生讲习班结业学员及开业的中西医师,向群众进行广泛的"三防"、"三净"宣传,随时讲解环境卫生的重要意义。6 月 12 日,市分会及所属医院、护士学校在会内组成的卫生检查委员会的主持下,召开全体职工、学生及卫生讲习班学员共同参加的动员大会,激发大家的工作热情。二、组织学习与防疫注射。为进一步向群众作宣传教育,促进卫生运动的制度化和经常化,医院保健科举办为期 14 天的防疫卫生培训班,学习防疫常识及卫生运动的具体要求等文件,街巷卫生委员、卫生组长等 466 人参加学习。6

---

① 《万县、寿县两分会在爱国卫生运动中》,《新中国红十字》1953 年 2 月号,第 11 页。

② 陈承宣:《赣州市分会参加该市第二阶段爱国卫生运动》,《新中国红十字》1952 年 11 月号,第 30 页。

③ 黄耀森、廖寿桂:《不断宣传动员是搞好爱国卫生运动的关键》,《新中国红十字》1953 年 4 月号,第 9—10 页。

月 16 日至 23 日,市分会医院带领市一区中西医务工作者组成 38 个小组,分头给群众进行防疫注射达 4 万余次。三、培养卫生模范,发挥带头作用。市分会医院保健科配合市卫生委员分会,重点培养南城根观音寺巷、小庙巷、县门北街、菊花园等地成为卫生模范街巷;陕西省人民法院、省民革筹备委员会、西北人民监察委员会成为卫生模范机关;吕记食堂成为卫生模范食品店;天生园作坊、西北民族委员会印刷厂成为卫生模范工厂。此外,由市卫生委员分会配合医院保健科及各卫生检查小组,培养了兴隆巷、开通巷、复兴里、东四道巷、府学巷成为卫生模范巷。在卫生典型模范的鼓舞和影响下,出现了小庙巷 5 号、复兴里 12 号等 352 户卫生模范家庭。培养模范不仅巩固了卫生工作成果,而且促进了群众的身体健康,是推进卫生运动的重要抓手。四、开展工作检查和先进评比。在卫生运动热烈开展之时,市分会医院保健科配合市一区卫生委员会,整顿基层卫生组织,并以卫生讲习班学员为骨干,组成 46 个中、小卫生检查组,以座谈会的方式,开展卫生检查,研究群众意见,纠正缺点,以改进工作。其中对机关、团体、学校、工厂、酿造厂、饮食店、居民等进行卫生普查两次,检查小组配合市一区卫生支会开展卫生普查 6 次,在居民代表区检查 24 次,小型检查 1159 次。在检查工作的基础上,为深入推进卫生运动,市分会医院配合市卫生局区分会、公安局支会及市妇联组成评模委员会,评选出若干位分别向中央、西北区和西安市三级提名的模范。①

第三,机动参与式。机动参与式是指分会应工作需要机动地参与多个地区的卫生运动。1952 年爱国卫生运动期间,广州市分会机动地参与了河南区和西区的卫生工作。市分会医院协助市河南区防疫分会举办防疫训练班,训练出 229 个卫生员,并开展各种疫苗注射和接种工

---

① 艾庄:《西安市分会在爱国卫生运动中发挥了助手作用》,《新中国红十字》1953年 2 月号,第 8—9 页。

作。分会医院还举办河南区各厂店基层卫生人员训练班,共训练 402
人。分会卫生救护队全队 54 人和护士学校师生 76 人均出动参加河南
区各个阶段的卫生工作。此外,在爱国卫生运动的第三阶段,分会因需
要抽调部分队员参加西区卫生工作,在发动群众,健全基层组织,订立
和贯彻各种制度等方面发挥了作用。①

第四,医防队参与式。医防队参与爱国卫生运动有三种情形,第一
种是专门组织医防队参与,如前文所提,此处不赘。第二种是已组织的
医防队临时参与其中。1952 年西安市分会乡区巡回医防队在市九区
一乡完成医防任务后,赴蓝田县焦岱镇开展爱国卫生工作。为使当地
卫生工作在发展过程中,逐步实现经常化和制度化,医防队在调查农村
卫生状况之后,采取了由点到面,由镇到村的工作步骤和先开展宣传,
再实践活动,最后建立制度和巩固组织的工作方法。② 第三种是医防
队和当地红十字会分会共同参与卫生运动。1952 年,在麻城工作的第
一医防服务队第九队与县分会共同配合了当地爱国卫生运动,主要承
担宣传工作,如红十字急救员和会员组织了宣传队到街上展开口头宣
传、快板宣传等,并在墙壁上刷上巨幅宣传标语。③ 此外,1953 年福州
市分会和第一医防大队第一队,临颍县分会和第一医防大队第八队,芜
湖市分会和第一医防大队第六队分别参加了当地卫生工作。

四、参与运动的成效

红十字会参与爱国卫生运动成效显著,主要表现在以下三个方面:
第一,宣传教育的效果。1952 年,万县市分会进行爱国卫生宣传

---

① 丁宝惠:《广州市分会的爱国卫生工作》,《新中国红十字》1953 年 2 月号,第 11
页。
② 周克任等:《西安市分会乡区巡回卫生医防队的乡村爱国卫生工作》,《新中国
红十字》1953 年 2 月号,第 12 页。
③ 薛炳坤:《麻城县分会吸取经验》,《新中国红十字》1953 年 2 月号,第 10 页。

教育后,80%的小食店贩、水果摊设纱罩,不用生水,水果不削皮,理发店能够使用口罩。80%的居民到消毒站领回并使用漂白粉溶液进行饮水消毒。吃冷饭、喝生水的现象基本消除。居民做到每天打扫一次环境卫生和家庭卫生。① 1952 年西安市分会乡区巡回医防队在蓝田县焦岱镇开展宣传活动,受到欢迎。老乡们扶老携幼,打着灯笼,越过崇山峻岭,赶着观看放映幻灯,仅 10 月 15 日和 16 日两夜就有 1600 多名观众。观看幻灯片《鸭绿江上血泪仇》和《美帝侵华史》后,老乡们纷纷表示响应政府号召,做好卫生工作,粉碎美国侵略者细菌战的阴谋,并知道了开展爱国卫生运动也是抗美援朝的道理。② 1953 年福州市分会和第一医防大队第一队在福州市大根区召开小型卫生座谈会后,居民立即行动起来,3 月 15 日至 18 日四天内,就灭鼠 221 只,而上半月捕鼠总数仅 294 只,2/3 的居民将过去的卫生死角青都观巷打扫得干干净净。③ 同年春季,北京市分会组织挖蛹宣传队,仅两天的宣传,挖蛹运动便开展起来。西四区帅府胡同形成 7 个挖蛹队,一天挖蛹就达两三万,空白点基本消灭,而此前一周才挖蛹一万多。④

第二,卫生工作的实效。1952 年天津市分会第二保健所成立后,即参加爱国卫生运动。在短短三个月内完成脑炎注射 19409 人,四联注射 35091 人,两者均占市八区评比第一位,而且在注射工作中节省的棉花球占原计划的 3/4。在全市评模会上受到表扬,并评为二区(原八

---

① 《万县、寿县两分会在爱国卫生运动中》,《新中国红十字》1953 年 2 月号,第 11 页。

② 周克任等:《西安市分会乡区巡回卫生医防队的乡村爱国卫生工作》,《新中国红十字》1953 年 2 月号,第 12 页。

③ 范厚裕:《小型卫生座谈会是推行爱国卫生运动的一个好办法》,《新中国红十字》1953 年 4 月号,第 8—9 页。

④ 若谷:《北京市西四区帅府胡同分支会组织挖蛹宣传队掀起了挖蛹热潮》,《新中国红十字》1953 年 4 月号,第 10—11 页。

区)一等模范,授以红旗表彰。① 1954 年春季,泗洪县分会在第一次镇人民代表大会上进行搞好卫生工作的专题讨论。代表大会结束后的10 天内,全镇 12 个代表区的群众在县直属机关的带领下积极行动起来,将屋内外打扫得干干净净;为春耕生产积了 1.5 万多担肥料,并及时地送往地里。街道上添置了垃圾箱,环境卫生大为改观。②

值得一提的是,北京市和福州市分会结合卫生运动发展会员,红十字会会员经训练后在爱国卫生运动中充分发挥作用。1952 年 8 月,福州市在 5 个区初评的卫生模范中,会员 29 人,市级的 140 个卫生模范中会员 14 人,占全市模范 12.3%强。③ 在 1952 年爱国卫生运动中涌现出一批杰出的会员代表。如北京市第五分支会会员谢振福是全市捕鼠模范,他在超额完成捕鼠计划外,还带头组织捕鼠队,有力地推动了全市捕鼠运动。福州市分会会员王番番为疏通一条淤塞已 14 年之久的臭水沟,自己先跳进沟里,带动群众一天内清除污泥、污水 400 余担,搬出一块 500 多斤重的大石头,从而疏通了水沟。④ 此外,1953 年柳州市和新会县分会的急救员多人当选爱国卫生运动模范。⑤

第三,增进群众对红十字会的了解,便于今后工作的开展。1952年天津市分会第二保健所出色完成爱国卫生工作后,群众对红十字会及保健所有了正确认识,保健所的业务有了新的开展,群众主动要求讲授卫生常识,附近的小学还邀请保健所大夫担任卫生顾问。尤其是在

① 《天津市分会第二保健所的爱国卫生工作》,《新中国红十字》1952 年 12 月号,第 16 页。
② 《各分会积极在工厂、城镇展开春季爱国卫生运动》,《新中国红十字》1954 年 5·6 月号,第 14—15 页。
③ 乔凤:《福州市红十字会员在爱国卫生运动中》,《新中国红十字》1953 年 1 月号,第 40 页。
④ 《贯彻"卫生工作与群众运动相结合"对红十字事业发展的重要意义》,《新中国红十字》1953 年 2 月号,第 3 页。
⑤ 《柳州、新会的急救员当选爱国卫生运动模范》,《新中国红十字》1953 年 8 月号,第 29 页。

暑假期间,保健所应邀在市立第五小学,组成卫生队,分成 30 个小组,每组 12 人,每周一、五授课。学生来信反映,他们懂得了许多卫生知识,知道了如何注意身体健康,希望将来做红十字少年会员。① 1952 年西安市分会乡区巡回医防队在蓝田县焦岱镇开展卫生宣传后,老乡们对新中国红十字会的性质和任务有了正确认识,并表示"人民时代的红十字会变了样,不但给我们放映幻灯,还给我们讲说卫生常识,我们一定要争取当一个红十字会会员"。②

不过,从总体来看,有些分会在爱国卫生运动开展过程中存在一些不足,如 1952 年,江阴县分会与所属长泾区、青阳区业务单位,在爱国卫生运动中协助当地卫生委员会进行防疫接种、训练及清洁扫除等工作,但是爱国卫生运动只限于市镇,没有深入农村,宣传也做得不够全面。③ 1953 年春季,有些分会未能在当地爱卫会统一领导与布置下进行工作,只是孤立地局限在自己机关和隶属的医疗单位的小圈子里进行清洁卫生运动。④ 有些分会在推动或领导群众性运动时,没有从群众切身利益出发,不是从群众现有的水平出发,而是从主观愿望出发,从形式出发。有些人员在不同时候,不同地区,不同对象面前提出相同的任务和要求,只追求和满足表面的成绩和数字。⑤ 针对上述不足之处,相关分会经总结、指出和批评后,在工作中逐步进行了改进和完善。

---

① 《天津市分会第二保健所的爱国卫生工作》,《新中国红十字》1952 年 12 月号,第 16 页。

② 周克任等:《西安市分会乡区巡回卫生医防队的乡村爱国卫生工作》,《新中国红十字》1953 年 2 月号,第 12 页。

③ 传:《江阴县分会的经验教训》,《新中国红十字》1953 年 2 月号,第 12 页。

④ 《在春季爱国卫生突击运动的基础上继续前进》,《新中国红十字》1953 年 4 月号,第 4 页。

⑤ 《密切结合群众利益是开展卫生运动的关键》,《新中国红十字》1953 年 5·6 月号,第 4 页。

五、参与运动的历史经验

由上文可知,新中国成立初期红十字会及医防队在当地爱卫会统一领导和部署下,参与爱国卫生运动,并取得一定成效,其主要经验在于:从实际出发,结合群众的切身利益;领导重视,积极分子带头;树立典型(由点到面),宣传工作与群众运动相结合;卫生工作与生产任务(或当前主要任务)相结合。这些也是爱国卫生工作经常化和制度化的重要保证。

第一,领导重视是开展卫生运动的关键。1953年春季,赣州市市长亲自领导卫生运动,并及时召开挖蛹会议,对挖蛹工作做具体研究和布置。依靠群众在每街(乡)组织一个挖蛹队,为全市2105个公私厕所进行一次彻底的挖蛹,仅在2月份短短的8天之内就挖出蝇蛹1700多斤,超出计划数近两倍。与此相反,因重视不够,零陵县分会在城西居民委员会开展卫生突击工作时,一开始的两周并没有发动起来。后在县卫生科指示下,又重新启动工作,因而走了弯路。

第二,骨干和积极分子带头,对推进卫生运动起着重要作用。1953年春季,一些已发展会员、急救员、接生员的分会,在突击运动中往往发动他们起带头作用,使卫生运动真正成为群众性运动。这实际上是贯彻总会提出的工作方向"发扬革命人道主义,组织与训练会员,带动群众,做好以预防为主的卫生普及工作与救护工作"的具体体现。如北京市分会西四区帅府胡同分支会将会员组织成挖蛹宣传队,到居民家中宣传挖蛹的意义和方法;①福州市分会和第一医防大队第一队在福州市大根区搞卫生典型实验工作,他们召开了会员动员大会和座谈会,以居民小组为单位组织了红十字卫生突击队,边宣传,边帮助并带动群众搞卫生;芜湖市分会和第一医防大队第六队在河南重点区开展卫生

----

① 若谷:《北京市西四区帅府胡同分支会组织挖蛹宣传队掀起了挖蛹热潮》,《新中国红十字》1953年4月号,第10—11页。

工作时,经宣传动员后立即成立卫生基层组织,将大批积极分子和卫生模范组织起来,掀起挑战和应战热潮,此前从未发动过的机关和地段也被带动起来。① 此外,柳州、开封、武汉、内江、江阴、梧州、麻城、杭州等分会都发动了经分会训练的急救员、接生员帮助卫生工作。

第三,卫生工作与当地生产任务(或中心任务)以及群众的切身利益相结合,有利于推动卫生运动。1953年,洛阳市分会组织的春季爱国卫生巡回宣传队进行卫生宣传时,注意将宣传工作、卫生工作与当地生产任务以及群众的切身利益结合起来,使群众认识到搞好生产先得搞好卫生,从而自觉地组织起来捕蝇、灭鼠。临颍县分会提出卫生运动就是积肥运动,增加生产的运动,群众的积极性因此高涨起来。芜湖市分会第一妇幼保健站在光明村搞突击卫生运动时,结合群众在春节前"十七十八、越掸越发"的扫尘风俗习惯,用黑板报、标语、小组会、个别交谈、卫生课、控诉会等方式进行宣传,调动群众积极性,全村共做了14个垃圾箱,并运走20吨垃圾。值得一提的是,一些分会结合当地中心任务开展卫生工作。如1953年福州市分会和第一医防大队第一队利用福州市民主建设和贯彻婚姻法的宣传会议进行卫生动员,而临颍县分会和第一医防大队第八队则结合临颍动员民工参加治淮和反会道门这一任务开展工作。1954年春季卫生运动开始时,正值泗洪县普选工作宣传动员和大力开展生产积肥之时,分会诊疗所密切配合这两项任务,主动与镇选举委员会联系,每次都在选举委员会召开的干部会议上,阐明卫生工作的重要意义。分会还郑重提议在第一次镇人民代表大会上进行搞好卫生工作的专题讨论。

第四,树立典型,以点带面是推动卫生运动的重要方法和步骤。1953年,福州市分会、第一医防大队第一队和临颍县分会、第一医防大

---

① 《各分会、各医防队积极参加春季卫生突击运动》,《新中国红十字》1953年4月号,第6—8页。

队第八队在当地统一分配下担任典型试验区的卫生工作。如临颍县分会、第一医防大队第八队在全面开展卫生运动之前,接受县委的建议,组织工作组,先选择一区台陈乡作为爱国卫生突击运动的重点试验区,在取得经验后进行全面推广,群众的一些顾虑也因此消除了。

　　第五,订立制度和爱国卫生公约是使卫生工作转向经常化和制度化的重要保证。1953年春季,梧州市分会开展卫生突击运动之后,在群众自愿自觉的基础上订立爱国卫生公约,建立爱国卫生日制度,规定了经常保持"五净"及检查、批判、表扬等制度,以保持卫生运动经常化,逐步提高群众卫生知识和健康水平。①

---

　　① 黄耀森、廖寿桂:《不断宣传动员是搞好爱国卫生运动的关键》,《新中国红十字》1953年4月号,第9—10页。

第四章　红十字会的外交努力

外交，一般是指一个国家或一个国家集团同外界打交道时的政治，其实质是国家对外行使主权的行为。外交的主体是主权国家，而主权国家外交的宗旨是以和平方式通过对外活动实现其对外政策的目标，维护国家的利益，扩大国际影响和发展同各国的关系。各国开展外交活动应遵循国际公认的准则。

新中国成立后，中国红十字会经改组虽成为人民卫生救护团体，但红十字会具有国际性，因此它又是"人民的组织，是主张和平的团体"，①是旨在促进世界持久和平的国际红十字运动的组成部分。我们把红十字会在国际组织或国际社会中所开展的交往活动，统称为红十字外交。中国红十字外交则是指中国红十字会在中国政府外交的框架内，维护国家领土主权完整、统一与安全，并以人道主义为指引，遵守相关国际公约，努力改善国际间最易受损人群的境遇，维护人类尊严，促进国际合作与友好交流，共同维护世界和平的各项活动。20 世纪 50年代，周恩来曾称中国的外交是官方、半官方和民间三者的结合，可见红十字外交实际上属于半官方外交和民间外交的范畴，是中国外交的重要组成部分。

---

① 《中国红十字会分会及总会职工发表抗美援朝宣言　分会干部学习会上书毛主席致敬》，《人民日报》1950 年 11 月 14 日。

新中国是在二战后两极对立格局形成的过程中成立的,新中国的成立改变了世界政治力量的对比。新中国成立后,以美国为首的一些资本主义国家以反对共产主义为名,拒不承认新中国,并对新中国进行围堵与封锁,甚至以武力相威胁,竭力把新中国排斥于联合国等国际组织之外。面对异常复杂的国际环境,新中国的外交任务也异常艰巨。新中国红十字的外交任务主要是配合政府外交,按照国际红十字运动的基本原则,恢复国际合法席位,并以国际红十字会为桥梁和纽带,坚持一个中国的原则,拓展同其他国家人民之间的联系与友谊,并通过国际红十字运动的舞台,维护、促进世界和平与发展。红十字外交是政府外交的重要补充,与政府外交"坚持国际主义"和"坚持爱国主义"[1]具有内在的一致性。

第一节　维护一个中国原则的斗争

台湾自古以来就是中国不可分割的一个组成部分。根据《雅尔塔协议》,1945 年日本战败后将台湾归还中国。新中国成立后,以美国为首的一些西方国家不甘心其势力被逐出,遂利用盘踞在台湾的国民党残余势力,借助各种国际场合,企图把台湾从中国分离出去,制造"两个中国"或"一中一台"。因此,维护民族独立和领土主权完整、捍卫新生革命政权必然成为新中国外交政策的优先目标。[2]

由于红十字会具有广泛的国际影响,美国把分裂中国的活动引入国际红十字舞台,并引发了一场旷日持久的斗争。国际红十字运动坚持统一原则,即一个国家只有一个红十字会,中国红十字会据此为维护中国红十字运动的统一性,实际上也是维护一个中国的原则进行了一

---

① 《周恩来外交文选》,中央文献出版社 1990 年版,第 55 页。

② 沈志华、杨奎松主编:《美国对华情报解密档案(1948—1976)》第 3 册,东方出版中心 2009 年版,第 260 页。

场艰难的外交斗争。鉴于第一章对红十字会争取恢复国际席位作了简要介绍,以下就此过程中的斗争进行考察和梳理。

一、参加国际会议

中国红十字会争取恢复国际席位的斗争始于 1950 年第 21 届国际红十字会协会理事会。

众所周知,红十字运动由三个部分组成,即:红十字国际委员会(简称国际委员会)、红十字会与红新月会国际联合会(简称联合会)以及国家红十字会或红新月会。联合会成立于 1919 年 5 月,时称国际红十字协会,1983 年更名为红十字与红新月协会,1991 年再次更名为红十字会与红新月会国际联合会。它是各国红十字会之间联络、协调和学习的常设机构,在国际上,尤其是处理涉及联合会大会通过的决定和建议等事宜,担任各国红十字会的正式代表,并担任各国红十字会独立完整的监护人和其利益的保护人。可见,联合会是"各国红十字会以及各红十字会与国际社会之间联络和合作的桥梁",①各国红十字会与联合会的关系如同联合国各成员国与联合国的关系一样。联合会的最高机构为大会(以前称为理事会),通常每两年召开一次,选举联合会主席和副主席,每个国家红十字会在大会上有一票表决权。其最高执行机构为领导委员会(以前为执行委员会)。

自 1919 年国际红十字协会成立伊始,中国红十字会便一直参与其工作。由于中国红十字会对国际红十字运动的贡献,1945 年中国红十字会会长蒋梦麟曾当选为协会副主席。根据 1948 年召开的第 20 届国际红十字会协会理事会所作规定,第 21 届国际红十字会协会理事会于 1950 年 10 月在摩纳哥召开。

---

① 《国际红十字与红新月运动基本知识传播手册》,中国红十字会总会编印,2008年,第 19 页。

如前文所述,为顺利取得中国红十字会在国际红十字协会中的合法席位,1950 年 4 月 28 日,周恩来致电国际红十字协会秘书鲁希、红十字国际委员会秘书长杜旭沙,声明"中华人民共和国中央人民政府是代表中国人民的唯一合法政府。对于完全没有资格参加国际红十字协会和出席其各种会议的中国国民党反动派残余集团的所谓'代表',正式加以否认。请即将其从国际红十字协会开除出去,并转知国际红十字协会各机构及有关各国红十字会为荷"。同日,红十字会秘书长胡兰生致电鲁希和杜旭沙告以中国红十字会机构正在改组,一俟改组完毕,即将派遣代表参加以上两组织,并出席该两组织的各项会议;同时请他们转知该两组织的各机构及有关各国红十字会。[1]

中国政府和中国红十字会的两份声明,在 1950 年 5 月 10 日日内瓦召开的协会执委会中引发了严重的分歧与斗争。苏联和波兰两国代表支持该项声明,提出开除台湾国民党"伪代表"蒋梦麟及其理事会副主席的职务,而会议主席美国奥康纳却蛮横阻挠,企图继续保留国民党残余势力的代表。苏联、波兰代表团遂提出抗议,并退出会场,提出除非正式承认新中国红十字会的合法地位,否则将不参加此类会议。[2]

迫于压力,国际红十字会决定派员来中国实地考察。他们遍访中国台湾岛屿,却找不到任何红十字会负责人和任何会所,而在中国大陆就有中国红十字会及其相关机构,国际红十字协会遂于 8 月承认了新中国红十字会。[3] 9 月 5 日中国红十字会电告国际红十字协会,"已完

---

① 《亚洲及远东经济委员会将在曼谷开会　周外长致电联合国秘书长通知我派冀朝鼎代表出席　并电国际红十字协会否认残匪"代表"》,《人民日报》1950 年 4 月 29 日。

② 《国际红十字协会国际委员会会议　苏波代表拒绝出席》,《人民日报》1950 年 5 月 15 日。

③ 张玉法主编:《红十字会百年史(1904—2004)》,(台湾)致琦企业有限公司 2004 年版,第 571 页。

成中国红十字会的改组,并决定派代表参加协会第21届理事会"。①

1950年10月16日至21日,第21届国际红十字协会理事会在摩纳哥召开,出席的各国红十字会代表团共57个。会议由理事会主席奥康纳主持。中国红十字会代表团在李德全会长的率领下与会,并与其他11个国家红十字会一道当选为执行委员会委员。

国际红十字协会是红十字运动的主要组成部分,在国际上具有广泛的影响力。这是新中国继参加万国邮政联盟会议之后出席的又一次重要的国际会议。摩纳哥是法国的属国,新中国派出代表团参会并当选为执行委员,意味着各国红十字会对新中国的承认。此次中国红十字会"冲破协会内外各方面力量的阻挠和留难,正式加入了协会,当选为执委,并把台湾当局的所谓代表驱逐出去,使新中国的五星红旗第一次鲜明地飘扬在国际会议的会场上"。②

二、恢复国际席位

虽然中国红十字会当选为国际红十字协会的执行委员,但根据国际红十字运动的相关规定,承认和恢复一国红十字会在国际红十字组织中的合法席位需得到国际红十字大会的承认。国际大会是红十字运动的最高审议和决策机构,每四年召开一次,它由各国红十字会、国际委员会、国际红十字协会(国际联合会)和《日内瓦公约》缔约国等四方面的代表组成,每个代表团都拥有一票表决权。1952年7月26日第18届国际红十字大会在加拿大召开,不难想见,中国红十字会争取国际合法席位的斗争异常激烈。

为压缩新中国的外交空间,台湾当局要求其所谓的"外交部""指

---

① 中国红十字会总会编:《红十字手册》,辽宁科学技术出版社1988年版,第24页。
② 《报道国际红十字协会二十一届理事会》,《新中国红十字》1950年12月第4期,第18页。

示驻美国加拿大使节分向驻在国政府和红十字会领导人探询意见,并寻求支持",①还制定了与会的种种方略,极力谋取在国际红十字大会上的"合法"席位。而此时,美国也相应调整了其东亚政策,对台湾的态度迅速发生了转变,准备在可能的情况下把台湾从中国分裂出去,让其独立。若台湾当局取得在国际红十字组织中的"合法"席位,可为今后"两个中国"或"一中一台"制造借口。所以美国当局积极支持台湾参加此次大会。结果,大会在邀请中国红十字会和中国政府代表团参加的同时,居然也邀请台湾当局以与中华人民共和国政府代表团同等的地位出席,②这显然有悖于《日内瓦公约》的原则和红十字运动的基本精神,在事实上造成了两个中国的印象,影响恶劣。

当获悉台湾当局被邀请之后,周恩来领导并参与制定了参加这次大会的对策。1952 年 6 月 28 日,李德全致电加拿大红十字会中央理事会主席麦考雷,并转国际红十字会常设委员会主席庞赛,严正声明"唯有中华人民共和国中央人民政府和中国红十字会的代表,才有资格代表中国和中国红十字会出席国际红十字大会。因此,邀请中华人民共和国中央人民政府和中国红十字会的代表以外的任何人员代表中国和中国红十字会出席国际红十字大会,将违反国际红十字章程和大会细则,以及第十七届国际红十字大会所通过的承认各国红十字会之条件决议,因而是完全非法的"。③

在国际红十字大会第一次全体会议上,中国代表团团长李德全向大会提出强烈的抗议,反对"给台湾残余的国民党分子以中华人民共和国政府代表团同样的'平等'地位"这一违犯国际红十字会规章并且发生破

---

① 张力:《中华民国恢复国际红十字会会籍的奋斗》,《近代中国》2003 年第 155 期,第 52 页。

② 《在多伦多第十八届国际红十字大会上》,《新中国红十字》1952 年 8 月号,第 9 页。

③ 朱开宪:《新中国恢复的第一个国际合法席位》,《世界知识》2007 年第 12 期,第 51 页。

坏作用的非法决定,并指出"这个决定是没有任何理由和根据的","众所周知,无论在事实上或在法理上,中华人民共和国中央人民政府是代表中国的唯一合法的政府。它获得了全中国人民的一致支持。这个政府已经解放了除台湾孤岛以外的全部中国领土。仅仅由于与中国人民为敌的美国政府的公开军事干涉,台湾的解放才被迫推迟。逃到台湾岛上依靠美国保护的一小撮国民党残余分子早已遭到中国人民的唾弃和憎恨,他们无论在事实上或在法理上都没有任何资格代表中国人民。很明显,中国只有一个政府,这个政府就是中华人民共和国中央人民政府。只有中华人民共和国中央人民政府才有权代表中国参加各种国际会议,包括国际红十字大会在内。被中国人民打倒了的国民党残余分子早已丧失了参加任何国际会议的资格",并提出"驱逐国民党残余匪帮代表的动议"。① 李德全的发言不仅得到苏联、捷克斯洛伐克和罗马尼亚等国的坚决支持,也赢得了众多国家及国际组织的认可。

大会上除了古巴、尼加拉瓜、厄瓜多尔、巴西等国家代表外,没有一个欧洲国家愿意出来替"国民党残余匪帮"讲话。最后,大会承认台湾国民党残余分子无权代表中国,只有中华人民共和国才是唯一合法的代表,台湾当局只能以观察员身份留在大会。在此种尴尬的局面下,台湾当局的所谓代表不得不于 7 月 31 日声明退出大会。

大会期间,虽然"美国指使逃亡在美洲的国民党匪帮残余和东欧人民民主国家的逃亡叛国分子,公开在大会内外散发传单,招待记者,对和平民主国家肆意污蔑",②但由于第二次世界大战后世界和平民主力量的进一步壮大,中国代表团经过激烈的斗争,使大会正式承认新中国红十字会是唯一能代表全中国的红十字会,挫败了极少数国家妄图

---

① 《国际红十字大会在美国操纵下竟通过让蒋匪帮代表继续出席的荒谬提案》,《人民日报》1952 年 7 月 31 日。

② 东方明:《参加第十八届国际红十字大会胜利归来》,《新中国红十字》1952 年 12 月号,第 5 页。

使台湾的所谓红十字会代表参加大会合法化的图谋。"这是新中国在
国际组织中恢复的第一个合法席位"，①有力地维护了祖国的独立、领
土主权的统一完整。会后，国际红十字协会将台湾当局红十字会从其
会员名单中剔除。

　　在这场捍卫国家领土主权独立完整的斗争中，中国红十字会依据
国际红十字运动的基本原则，采取了合理合法的外交斗争，取得了重大
的胜利，不仅有效地维护了红十字运动的基本原则，而且也有力地捍卫
了一个中国的原则，维护了国家领土主权独立完整。事实证明，尽管以
美国为首的一些资本主义国家拒绝承认新中国，但它们"无法阻挡新
中国像巨人一样登上国际政治舞台的步伐"，②"在台湾问题上，美国总
是低估中国人民百余年来在反抗外来侵略斗争中所形成的，对维护国家
主权、领土完整所具有的高度敏感的民族心理，总是指望中国能够默认
'两个中国'或'一中一台'的所谓既成事实。在这一点上，美国显然是错
打了算盘"③。中国红十字会坚持国际红十字会运动的统一原则，实则
是维护一个中国的原则，维护国家的独立完整，维护国家的核心利益。

第二节　维护世界和平的努力

　　根据国际红十字运动的基本原则，"国际红十字与红新月运动是
世界性的。在这个运动中，所有的红十字会或红新月会都享有同等地
位，负有同样责任和义务，并相互支援"。④ 这就决定了红十字运动必
须超越所有政治、意识形态、文化等方面的隔阂，相互之间和平相处，友

---

　　① 中国红十字会总会编：《中国红十字会九十年》，中国友谊出版公司 1994 年版，
第 159 页。

　　② 王炳南：《中美会谈九年回顾》，世界知识出版社 1985 年版，第 5 页。

　　③ 宫力：《毛泽东对美政策思想的轨迹》，世界知识出版社 1999 年版，第 133 页。

　　④ 《国际红十字与红新月运动基本文件汇编》，中国红十字会总会编印，2008 年，
第 4 页。

好往来,才能互帮互助。

新中国成立后,为医治战争创伤,恢复和发展国民经济,提高人民群众的物质文化生活水平,迫切需要发展同世界各国与人民之间的友好关系,以促进共同发展。然而,以美国为首的一些主要资本主义国家拒不承认新中国,拒绝恢复新中国在联合国的合法席位,中国被局限于社会主义阵营,即被局限在"半个舞台上"①。因而遵循国际红十字运动基本原则,积极发挥红十字组织的国际性特点,从民间外交的角度,发展与各国的友好关系和友谊,拓展与加强同世界各国人民之间的联系与交往,增进了解,促进合作,消除隔阂,促进共同繁荣,就显得十分必要。

新中国成立后不久就爆发了朝鲜战争,这场战争几乎引发了第三次世界大战。在这非常时期,中国红十字会坚决"反对侵略,保卫世界和平"②,以自身独特的方式参与外交,在诠释人道主义真谛的同时,成为新中国和平外交的一个窗口。

一、抗议侵略行径

1950 年 6 月 25 日,朝鲜战争爆发。6 月 27 日,以"自由世界领袖"③自居的美国派出第七舰队进入台湾海峡,阻挠新中国统一台湾。与此同时,美国还"增加对菲律宾和法国及印度支那成员国的军队的军事援助"。美国为维护自己炮制的韩国,逐步确立战后美国的霸权地位,以朝鲜战争"已经引起联合国的权威,甚至继续存在以危及自由世界的国家——包括美国和它的太平洋的军队——的安全问题"为由,④"决心

---

① 章百家:《改变自己 影响世界》,《中国社会科学》2002 年第 1 期,第 14 页。

② 中国红十字会总会编:《中国红十字会历史资料选编(1950—2004)》,民族出版社 2005 年版,第 2 页。

③ [美]哈里·杜鲁门:《杜鲁门回忆录》下,李石译,东方出版社 2007 年版,第537 页。

④ 世界知识出版社编:《中美关系资料汇编》第 2 辑(上),世界知识出版社 1960年版,第 97、94—95 页。

进行军事干涉,并组织了联合国军,在联合国的名义下开始进行反革命战争。由内战开始的朝鲜战争,竟发展为被称作'朝鲜战争'的国际战争了"。① 显然,美国欲借朝鲜战争之机,以反共为名,不惜践踏联合国宪章的宗旨与原则,对新中国进行封锁与包围,肆意对他国进行侵略与干涉,妄图称霸世界。为此,中国红十字会配合中国政府,对美国的侵略行径表示抗议。

第一,抗议美国侵略朝鲜。1950 年 7 月 6 日,周恩来致电联合国秘书长赖伊,代表中国政府向安理会发表重要声明,安理会在没有中华人民共和国和苏联两个常任理事国参加的情况下,"所通过的关于要求联合国会员国协助南朝鲜当局的决议,是支持美国武装侵略、干涉朝鲜内政和破坏世界和平的",显然是非法的。② 周恩来进一步号召"全世界一切爱好和平正义和自由的人类,尤其是东方各被压迫民族和人民,一致奋起,制止美国帝国主义在东方的新侵略",③并表示"中国人民热爱和平,但是为了保卫和平,从不也永不害怕反抗侵略战争。中国人民绝不能容忍外国的侵略,也不能听任帝国主义者对自己的邻人肆行侵略而置之不理"。④ 反对侵略战争,维护世界和平,是当时全世界的主要斗争任务。⑤

朝鲜战争初期,北朝鲜军队曾一度把南朝鲜和美国军队压缩到朝鲜半岛南部狭窄的三角地带。为改变战场的预势,美国借联合国的名义,打着维护"和平"的旗号,伙同它的仆从国,大量出动飞机对朝鲜军民进行狂轰滥炸,企图摧毁北朝鲜军队的战斗力。为支持朝鲜军民的

① ［日］信夫清三郎:《日本外交史》下,天津社科院日本研究所译,商务印书馆1980 年版,第 773 页。
② 《周恩来年谱(1949—1976)》上卷,中央文献出版社 1997 年版,第 52 页。
③ 世界知识出版社编:《中华人民共和国对外关系文件集》第 1 集,世界知识出版社 1957 年版,第 131 页。
④ 《周恩来外交文选》,中央文献出版社 1990 年版,第 24 页。
⑤ 《建国以来重要文献选编》第 1 册,中央文献出版社 1992 年版,第 245 页。

正义斗争,为维护红十字运动的原则与精神,7月26日中国红十字会代表38万红十字会会员向国际社会发表声明,坚决拥护周恩来的声明,对美帝国主义武装侵略和滥炸朝鲜人民提出严重抗议。美国的侵略行为"无疑地是破坏了联合国宪章","而这种兽性轰炸,更是蔑视1949年12月8日的日内瓦战时平民保护公约"。号召美国和其他各国红十字会会员,团结本国人民,"为制止美帝国主义者对朝鲜人民的侵略与暴行而奋斗"。

8月22日,中国红十字会会同中国各民主党派、各人民团体一道再次发表声明,坚决抗议"美国空军的这种野蛮的轰炸,以及在美国操纵下的安全理事会多数国家对于这种野蛮轰炸的放纵和合作",呼吁"全世界一切具有人类同情心的人们,共同奋起,制止美国空军的灭绝人性的暴行"。①

值得一提的是,1950年7月28日、8月2日、8月12日和8月30日,中国红十字会广州市分会、常州市分会、南宁市分会、西安市分会先后响应上述声明,并发出抗议美国暴行的声明。

第二,抗议美军入侵我国领空。1950年8月27日美国飞机侵入我国东北领空滥施轰炸,扫射建筑物、车站车辆、船只和我国人民,致死3人,伤22人。9月1日中国红十字会和中国人民救济总会联合发表声明表示严重抗议,坚决拥护周恩来向美国政府提出的严重抗议和向联合国安理会提出的控诉,"要求安理会立即制裁美帝侵犯我国领土和危害世界和平的罪行"。② 1951年3月30日和3月31日,以及4月7日,侵朝美机再次连续入侵我国安东领空,滥肆轰炸扫射,我国人民的生命和财产遭受惨重损害。4月13日,中国红十字会总会发表声明,抗议美机继续滥炸东北。

---

① 《中国红十字会抗议美机滥炸朝鲜侵犯中国领空》,《新中国红十字》1950年9月创刊号,第15页。

② 《新华社九月一日电》,《新中国红十字》1950年9月创刊号,第16页。

1950 年 9 月 15 日美军成功在仁川登陆,取得战场优势。10 月初美国公然违背相关协定,派军队越过三八线,大举向北朝鲜进行侵略,战火延烧到中朝边境鸭绿江畔,美军并不时地对中国东北等地进行轰炸。

为反对侵略,保卫和平,10 月 8 日毛泽东发布命令,将东北边防军组成中国人民志愿军出国支援朝鲜人民军作战。11 月 6 日,在北京参加红十字会总会举办的学习会的部分分会干部及总会职工发表抗美援朝宣言,指出美国"自发动侵略朝鲜战争后,即直接侵略中国领土台湾,不断侵入中国东北和山东的领空,屠杀中国人民,炮击中国商船,近来又不顾一切,把侵略朝鲜的战争扩展到中国鸭绿江边。这一连串的事实,不仅证实了侵略者的无耻,制造出无比的灾害,更且破坏了世界和平,严重地威胁着中国的安全"。[1] 在第二届保卫世界和平大会在华沙召开之际,为表达维护世界和平的意愿,11 月 21 日中国红十字会和中国人民救济总会联名致电大会,指出美国"不顾全世界人民要求和平的意志,挑起侵朝战争,威胁中国安全,制造无穷灾难",表示"坚决拥护大会的召开,为保卫世界和平,反对美帝侵略而斗争到底"。[2]

第三,抗议美日媾和图谋。1950 年底,中国人民志愿军相继挫败麦克阿瑟"感恩节回家"、"圣诞节回家"、"结束战争总攻势"、"可以保持阵地"等攻势,[3]联合国军遭到"决定性的失败"。[4] 美国为"挽救其一蹶不振的颓势",一方面把视线转向联合国,于 1951 年初操纵联合国污蔑中国侵略朝鲜,另一方面对日本片面媾和并武装日本,以使日本成

---

① 《中国红十字会分会干部学习会及总会全体职工抗美援朝宣言》,《新中国红十字》1950 年 11 月第 3 期,第 2 页。

② 《中国人民救济总会及中国红十字会总会致二届和大电》,《新中国红十字》1950 年 11 月第 3 期,第 11 页。

③ 《救济总会和红十字会总会斥麦克阿瑟无耻狂言》,《人民日报》1951 年 3 月 31 日。

④ 王泰平:《新中国外交 50 年》,北京出版社 1999 年版,第 98 页。

为其远东的新依靠,阻止所谓共产主义威胁的扩展。①

如果美国单独与日本媾和,日本势必被纳入美国的势力范围,成为美国在远东所谓抵抗共产主义的桥头堡。这表明美国对朝鲜问题丝毫没有和平解决的诚意,而是蓄意扩大战争,破坏世界和平。同时,中国人民对日本侵略罪行记忆犹新,美国重新武装日本这一阴谋激起了中国人民无比愤怒。因此,中国红十字会坚决拥护我国政府声明,坚决反对美国"对日片面媾和及武装日本",要以"具体的行动,为消灭灾难的制造者——美帝国主义而努力,为彻底粉碎美帝国主义的一切侵略阴谋而奋斗"。② 为维护人类的和平与安全,实现世界红十字会争取和平的庄严决议,中国红十字会号召各国红十字组织共同起来反对美国单独对日媾和与重新武装日本,为"消除东方的侵略战争的温床而努力"。③

第四,抗议美军使用细菌武器。

在战争中使用毒气是违反人道的残酷行为,从来为人类所不齿。因此,世界各国在1899年的海牙会议和1925年的日内瓦会议中,均订立关于禁止使用毒气的公约。然而在朝鲜战场上,由于中朝人民军队的英勇反击,联合国军接连遭到失败,美国遂威胁要使用原子弹。为避免朝鲜战争的升级,中国红十字会在制止使用核武器方面也做了大量的工作。1950年10月在第21届国际红十字协会上,中国红十字会赞成苏联红十字会关于"禁止把原子能用于战争"的提案。④ 1951年3月美军侵略朝鲜战争屡遭失败后,竟冒天下之大不韪,公然破坏国际公

---

① 顾维钧:《顾维钧回忆录》第9册,中华书局1989年版,第2页。
② 《中国人民救济总会 中国红十字会对周外长严正声明的声明》,《新中国红十字》1951年2月第6期,第1页。
③ 《中国红十字会向世界各国红十字会发表声明反对美国重新武装日本》,《新中国红十字》1951年2月第6期,第1页。
④ 《国际红十字协会举行理事会 我代表团出席并当选为执委》,《人民日报》1950年10月24日。

法,在朝鲜前线使用毒气炸弹。红十字会素以维护和平和人道主义精神为职责,绝不能容忍这类灭绝人性的罪行继续发生。3 月 13 日中国红十字会会长李德全就此发表谈话,反对美国当局在侵略朝鲜战争中使用毒气,并建议世界 68 个国家的红十字会,号召 1 亿红十字会员发起正义之呼声和以实际制裁行动,制止美国使用毒气的暴行。① 谈话发表后,南宁、梧州、安阳等分会相继发出通电表示拥护。② 此外,4 月 26 日罗马尼亚红十字会致电中国红十字会总会,响应李德全谈话,并向日内瓦国际红十字委员会及国际红十字协会提出抗议,要求阻止并制裁美国使用毒气。③

1951 年 10 月中国红十字会与中国人民救济总会发表联合宣言,表示坚决拥护斯大林提出的"建立国际管制,禁止使用原子武器,停止原子武器的生产,并把已经制成的原子弹完全用于民用方面的决定"的谈话,并呼吁"一致起来制止美帝侵略集团发动新的世界大战的阴谋,主张立即建立禁止原子武器和停止原子武器生产的国际管制,使原子武器完全服务于人类和平生产和建设的事业"。④

中国红十字会还利用参加国际会议的机会,公开谴责美国违反日内瓦公约的非人道行为,揭露以"维护和平"为使命的所谓联合国军在朝鲜战场的所作所为。如 1951 年 11 月红十字协会理事会召开,中国红十字会会长李德全建议,赞成禁止原子武器和建立国际监督以保证

---

① 《李德全建议全世界红十字会制止侵朝美军用毒气》,《人民日报》1951 年 3 月 14 日。

② 《南宁、柳州等分会拥护李德全会长〈反对使用毒气谈话〉》,《新中国红十字》1951 年 4 月第 8 期,第 10 页。

③ 《罗马尼亚红十字会响应李德全会长反对美帝在朝使用毒气谈话　要求国际红十字委员会及国际红十字协会制裁毒气使用者》,《新中国红十字》1951 年 5 月第 9 期,第 11 页。

④ 《制止侵略集团发动新战争的阴谋禁止、管制并停止生产原子武器——中国人民救济总会及本会为拥护斯大林同志关于原子武器谈话的联合宣言》,《新中国红十字》第 2 卷第 2 期,第 33 页。

各国遵守这项禁令。① 1952年7月在第18届国际红十字大会上，中国红十字会冲破美国的阻挠，通过召开记者招待会、散发大量图片等形式，②以铁证如山的事实，披露以美国为首的联合国军在朝鲜战场上公然践踏日内瓦公约的真相，使热爱和平的人们更加清楚地认识到美国并非是朝鲜的和平使者。在此次大会上，中国红十字会代表团再次支持"苏联代表团禁用原子武器的提案"。③

第五，抗议美军虐俘行为。1951年4月9日美国《新闻周刊》以《黑死病船》为题发表消息称，美海军的一艘实验防疫的船只负有秘密使命，已被派至北朝鲜东岸的元山港，海军陆战队从元山港的小岛上抓了一些中共人士带回船上，试验是否带有恐怖的黑死病的症候。据新华社朝鲜前线4月30日电，确认美国竟用我志愿军被俘人员作细菌武器的实验。中国红十字会获悉这一滔天罪行之后，于5月3日急电日内瓦国际红十字委员会主席吕格及国际红十字协会主席山斯特罗姆提出控诉，"要求制裁破坏人道公约的罪魁"。④

1951年2月至10月，美机多次轰炸、扫射朝鲜北部某地俘房营。2月19日打死打伤美国俘房19人，3月17日打死美俘2人，4月2日打死美俘1人，4月22日打死打伤美俘32人。10月13日，俘房营再次遭到美机轰炸，美军投掷杀伤弹约60枚，打死美军俘房军官1人，打伤美英军俘房官兵7人，打死打伤俘房营工作人员3人、居民8人，华

---

① 《红十字会协会执行委员会在日内瓦举行会议 我国代表李德全呼吁制止侵朝美军暴行》，《人民日报》1951年12月21日。

② 《美国在幕后把持和破坏国际红十字大会》，《人民日报》1952年7月29日；《我国红十字会代表团在加举行记者招待会》，《人民日报》1952年8月6日。

③ 《我代表团支持苏代表团禁用原子武器的提案》，《新中国红十字》1952年8月号，第15页。

④ 《本会电国际红十字委员会及国际红十字协会 控诉美军把我被俘志愿军作细菌武器试验》，《新中国红十字》1951年5月第9期，第8页。

侨受伤 2 人。此外,炸毁房屋 9 间,烧毁俘虏营的粮食和用具一部。①俘虏营没有任何军事目标,美军这一残忍行径更进一步地揭露了侵略者的狰狞面目。

中国红十字会本着维护世界和平及人道主义的立场,及时地组织第四医防队在俘虏营为美英俘虏进行医疗和环境卫生工作。与此同时,中国红十字会坚决支持俘虏营 1362 名美英俘虏通过俘虏营和平委员会联名向全世界发出立即制止美军罪行重演的呼吁,并提出严重抗议,争取世界的持久和平。②

第六,抗议国际红十字会袒护侵略。尽管中国红十字会多次在不同场合下声明抗议美国的侵略行径,但遗憾的是,红十字国际委员会对美国有所袒护,对美国明显违反人道主义的行为进行百般遮掩,中国红十字会对其不坚持人道主义的原则、不保持中立的态度进行了有力的抨击。③ 1951 年 5 月 3 日,中国红十字会总会向国际委员会协会控诉美国将被俘志愿军作细菌武器试验。中国红十字会还协同国际民主法律工作者协会对美国在中国东北和朝鲜进行细菌战罪行进行调查,1952 年 9 月 17 日《人民日报》发表了《调查在朝鲜和中国的细菌战事实国际科学委员会报告书》,历数通过调查收集到的确凿罪证,粉碎了艾奇逊、李奇微关于"联合国军过去未进行、现在也未进行任何细菌战"的谎言。④

---

① 《美机又一次轰炸朝鲜北部某地俘虏营》,《人民日报》1951 年 11 月 1 日。

② 《美机又一次轰炸俘虏营　本会提出严重抗议》,《新中国红十字》第 2 卷第 2 期,第 24 页。

③ 参见《所谓红十字"国际"委员会供认美军"甄别"暴行》,《人民日报》1952 年 5 月 20 日;《中苏等国代表在国际红十字大会上斥责红十字国际委员会掩饰战犯罪行》,《人民日报》1952 年 8 月 1 日;《美方忠顺走卒"红十字国际委员会"的"视察"报告书再次暴露美方扣留和屠杀战俘的无耻罪行》,《人民日报》1952 年 11 月 21 日。

④ 《全世界人民抗议美国侵略者使用细菌武器》,《人民日报》1952 年 3 月 26 日。

总而言之,朝鲜战争期间,中国红十字会"先后 14 次发表严正声明",①并通过国际红十字运动这个大舞台,以确凿的证据揭露并抗议美军在朝鲜战场的种种非人道主义行为,有利于世界热爱和平的国家和人民正确认识朝鲜战争,有利于树立新中国热爱和平,维护和平的崭新形象。同时在一定程度上制止了美国扩大对朝鲜的侵略,促使美国从战争走向谈判,并为以和平的方式解决朝鲜问题打下了基础,从而有力地配合了中国政府的外交行动。

二、开展国际医防

抗美援朝,保家卫国成为当时中国面临的重要任务,是爱国主义和国际主义的伟大实践,同时也是全世界人民保卫持久和平,争取人民民主的反帝、反侵略运动的一个重要组成部分。1951 年 1 月 14 日中国和大发出通知,号召全国行动起来,捐款捐物,慰劳中朝人民战士及救济朝鲜难民。1 月 22 日中国红十字会总会发出《为组织救济朝鲜难民医疗队给各地分会的通知》,要求各地分会一方面积极参加由中国和大、中国人民救济总会和中国红十字会发起的"募集慰劳品和救济品运动",另一方面将"组织医疗队救济朝鲜难民的工作,列为本年度 2、3 月间的中心任务"。号召红十字会会员和工作人员在自觉自愿的基础上踊跃参加,担任朝鲜难民医药救济工作。

为使各地志愿报名的医务工作者有个统一的领导和组织,2 月 3 日,中国和大与红十字会总会特制定组织全国各地医疗队的办法,②对于医疗队的任务(包括中国人民志愿军、朝鲜人民军战伤医治及朝鲜难民医疗防疫工作)、人员组成及参加医疗队人员的要求、医疗队的服

---

① 池子华等:《百年红十字》,安徽人民出版社 2003 年版,第 318 页。
② 中国红十字会总会编:《中国红十字会历史资料选编(1950—2004)》,民族出版社 2005 年版,第 20 页。

务时间、物资供应等作了明确的规定,以确保此项活动的顺利开展,2月9日《关于组织医疗队的通知》正式发布。

组织医疗队的号召一经发出,很快得到了全国各地医务工作者的热烈响应。以江苏为例,截至1951年3月5日,江苏向红十字会总会报名的分会和人数如次:南京分会19人,常州分会13人,无锡分会23人,长泾分会16人,计71人,全国833人。后经总会审核批准且已在北京报到的有:常州分会3人,前黄服务站10人,无锡分会14人,南京分会11人,长泾分会15人,计53人,全国283人。①

为加强医疗队的思想和技术准备,自2月26日起,红十字会总会对前来北京集中编改的各地医疗队队员进行了短期的补充教育,内容涉及政治学习和业务学习两个方面,其中业务学习以防疫和救护为中心,以战伤的急救为重点。学习结束后,红十字会总会挑选出224位队员整编为两个国际医防服务大队。② 第一大队担任一般的医疗和防疫工作,下辖10个队,大队长周立新,副大队长黄超汉、王庆春。第二大队担任手术工作,下辖4个队,大队长冯雁忱,副大队长王训颖、王滋才。

3月10日下午,中国和大在北京饭店举行盛大的欢送会,为志愿援朝的中国红十字会国际医防服务队送行。3月17日,携带大批药品和医疗器械的国际医防队走出国门赴朝。③ 3月19日,国际医防队抵达朝鲜。3月26日,朝鲜新义州举行盛会,欢迎医防队的到来。④

因朝鲜战场救护的需要,在1951年的一年内中国红十字会后又相

---

① 李德全:《中国红十字会国际医防服务队的组织经过及其任务》,《新中国红十字》1951年3月第7期,第1页。

② 中国红十字会总会编:《中国红十字会历史资料选编(1950—2004)》,民族出版社2005年版,第26—30页。

③ 池子华等:《百年红十字》,安徽人民出版社2003年版,第304、308页。

④ 《新义州各界举行集会欢迎我红十字会医防队》,《人民日报》1951年4月2日。

继组织并派出 5 支医防队。5 月 25 日由天津市医务工作者 108 人组成的第三国际医防服务大队包括口腔外科、防疫、骨科、五官科、胸腹泌尿科 5 个专科，在正副大队长吴廷椿、冯钦英率领下，从天津出发赴朝；6 月 28 日由 155 名医护工作者组成的第四、第五国际医防服务大队（第四大队包括五个一般医防队，第五大队包括矫形外科、胸腹腔外科、传染病科、一般内科、防疫队等六个队）离京出发；7 月 11 日由 55 人组成的第六国际医防服务大队（包括青岛市医务工作者组成的两个一般外科队，唐山医务工作者组成的骨科队及内科队，还有广州市分会工作人员组成的传染病科队）从北京出发；9 月 27 日国际医防服务第七大队 117 人（其中 75 人是由前参加治淮工作的第一医防服务大队调配而来，另外 41 人系由贵州贵阳，山东高密、铜北，江苏泰州、江阴、嘉定，浙江天台、上虞、象山、镇海，河南临颖，绥远临河，四川遂宁，福州等地红十字分会、医联会或卫生厅介绍，1 人由平源省团校介绍而来）由天津出发赴朝。参加七支医防队的工作人员共 666 人。医防队在前方工作时间一般在半年以上，有的长达一年多。

医防队在朝鲜发挥白求恩大夫救死扶伤的国际主义精神，本着"医好一个人，便等于多造了一个炮弹，为反侵略战争增加一份力量"①的原则，医治朝鲜战争中受伤的志愿军战士及朝鲜军民，"打垮了细菌战"，②"来彻底粉碎帝国主义者恶毒的侵略计划，来保证伟大祖国的生产建设的成功，来争取全世界人民的持久和平与民主解放"。③ 队员们的工作异常艰苦。1951 年 4 月 17 日队员何漱文自平壤发出题为《我们在平壤外科医院》的通讯稿，可以帮助我们穿越历史时空，重睹当年第一大队在前线工作的情形：每个病室都住了三五个伤病员，他们静静地卧

① 《欢送光荣的队伍英勇赴朝》，《新中国红十字》1951 年 3 月第 7 期，第 9 页。
② 施楚恩：《我们打垮了细菌战》，《新中国红十字》1952 年 7 月号，第 14 页。
③ 《李德全会长向国际医防服务队献旗致辞》，《新中国红十字》1951 年 3 月第 7 期，第 6 页。

躺着,脸上流露出永恒的刚毅与民族的自尊感。手术室里大夫、护士一天到晚忙着做手术,没有一刻停止过——消毒、麻醉、开刀。敌机有时在上空盘旋,进行侦察、扫射和轰炸,队员们却一如既往地镇静工作。①

除医治朝鲜军民之外,国际医防队还担负医治俘虏等人道主义工作。有一部分队员深入到战俘营里,为那些失去了抵抗力的战俘服务。他们不仅对营地里的环境卫生和传染病的管理予以极大的注意,并且供给战俘以丰富的饮食和其他生活必需品。他们还帮助和教育战俘搞好个人卫生,纠正他们偷懒、依赖、自私和随地便溺的恶习。营地里发现了传染病,他们就马上为战俘蒸洗衣服、被褥,实行隔离,并治愈了他们的战伤或年久未愈的痼疾,生活在俘虏营里的战俘都深切感到中国医生护士的人道关怀。② 正如金日成、彭德怀复函李奇微所说:"我方……都本着宽待战俘的精神和政策,给予他们以完全合乎人道的待遇。伤、病战俘都能够从为他们安排的医疗设备和医务人员那里得到有效的治疗。"③

人道主义关怀逐步影响和感化战俘,改变他们对新中国的认识,④鼓舞了世界爱好和平的人民争取和平的情绪。⑤ 俘虏们通过各种方式表达厌弃战争,维护和平的愿望,极大地争取了世界舆论,为早日结束朝鲜战争奠定了基础。如美俘梅尔华德写信告诉家人:"这个战争能结束得越早,我也就可以越早的跟你们再团聚在一起,因此,你们应该

---

① 何漱文:《我们在平壤外科医院》,《新中国红十字》1951 年 4 月第 8 期,第 19 页。

② 东方明:《中国红十字会国际医防服务队在朝鲜》,《新中国红十字》1952 年 9 月号,第 15 页。

③ 《关于红十字国际委员会访问战俘营问题金、彭两将军函复李奇微》,《新中国红十字》1952 年 1 月号,第 8 页。

④ 《国际医防队第四大队一个队员的来信:我们教育了俘虏》,《新中国红十字》1952 年 1 月号,第 10 页。

⑤ 中国红十字会总会编:《中国红十字会历史资料选编(1950—2004)》,民族出版社 2005 年版,第 27 页。

在美国尽力尝试帮助制止这场非正义的战争。"①

值得一提的是,朝鲜战地涌现出不少感人事例。以第一大队江苏籍队员为例,第 10 队化验员孙宗贻亲自背着显微镜上门为病人服务,甚至到老百姓家里去找病人,一周内做了近 90 次的检验,打破了第一大队化验工作的记录。40 多岁的张宇和队长不怕脏经常给伤病员洗头,有些需要维他命 C 的病人因药品缺乏而无法服药,他便亲自上山找到了一种含有维他命 C 的植物,病人服用后效果良好,他还把这种植物介绍给当地的医务工作者和其他群众。② 8 月 13 日和 14 日约 400 架敌机乱炸平壤城郊的居民区,李伟英冒着生命危险将重患者背到安全地点进行救护。后来几次夜间轰炸时,她都以同样的方式抢救了许多伤病员。12 月 17 日《人民日报》刊登了朝鲜人民军某病院第十病栋伤病员代表李裁远致中国红十字会会长函,向李伟英致敬,对她的英勇模范事迹特予表扬。③ 表扬信道出了一位普通红十字志愿者不平凡的英勇事迹,抒发出朝鲜伤病员对于中国普通医护人员的赞美之情,表达了中朝人民无比的深情厚谊。

朝鲜战争期间,中国红十字会国际医防服务队不仅赢得了广大朝鲜战士和劳动人民的爱戴,激发了他们的战斗精神和生产情绪,而且通过对战俘的人道主义服务赢得了他们的友谊,更为国家赢得了声誉。可见,国际医防队的组成是中国人民国际主义精神的具体表现,也是革命的人道主义的伟大实践。④

---

① 姜庆肇:《被志愿军救活的美英俘虏》,《新中国红十字》1952 年 1 月号,第 9—10 页。

② 刘书元:《一切为了伤病员——记在朝鲜工作着的国际医防服务队第一大队》,《新中国红十字》1951 年 7 月第 11 期,第 14—16 页。

③ 《致本会李会长函表扬第一大队队员李伟英》,《新中国红十字》第 2 卷第 4 期,第 17 页。

④ 陈叔通:《欢送中国红十字会国际医防服务队赴朝大会演讲词》,《新中国红十字》1951 年 3 月第 7 期,第 5 页。

三、捐献"救护机"

为支援中国人民志愿军,加强打击美国侵略者的力量,以争取抗美援朝战争的早日胜利,1951 年 6 月 1 日,中国人民抗美援朝总会向全国各界发出关于推行爱国公约、捐献飞机大炮和优待烈军属的三项号召,6 月 8 日救济总会和红十字会总会响应号召向全国救济福利界发出通知,开展捐献抗美援朝救护机运动。根据通知精神,捐献救护机应坚持自愿原则,并分为生产捐献和节约捐献两种,即生产者以增产所得,不生产者将节约所得当作捐款。6 月 12 日,红十字会通知各地分会开展捐献"救护机"运动。① 实际上,红十字会总会、各地分会、医防服务队均参加了这场规模宏大的捐献"救护机"运动,彰显出伟大的国际主义精神,是红十字外交的又一重要表现。

第一,总会捐献"救护机"。1951 年 6 月总会在组织全体职工听取赴朝慰问团的报告后,举行捐献动员大会,由各小组讨论酝酿,每人根据各自情况自愿进行一次认捐,84 人总计捐献 4500650 元和五一型金笔 1 枝,维他命丸 2 瓶。其中胡兰生 40 万元,王绍谦 30 万元,捐献数额最高。一些负担重收入低的职工也都能努力节约捐献。然后,总会又展开了一次长期捐献,各小组全部报名认捐,多数人每月认捐 5%薪金,也有人认捐 20%,每月总会可捐献 148 万元,直到抗美援朝胜利为止。②

第二,各地分会捐献"救护机"。以江苏红十字会为例,1951 年 6 月,南京分会在接到总会展开捐献"救护机"运动的通知后,立即召开大会进行传达和动员。在一次动员大会上,分会副总干事姚浩然作传达报告,并带头捐献 2 枚金戒指,打算按月捐 50 个单位,会长杨登瀛当

---

① 《本会为号召展开捐献"救护机"运动的通知》,《新中国红十字》1951 年 6 月第 10 期,第 3 页。

② 《总会·第一医防大队·国际医防队第二批参队同志热烈响应捐献"救护机"运动》,《新中国红十字》1951 年 6 月第 10 期,第 4 页。

场将分会送给他 60 寿辰的纪念品——1 枚金十字架（约重 1 两余）捐出，副总干事吴耀麟捐献 2 枚金戒指。随后，全体职工掀起捐献热潮，司机梁正维，调剂员范仲锵，护士刘爱英、崔惠兰捐献出他们各自订婚、结婚的纪念品金戒指，医护员李同余献出他爱人的 1 付金耳环，调剂员梁伯昭把他儿子的许多银饰和 6 枚银元捐献了出来，干事路涵秋也将他小孩的银手镯和他自己的银括舌统统捐献出来。

一次，南京分会职工听取南京市抗美援朝志愿医疗团副团长朱潮和防疫队副队长刘吟龙所作的工作报告，当获悉朝鲜前方急需药品配（盘）尼西林时，大家认为消除前方将士痛苦人人有责，便立刻购献 200 瓶配（盘）尼西林，送交南京市医药卫生界"和大"汇转朝鲜前线，表示竭尽全力支援前线，以早日打垮美帝国主义。[1] 1951 年 10 月 25 日，第三批南京抗美援朝志愿医疗团出发时，南京分会赠送了 1 万粒多种维他命，[2]转送朝鲜前方伤病员补充营养。

除捐献银元、首饰、药品等之外，南京分会还利用加班劳动的方法进行捐献。分会决定全体 41 位职工 6 个月内至少捐献 2000 万元，具体办法是：分会太平路和中山路诊所每逢星期日上午加班照常工作，除去药费成本，其余的收入全部捐献，分会 4 个学习小组互相挑战，每人根据节约原则，结合自身具体情况决定将薪金收入的一部分按月捐献。[3]

江阴县分会制订捐献计划，订立爱国公约，用各种方式进行捐献。如增产捐献，分会全体职工每天劳动 1 小时，开垦医院里约 5 亩的园地，种植蔬菜豆类等，将收获的一半捐献。节约捐献，每人按月订捐 32

---

① 蔡仲宣：《南京市分会捐献配（盘）尼西林二百瓶》，《新中国红十字》第 2 卷第 1 期，第 62 页。

② 吴耀麟、路涵秋：《南京分会近讯》，《新中国红十字》第 2 卷第 4 期，第 46 页。

③ 蔡仲宣：《南京分会员工无比的捐献热潮》，《新中国红十字》1951 年 7 月第 11 期，第 5 页；江苏省红十字会编著：《江苏红十字运动八十八年（1911—1999）》，东南大学出版社 2001 年版，第 79 页。

万元,江阴全县医务工作者也响应号召,以 6 个月捐献 1 亿元为目标。① 总会号召一发出,江阴县分会会务组立即组建"长红篮球队",一个月内,"长红篮球队"先后前往无锡、常熟等地参加抗美援朝篮球义赛,将门票收入全部捐献,其中在无锡、顾山、陈市、塘市、徐市等地 7 场比赛均获胜利。②

无锡市分会全体职工和分会劳工保健所全体医护人员推动全市医救福利界,发扬高度的爱国主义及国际主义精神共同完成捐献"救护机"任务。同时向重庆、洛阳、西安等市分会应战:星期日不休息,义务劳动增加生产,将药品和材料成本费扣除外,其余所得全部捐献"救护机",直到抗美援朝胜利为止。③ 常州市分会除一次捐献半个月工薪外,自 7 月 15 日起,星期日不休息,捐献出一半增产的门诊收入。④

据统计,截至 8 月 15 日,南京分会收到捐款 10584600 元。⑤ 10 月 3 日至 10 月 15 日,南京分会收到"救护机"捐款 2230200 元。⑥ 10 月 16 日至 11 月 10 日,收到"救护机"捐款 3365800 元,常州市分会收到捐款 1036700 元。⑦ 涓涓细流汇成一股爱的暖流。

第三,医防服务队捐献"救护机"。在总会捐献之前,淮河岸边的第一医防服务队已经展开了抗美援朝献金运动。在寿县的第三队首先以一百零几万的数字向各队发出捐献挑战书,大队部第一个以 151 万进行应战,大队长王昌来带头捐出一个月的薪金。当第四队听到这个

---

① 《江阴分会改组以来的工作》,《新中国红十字》1952 年 1 月号,第 49 页。

② 《江阴分会长红篮球队义赛捐献》,《新中国红十字》第 2 卷第 1 期,第 62 页。

③ 《无锡市分会星期日门诊增产捐献》,《新中国红十字》第 2 卷第 1 期,第 62 页。

④ 吴逸樵:《我们要遵照总会的一切指示而前进》,《新中国红十字》第 2 卷第 1 期,第 40 页。

⑤ 蔡仲宣:《南京市分会捐献配(盘)尼西林二百瓶》,《新中国红十字》第 2 卷第 1 期,第 62 页。

⑥ 《"救护机"捐款数字一批》,《新中国红十字》第 2 卷第 2 期,第 81 页。

⑦ 《"救护机"捐款数字一批》,《新中国红十字》第 2 卷第 3 期,第 42 页。

消息后,各位队员根据各自情况,立即在一张画有一个美国鬼子被打得连滚带爬、并写着"多捐一个钱就等于多打死一个美国鬼子"的大纸上,写下自己的名字和捐献数字,总计 171 万。5 月 21 日早晨,第七队开始捐献,队员的情绪不断高涨,数字也跟着上涨,共捐献 2023000 元,在第一医防队中捐献数额最高。

值得一提的是,国际医防队第二批参队队员在北京总会集合时,受到总会职工各小组捐献的影响,尽自己最大的力量,两个小时内共捐献1264300 元。①

四、协助战俘遣返

解决战俘问题是朝鲜停战谈判的关键。根据 1949 年《日内瓦公约》相关规定,俘虏在任何情况下都应受到人道的待遇,不得虐待其本身,侮辱其人格,更不得拘留人质,执行死刑,在敌对行动一经停止后应一律无条件释放并遣送回国。1951 年 12 月 11 日,朝鲜战争双方就战俘遣返问题开始谈判。战俘遣返本来是个简单的人道主义问题,而美国却大做文章,使战俘问题成为停战谈判中最难解决的问题。停战谈判之所以拖延两年之久,主要障碍就在于战俘遣返问题。

中国一直主张按照日内瓦公约的精神,善待和宽待俘虏,坚持不杀俘虏,不侮辱俘虏人格,不搜俘虏腰包,尊重战俘的宗教信仰,并坚持"全部遣返"原则,主张直接遣返一切战俘,早日和平结束朝鲜战争。但是,美国在谈判前就确定"必须拒绝交回给共产党任何以强力抗拒遣返的俘虏的政策"。② 为达致这一目的,美国在俘虏营中明目张胆地

---

① 《总会·第一医防大队·国际医防队第二批参队同志热烈响应捐献"救护机"运动》,《新中国红十字》1951 年 6 月第 10 期,第 4 页。

② 《一年来整个战俘问题的讨论过程彻底暴露美国是日内瓦公约的破坏者》,《新中国红十字》1953 年 1 月号,第 42 页。

利用蒋介石和李承晚的特务分子,用种种惨无人道的野蛮手段或方式,如刺刀、步枪、酷刑甚至坦克、喷火器等强迫战俘放弃要求遣返回家的愿望,美国国防部竟将这种史无前例的暴行称之为"劝导"。双方谈判之后,"甄别"战俘的暴行就大规模地进行。美国不仅在战俘数目上玩游戏,①还提出"志愿遣返"的遣俘原则。这实际上是剥夺了《日内瓦公约》所规定的俘虏应享有的权利,必然遭到被俘人员的反对。巨济岛、釜山、永川等战俘营中朝中被俘人员的英勇斗争,尤其是"巨济岛事件",②让全世界人民看清了美国名为"自由遣返"实为"逼迫"的真面目。

战俘志愿遣返是一个对中国主权和社会主义正统性提出重大挑战的问题。③ 究其实质,美国把这一问题引申到全球进行反共政治斗争的高度,是想通过所谓"大多数被俘者不愿遣返"的这场人为制造的活剧,在全世界面前丑化共产党领导的国家。④ 在谈判过程中,美军谈判代表哈里逊公然说,"中国有四万万人口,为了几千名志愿军战俘不愿意回去而拖延冲突,不顾只有很少人口与有限资源的北朝鲜继续遭受痛苦与灾害",⑤企图破坏中朝友谊,把拖延战争的罪名强加在中国头上。志愿遣返还是全部遣返是双方谈判的最核心的问题。1952 年 10 月 8 日美国单方面宣布无限期休会,谈判陷入停顿。

这期间,中国红十字会用大量事实不断地揭露并谴责美国违反日内瓦公约,企图以残酷的折磨迫使朝中战俘屈从于美国的意志,指出美

① 《美方在遣俘问题上玩弄数字把戏矛盾百出证明美方所谓遣俘方案是一个无耻骗局》,《人民日报》1952 年 5 月 27 日。

② 李长久、施鲁佳:《中美关系二百年》,新华出版社 1984 年版,第 181 页。

③ [加]柯让:《周恩来的外交》,汪永红译,东方出版社 1992 年版,第 66 页。

④ 徐焰:《毛泽东与抗美援朝战争——正确而辉煌的运筹帷幄》,解放军出版社 2003 年版,第 301—302 页。

⑤ 杜平:《在志愿军总部》,解放军出版社 1989 年版,第 475 页。

国的目的就是拖延战争,并于1953年形成《美军虐杀战俘暴行调查报告书》。① 中国的揭露、谴责和呼吁在国际上产生巨大反响,使美国志愿遣返原则遭到世界各国的反对。英法等国认为志愿遣返可能破坏《日内瓦公约》。美国也有众多官员和政客批评"志愿遣返"的原则不仅违反《日内瓦公约》,而且得不到国内公众的支持,政府应该更多地考虑美国战俘的生命安全以及他们如何能早日回家,而不是那些跑到"联合国军"一边的人。② 苏联外长维辛斯基在第六届联合国大会上谴责这种"原则"根本违反了所有国际公约、所有与此有关的国际法最基本的准则和全部国际惯例。③ 最终美国不得不放弃"志愿遣返"原则。

1953年4月26日,停战谈判停顿五个多月后复会。为促使谈判能够迅速达成协议,早日结束朝鲜战争,让所有战俘能够重返家园,5月22日中国红十字会代表团在国际红十字协会执委会上发表《关于敦促迅速实现朝鲜停战维护世界和平》的发言并提出提案,希望战俘遣返能够遵照《日内瓦公约》第118条的规定"实际战争停止后,战俘应即予释放并遣返"办理。④ 6月8日停战谈判双方达成并签订了关于遣返战俘问题的协议。至此,阻挠朝鲜停战谈判一年多的战俘遣返问题终于获得解决。7月27日停战协议签订,朝鲜战争正式结束。

停战协定签署后,遣返问题主要集中在未被直接遣返的战俘问题上,对方的破坏重点就是阻挠我方对未直接遣返的战俘的解释工作。

8月3日,朝鲜、中国红十字会代表与联合国军各国红十字会代表

---

① 报告书的内容涉及屠杀战俘、非法审讯、生活虐待、精神虐待、强迫战俘从事非法劳动、非法处罚战俘、强迫扣留战俘和强迫战俘充当特务等。详见《美军虐杀战俘暴行调查报告书》,《新中国红十字》1953年12月号,第4—16页。

② 徐焰:《毛泽东与抗美援朝战争——正确而辉煌的运筹帷幄》,解放军出版社2003年版,第305页。

③ 杜平:《在志愿军总部》,解放军出版社1989年版,第450页。

④ 中国红十字会总会编:《中国红十字会历史资料选编(1950—2004)》,民族出版社2005年版,第44页。

签订"联合红十字会小组工作协议"。根据协议,中国红十字会可以到联合国军战俘营"访问战俘,散发馈赠品,提供必要的紧急医疗,视察战俘的生活状况和战俘营中的战俘福利设备。在必要和可能的时候,小组人员可以在战俘被遣返途中随同战俘,为战俘提供服务"。① 然而,由于美方深恐战俘与朝中红十字会代表接触后,进一步暴露"美方违反停战协定和日内瓦公约,虐杀迫害朝中被俘人员,并强力阻止他们要求遣返的不可告人的事实真相",极力破坏中方参与联合红十字小组按停战协定的规定对中方战俘进行正常的访问、解释等工作。② 8 月中旬,中国红十字会多次提出抗议,揭露美方继续迫害战俘,对红十字会代表的工作横加阻挠,并要求联合国军立即采取有效措施,尽速制止上述暴行,保证尚待遣返的战俘免受死亡与灾难的威胁,顺利重返家园过和平生活,以维护日内瓦公约和人道主义精神。③ 9 月 8 日,中国红十字会再次向国际红十字协会抗议美国军事当局无理阻挠朝中红十字会代表对战俘提供人道服务和伤害朝中红十字会代表的行径。由于无理限制中国红十字会代表访问战俘营,中方被迫撤回到联合国军方面访问的红十字人员,使停战协定所规定的访问与解释工作没有顺

---

① 《"联合红十字会小组工作协议"在板门店签订》,《人民日报》1953 年 8 月 4 日。

② 详见《美军武装人员打伤我红十字会代表事件经联合红十字会小组协调组调查完全属实》,《人民日报》1953 年 8 月 18 日;《美方阻挠朝中红十字会代表活动的主要事实》,《人民日报》1953 年 8 月 24 日。

③ 详见《在战俘遣返委员会八月十四日会上 我方严重抗议美方继续迫害战俘 并抗议对我红十字会代表的工作横加阻挠》、《联合红十字会小组协调组朝中方面代表 抗议美方虐待朝中被俘人员的暴行》,《人民日报》1953 年 8 月 15 日;《我方严重抗议美方打伤我方红十字会代表 济州岛分组我方代表被迫返回板门店》,《人民日报》1953 年 8 月 16 日;《访问济州岛的中朝两国红十字会代表发表声明 抗议美方破坏停战协定阻挠访问战俘 我红十字会代表在南朝鲜的访问工作因美方阻挠陷于停顿》,《人民日报》1953 年 8 月 17 日;《在美方济州岛战俘营无法进行工作被迫返回后 我红十字会代表揭露美方的无理阻挠行为》,《人民日报》1953 年 8 月 18 日。

利完成。①

9月9日,中立国遣返委员会正式成立。9月10日至23日,朝鲜停战缔约双方将不直接遣返的战俘:中朝战俘22604名(其中志愿军战俘14700人)、对方战俘359名移交给中立国遣返委员会的印度部队看管。因对方的拖延,我方的解释工作推迟到10月15日才开始。② 鉴于"美国军事当局并没有放弃他们的计划。他们在战俘营中布置了特务,继续恐吓和威胁战俘,利用一切阴谋诡计来强迫扣留战俘,并剥夺战俘回家过和平生活的机会",10月30日中国红十字会在国际红十字协会执委会第二次会议上作题为《关于红十字与朝鲜战俘命运》的发言,并提出提案,希望未被直接遣返的两千多名朝中战俘,应该自由地行使他们被遣返的权利。③

遗憾的是,12月24日对方竟片面中断中朝方面的解释工作。1954年1月20日、21日,联合国军进而出动军队强迫扣留中朝战俘:7604名朝鲜人民军被俘人员被押往浦项和群山的李承晚的新兵补充站,14235名志愿军被俘人员则被押往台湾。④ 对此,周恩来提出措辞非常强硬的抗议,中国保留对美国这种罪行进行追究的权利。⑤

在整个遣俘过程中,中国红十字会参与战俘问题的合理解决,实际

---

① 《美军武装人员打伤我红十字会代表事件经联合红十字会小组协调组调查完全属实》,《人民日报》1953年8月18日;《美方蓄意阻挠联合红十字会小组对战俘提供人道主义服务我方红十字会代表被迫自釜山返回板门店》,《人民日报》1953年8月20日。

② 王玉强:《周恩来与朝鲜战争战俘遣返问题》,《党的文献》1999年第4期。

③ 中国红十字会总会编:《中国红十字会历史资料选编(1950—2004)》,民族出版社2005年版,第44页;《红十字会协会执委会会议通过苏联提案号召各国政府尽力谋求和平解决朝鲜问题 我国代表苏井观谴责美国阻挠战俘遣返工作》,《人民日报》1953年11月4日。

④ [日]陆战史研究普及会编:《朝鲜战争》下卷,国防大学出版社1990年版,第454页。

⑤ 杜平:《在志愿军总部》,解放军出版社1989年版,第645—647页。

上就是"为粉碎美方破坏停战谈判的阴谋,为维护《日内瓦公约》、保障战俘的不可剥夺的被遣返的权利而斗争的过程"。① 俘虏问题的解决,为和平结束朝鲜战争创造了条件,同时为远东以及世界的和平奠定了基础。

综合上述,朝鲜战争期间,美国借其强大的威势,胁迫他国以反共防共为借口,在国际舞台上竭力丑化新中国的形象、恶化新中国的国际环境。新中国奉行和平外交政策,"团结世界人民","人民的力量越强,打(战争)的可能性就越小"。因为国际上的斗争也是力量的对比。由于美国拒绝承认新中国,中国跟美国没有直接的官方外交关系。"美国人民尚被控制在垄断资本主义之下,我们的消息不能进到他们国内去","我们要影响美国人民,这种义务是不能拒绝的"。② 朝鲜战争爆发后,人道努力将两国人民直接联系起来。中国红十字会以人道为本,教育、感化被俘联合国军人,并通过这些战俘不仅向美国,也向全世界发出反对战争、要求和平的强烈呼声,向世界各国传播了和平的愿望,种下了友谊的种子。

第三节 增进中苏友谊

苏联是中国的"老大哥","中苏两国人民有着深厚的兄弟友谊。在中国革命和建设事业中,苏联人民给予了我们最大的同情和支持"。③ 1950 年 2 月《中苏友好同盟互助条约》的签订,更加巩固了中苏两国的合作与友谊。在两国关系的影响下,苏联红十字及红新月联合会对于新中国红十字会的组织建设和红十字事业的发展给予了诸多

---

① 《一年来整个战俘问题的讨论过程彻底暴露 美国是〈日内瓦公约〉的破坏者》,《新中国红十字》1953 年 1 月号,第 42 页。

② 《周恩来外交文选》,中央文献出版社 1990 年版,第 51、12、14 页。

③ 《建国以来毛泽东文稿》第 6 册,中央文献出版社 1992 年版,第 425 页。

帮助和借鉴。不仅如此，中苏两国红十字会友好往来，在国际红十字舞台上相互支持，共同推动世界和平事业发展，并在此过程中结下深厚友谊。可见，苏联红十字会也是新中国红十字会的"老大哥"，中国红十字会为增进中苏兄弟关系发挥出积极作用。

基于国际环境影响，新中国成立后特别是 1950 年改组后，中国红十字会在外交舞台上多与人民民主国家，如罗马尼亚、南斯拉夫、阿尔巴尼亚、保加尼亚、朝鲜等国红十字会开展友好往来，中苏红十字会往来是其个案，也是其集中体现。实际上，中国红十字会同人民民主国家红十字会交往增进了中国同这些国家间的兄弟友谊，而"增进中苏兄弟友谊"是其缩影。

一、学习苏联经验

学习和借鉴苏联经验是中苏红十字会友好往来的开始。在"一边倒"思维和苏联模式的影响下，苏联红十字会的先进经验无疑对新中国红十字会工作具有很强的示范和借鉴意义。新中国红十字会特别注重学习苏联红十字会的先进经验，这种学习的主要举措和途径表现在以下几个方面。

第一，实地参访苏联红十字会。新中国成立初期，中国红十字会代表团每次参加国际性红十字会议道经苏联时，都得到热情的招待，并访问苏联红十字会在工厂和农庄中的基层组织。对苏联红十字事业的很好了解，是中国红十字会学习和借鉴苏联经验最直接且最有效的方式。1951 年 5 月李德全在参加国际红十字协会执委会归国途中，应邀访问苏联，在莫斯科和列宁格勒参观红十字事业，并与苏联红十字会重要部门的负责人进行多次谈话。后来在谈及此次"收获很大"的访问时，李德全指出苏联红十字会是建立在志愿基础上的群众性卫生组织，是政府卫生机构的助手。苏联红十字会通过广大会员从事卫生宣传、急救、防疫、清洁、安全、输血等活动。苏联红十字会坚持民主集中制的组织原则,在中央、加盟共和国、州和区设立各级委员会;在工厂、农场、机关、学校、街道设立基层委员会;受过卫生训练的人可以参加卫生站、卫生队两种组织,基层组织主要依靠这两种组织开展本单位卫生工作。[①]通过比较发现,中国红十字会在自身组织建设和事业发展中存在诸多借鉴苏联经验的地方,而这种借鉴,实地访问的影响是最大的。

第二,介绍宣传苏联红十字会。作为红十字会总会机关刊物,1950年创刊的《新中国红十字》几乎每期都开辟专栏刊载译文,介绍苏联及人民民主国家红十字会的相关知识和工作情况。其中苏联红十字会占有很重分量,涉及苏联红十字会概况、基层组织、少年组织、红十字会与保健机构关系、宣传工作、卫生训练、厂矿红十字活动、红十字卫生站等内容,这在宣传苏联红十字会的同时,也为红十字工作者了解和学习苏联经验提供了极大便利。不仅如此,红十字会总会还将有关内容及知识编辑成册,出版发行单行本,如至1952年即已编印《苏联红十字会简史》、《苏联红十字(红新月)会的群众卫生工作》、《苏联红十字及红新月会基层组织》、《苏维埃红十字会为社会主义的人道主义而斗争》等四个小册子和三个活页文选,直接为红十字会系统学习苏联红十字会提供资料。值得一提的是,中国红十字会系统自从成立学习委员会之后,更加重视政治学习和会务学习,苏联红十字会知识及工作经验则是学习的重要内容。

第三,组织学习苏联红十字会。中苏友谊是保卫远东与世界和平的有力保证,继续加强兄弟般的友谊对于我国建设有着极其重要的意义。有鉴于此,1952年在庆祝苏联十月革命三十五周年之际,中苏友好协会总会决定11月7日至12月6日在全国举办"中苏友好月"活动。为配合此项活动的开展,并配合大规模的国家建设,开创新中国红

---

① 李德全:《对苏联红十字会事业的认识》,《新中国红十字》第2卷第3期,第37页。

十字事业,红十字会总会通知各地分会开展相关活动,明确要求将苏联红十字活动先进经验,包括先进的医疗制度、医疗作风、全心全意为人民服务的精神以及爱国主义和国际主义精神作为会务学习的重要内容,"苏联红十字会今日的巨大成就,也就是我们努力争取的明天"。①

除总会在"中苏友好月"期间组织学习苏联红十字会外,各地分会还邀请领导和专家结合急救训练、爱国卫生运动等工作作学习苏联的讲座。如1952年9月14日,北京市分会邀请北京苏联红十字医院外科主任瓦斯克莱辛斯基为市民和学生作关于苏联红十字会会员在群众中所要进行工作的报告,苏联红十字会会员和红十字少年工作包括宣传卫生常识、调剂食物营养、疾病预防、学校卫生、卫生检查、输血工作等。② 又如,1953年6月28日北京市分会东单区支会举行医务工作者会员活动大会,邀请红十字会总会副秘书长林士笑作题为《学习苏联红十字会的先进经验》的报告,要求区分中苏两国间的差别,结合我国实际开展学习,内容包括急救训练、救护工作、卫生宣传等工作经验以及苏联红十字会的指导思想、活动的统一性和计划性、对群众健康的关心和贯彻预防的方针、实事求是的精神等。③

二、纪念十月革命

1917年十月革命向全世界宣告崭新的社会制度由理想变为现实,并开辟了人类探索社会主义道路的新时代。新中国成立后,中国红十字会配合政府和中苏友好协会总会开展纪念十月革命活动,从而融洽

---

① 李德全:《应将苏联红十字活动先进经验作为会务学习的重要内容》,《新中国红十字》1952年11月号,第5—6页;傅连暲:《学习苏联的先进医学》,《新中国红十字》1952年11月号,第7—8页。

② 凤乔:《北京市红十字分会举行发展会员动员报告大会》,《新中国红十字》1952年9月号,第18页。

③ 林士笑:《学习苏联红十字会的先进经验》,《新中国红十字》1953年8月号,第21—23页。

了中苏关系,增进了两国友谊。

第一,致电苏联表示祝贺。自1951年起,每逢十月革命周年纪念,中国红十字会均致电苏联红十字会表示祝贺,苏联红十字会予以复电,互动的电波传递着中苏友好的信息。1951年十月革命34周年来临之际,红十字会总会致电苏联红十字会:"谨祝贵国人民及贵会为社会主义的革命人道主义及为世界持久和平而奋斗的事业继续获得光辉的胜利。"苏联红十字会复电表示感谢:"祝中国红十字会及中国人民在建设新的自由生活及争取全世界和平的斗争中获得新的胜利。"①1952年中国红十字会致电苏联红十字会对十月革命35周年纪念节表示祝贺,并祝愿"和平创造者的苏联人民及世界上第一个为革命的人道主义斗争的红十字组织更进一步地获得光辉的成就"。② 苏联红十字会复电,祝愿两国人民的友谊日益巩固。③ 1953年十月革命36周年之际,中苏两国红十字会同样互传电文,表达美好祝愿。④ 余不一一。

第二,参与"中苏友好月"活动。1952年10月24日,中国红十字会总会通知各地分会配合中苏友好协会总会举办的"中苏友好月"活动,要求如下:其一,各地分会及其所属业务单位、基层组织等工作人员,在和政治学习相结合的情况下,"中苏友好月"的会务学习应以《苏联红十字会简史》与《苏维埃红十字会为社会主义的人道主义而斗争》两本小册子为主要材料,进一步认识苏联红十字会情况,学习苏联红十字会工作经验。其二,各地分会应根据自身具体情况积极参加当地

---

① 《本会电苏联红十字红新月会联合会　致贺十月革命节三十四周年纪念》,《新中国红十字》第2卷第3期,第44页。

② 《本会李德全会长电苏联红十字会祝贺十月革命节三十五周年》,《新中国红十字》1952年第11期,第11页。

③ 《苏联红十字会电本会李会长答谢祝贺十月革命节三十五周年》,《新中国红十字》1952年第12期,第12页。

④ 《本会电苏联红十字会祝贺十月革命节三十六周年》,《新中国红十字》1953年第11期,第6页;《苏联红十字会致电本会答谢祝贺十月革命节三十六周年》,《新中国红十字》1953年第12期,第38页。

"中苏友好月"的活动,主动与当地中苏友好协会联系,配合展开宣传活动。其三,已征收会员的分会应设法召集全体或部分地区的红十字会会员举行庆祝会,学习北京苏联红十字医院外科主任瓦斯克莱辛斯基所作的报告,并号召会员积极参加当地"中苏友好月"的各项活动与各种集会。①

各地分会响应红十字会总会通知,以实际行动迎接"中苏友好月"。以南京市分会为例:其一,市分会成立中苏友好协会支会,分会工作人员全部报名参加,改变过去分会个别人去南京市五区文教馆参加中苏友协的状况。其二,市分会召开大会,热烈庆祝伟大的十月革命35周年。其三,市分会出墙报专刊,让大家表达内心的欢欣、感激之情和向苏联老大哥学习的心愿。其四,市分会组织集体去观看苏联影片和图片展览,"希望更清楚地了解今日苏联是我们幸福明天的缩影"。此外,市分会订购300多张电影票,平均每人可观看6次;一半人订阅、订购了《中苏友好报》及斯大林著《苏联社会主义经济问题》;8人正式参加南京中苏友协的俄语广播学校,每天利用业余时间学习俄文。其五,在太平路诊所和中山路诊所的候诊室里,展览苏联共产主义建设的图片,并在"共产主义与共产党"的专题学习中,更加详细地研究和讨论苏联所取得的建设成就。②

三、合建红十字医院

中苏两国红十字会合作建立北京苏联红十字医院,促进了中苏文化交流,深化了两国友谊,是两国友好的又一具体表现。

1950年10月李德全出席国际红十字协会第21届理事会道经苏

---

① 《总会通知各分会开展"中苏友好月"活动》,《新中国红十字》1952年第11期,第11页。

② 耀麟:《南京市分会迎接中苏友好月》,《新中国红十字》1952年11月号,第18页。

联时,与苏联红十字会负责人商谈在共同事业上进行合作的问题。
1951 年春苏联红十字会向我国红十字会提出愿派遣一个医院来为中
国人民服务,我国红十字会表示欢迎和感谢,并决定将医院地址设在北
京。同年冬,李德全出席国际会议途经莫斯科时,与苏联红十字会就合
作创办医院事宜进行商谈。1952 年 1 月 17 日,苏联红十字会副主席、
莫斯科大学皮肤花柳科教授巴什科夫等一行应邀访华,"在中国红十
字会总会的协助下,(巴什科夫)在北京进行筹办苏联红十字会医院的
工作"①,而在北京创办苏联红十字医院的决定,此前获得了苏联部长
会议的同意。经过 3 个多月的筹备,6 月 19 日北京苏联红十字医院在
北京市甘水桥临时院址开幕。②

由中国红十字会总会、中央人民政府卫生部、北京市人民政府等单
位代表及中苏院长各 1 人组成北京苏联红十字医院管理委员会领导医
院。医院院长由苏联专家甫罗哈洛夫担任,副院长是苏联的沙莫夫和
中国的李幻山、戴正启。来自苏联的工作人员共有 37 位,除正副院长
外,其他包括各科专家大夫、护士长、护士、药剂化验主任、X 光技师等,
医院其余的人员为中方配合工作的医护和行政人员。值得一提的是,
各科的主任医师都是苏联科学院通讯院士以上的专科医学家,不但有
丰富的临床经验,而且有卓越的教学能力。

医院内部分为门诊部和住院部两部分,门诊部设有内科、外科、脑
神经科、眼科、耳鼻喉科、皮肤花柳科、妇科、儿科、肺结核科、理疗科、牙
科等以及化验室和药房,住院部病房共有床铺 80 张。医院的全部设备
都是从苏联运来,医疗设备都是现代化的,如可做一切手术的完备外科
器械和 X 光间接摄影机、X 光深部治疗机和血管缝合器等最新式器

---

① 《苏红十字会与红新月会联合会副主席巴什科夫来北京访问》,《人民日报》
1952 年 2 月 22 日。

② 李幻山、戴正启:《北京苏联红十字医院筹备经过》,《新中国红十字》1952 年 7
月号,第 11—12 页。

械。血管缝合器在苏联也不多见，其发明者曾获得斯大林奖金。医院
门诊收费和北京市各市立医院的标准一样，住院收费则较一般医院低
15%至20%。①

就苏联红十字医院功能而言，医院除负责一般的诊断治疗工作外，
还要研究解决中国医学界所不能解决的一些医疗上的困难问题，推广
苏联先进的医疗技术和经验，有计划有步骤地帮助中国医护人员进修
和学习，以协助新中国培养医药卫生人才。医院人员精练，设备优良，
其建立意义重大。第一，医院代表着苏联人民对中国人民的友谊和关
怀，象征着伟大的国际主义精神。第二，医院成为传播苏联新的医学思
想和技术的中心，苏联先进的医学思想、医学成果、医学管理方法与制
度以及全心全意为人民服务的新的医疗作风不断地介绍到中国，从而
对中国医学的革新起着积极的推动作用。第三，苏联红十字会真诚的
友谊和帮助与新中国成立前帝国主义操作下的救济团体的援助形成鲜
明对比，给予人们深刻教育。

1954年2月16日，北京苏联红十字医院迁至新址北京天桥地区，
新建医院是完全依照苏联最新式医院的规格建筑的。医院在人员配
备、器械设备等方面较初建时有很大改善。如医院有近60位苏联医学
专家，除妇产科外，其他各科都有苏联专家。院内医疗设备和器械很齐
全，设置的理疗、水疗、体育治疗等诊疗室和特殊的隔音木料制成的睡
眠疗法病房，用苏联最先进的医疗方法——X光治疗、电疗、水疗、泥
疗、腊疗、体育疗法等治疗各类比较复杂的病症。院内单是X光机就
有7台，每台都有不同的用途。理疗科的四槽水池，也是世界上最新的
设备，可以治疗风湿、神经痛、关节炎等疾病。眼科、耳鼻喉科及口腔科
等增加设备后，可以进行更多的复杂手术。② 因此，医院门诊人数和病

---

① 《北京苏联红十字医院开幕》，《新中国红十字》1952年7月号，第8页。
② 《北京苏联红十字医院》，《人民日报》1954年2月19日。

床数都有增加,门诊人数由过去每天400多人增加到800人(辅助治疗除外),病床由80张增加到200多张,医院的医疗能力较以前大为加强。

根据中苏两国的协议,1957年3月12日北京苏联红十字医院全部设备无偿赠送给中国。此时这座现代化的综合性医院设有17个科室,有320张病床,每天接待800个门诊病人。为了永远纪念中苏两国人民的友谊和合作医院的功绩,北京苏联红十字医院不久改名为北京中苏友谊医院。①

在五年里,先后来医院工作的苏联医学专家有126位,医院的贡献斐然,主要表现在:

第一,医院门诊部共接诊病人115000多人,接诊次数达518000多次,接受住院的病人共9300多人,医院收到并经过详细回答的咨询信件共64400多封。②

第二,为我国培养了大批医务干部。1953年以前,医院的规模比较小,还只限于培养本院的医生。1954年,医院在新院址开幕后,医院接受了卫生部的委托,在1955年和1956年先后开办了两期正规的专科医师进修班,共接受246名学员。此外,各科还零星接受了93名短期学员。

第三,苏联专家的学术活动引起医学界广泛兴趣。不少中国报刊登载了苏联专家的文章,中华医学会及各分会和其他医学机关经常邀请苏联专家作学术报告,医院每星期二、四下午所举行的分科报告会和全院报告会以及两次学术年会也吸引了广大听众。

第四,在医院管理和医疗制度方面树立了榜样。我国很多医院学习苏联红十字医院,结合各地具体情况推行科主任负责制、早会制度、医师总值班制、手术前讨论制、饮食制度、医疗保护制度、病人生活制

---

① 《北京苏联红十字医院改名为北京中苏友谊医院》,《人民日报》1957年3月22日;池子华、郝如一主编:《中国红十字历史编年(1904—2004)》,安徽人民出版社2005年版,第160页。

② 《北京苏联红十字医院的五年》,《人民日报》1957年3月13日。

度、药房管理制度等。

总之，北京苏联红十字医院在我国的设立和它的全部活动，给了我国卫生保健事业以很大的帮助。新中国成立不久，当我国的卫生事业还处在幼年的时候，当我国的医务技术干部还不能满足建设事业迅速发展需要的时候，当我国的医务干部正迫切地要求学习苏联先进医学经验的时候，苏联红十字医院的建立无疑是一种宝贵的援助，更是中苏两国友谊的见证。

四、开展国际合作

弘扬人道主义精神，维护与促进世界和平是红十字会的一大宗旨。新中国成立初期，中苏两国红十字会在维护人道主义原则和保卫世界和平的进程中，相互支持和配合，开展双边合作，促进并深化了中苏兄弟友谊。两国红十字会的国际合作主要表现在以下几个方面。

第一，支持中国红十字会重返国际组织。新中国成立后，中国红十字会面临重返国际组织的问题，苏联在这方面给予了极大的支持和帮助。因此，中国红十字会参加了1950年10月摩洛哥召开的国际红十字协会第21届理事会，并当选为大会执委，继而在1952年第18届国际红十字大会上恢复国际合法席位，成为新中国成立后第一个在国际组织中取得合法席位的社会组织。此一重返进程前文已有阐述，此不赘述。

第二，谴责美国侵略朝鲜行径。朝鲜战争期间，中国红十字会在1950年10月国际红十字协会第21届理事会，1951年5月和12月第21届理事会第二、第三次执委会上，谴责美国在朝鲜战场滥施轰炸、屠杀和平居民、虐杀战俘、使用毒气和进行细菌战等严重破坏日内瓦公约的非人道行为，提议禁止使用大规模残杀人类的原子武器。[①] 上述谴

---

① 向远亮：《中国红十字会为维护人道主义原则和保卫世界和平而奋斗》，《新中国红十字》1952年10月号，第4页。

责和提议得到包括苏联在内的多个国家红十字会的支持与配合。鉴于美国扬言要在朝鲜战场使用原子弹,1951 年 10 月 6 日斯大林发表关于建立国际管制,禁止原子武器,停止原子武器的生产,并把已经制成的原子弹完全用于民用方面的决定的谈话,实际上是对美国发出的警告。中国红十字会和救济总会随即发表联合宣言,表示坚决拥护。[①] 为澄清美国在朝鲜战场及中国东北违反日内瓦公约使用细菌武器这一事实,1952年 6 月在中苏两国的强烈要求下,瑞典、法国、英国、意大利、巴西、苏联等国著名科学家组成调查在朝鲜和中国的细菌战事实国际科学委员会,展开调查。[②] 结果证实美国军队在朝鲜和中国东北使用细菌武器的罪行,从而有力地配合了中苏两国红十字会在第 18 届国际大会上的抗议斗争,赢得更多爱好和平的国家和人民对朝鲜人民的支持。

　　第三,在世界和平事业中的合作。中苏两国红十字会为防止战争而进行了长期的合作。早在 1949 年 4 月苏联代表就在国际红十字协会执委会会议上提出与世界保卫和平大会建立联系的提案,结果遭到反对。新中国成立后,世界和平运动广泛深入地开展,维护人类和平的呼声日益高涨,为此,在 1950 年 10 月国际红十字协会第 21 届理事会上,当苏联代表团再次指出"红十字会协会在 1948 年到 1950 年期间对于保卫和平没有采取有效措施,漠不关心地坐视美国侵略者在朝鲜违背人道与国际公法的罪恶行径"时,中国红十字会代表团予以坚决拥护和支持。[③] 不仅如此,1951 年 3 月中国红十字会还发表声明,拥护世界和平理事会提出的"缔结和平公约",提出"每一个国家的人民都有权处理自己国家的问题,朝鲜内政只能由朝鲜人民自行决定,这是最公

---

　　① 《制止侵略集团发动新战争的阴谋　禁止、管制并停止生产原子武器——中国人民救济总会及本会为拥护斯大林同志关于原子武器谈话的联合宣言》,《新中国红十字》1951 年第 2 期,第 33 页。

　　② 刘志青:《中苏关系七十年》,黄河出版社 1998 年版,第 381 页。

　　③ [苏]斯别列也夫:《苏联红十字会为和平而奋斗》,《新中国红十字》1952 年 10月号,第 24 页。

平合理的",①希望通过缔结和平公约的方式制止战争,促进和平共处,并用和平的方式解决朝鲜问题。1952 年 7 月中国红十字会在国际红十字协会第 22 届理事会上效仿此前的苏联,提议红十字协会与世界和平理事会建立关系,并呼吁各国红十字会会员签名拥护订立五大国和平公约。

总之,新中国成立初期,中国红十字会与苏联红十字会开展友好往来,在人道主义领域和和平事业中互动合作,共同推进人类文明与进步。中苏红十字会的合作是两国固有兄弟关系友好的象征,同时也进一步促进和巩固了两大国间的深厚友谊。

第四节　融洽中日关系

中国和日本一衣带水,自古世代友好。但近代以来的日本侵华行径,给中国人民留下了深重灾难和痛苦记忆。新中国成立后,又因美国的插手和横加干涉,中日关系更是蒙上一层阴影。在中日政府未建立外交关系的情形下,如何融洽和改善两国关系,是摆在新中国面前的一道难题。中国红十字会利用自身优势,协助解决中日间的历史遗留问题,积极开展民间外交,为破解此道难题,融洽两国关系尽了绵薄之力。

一、中日外交背景

新中国成立后,美国从遏制与对抗共产主义出发,把日本作为亚欧新月形地带"不沉的航空母舰"和桥头堡,"是远东形势中的心脏和灵魂",②遂逐渐改变战后对日民主改造的政策,而把日本纳入其战略轨

---

① 《中国人民救济总会　中国红十字会拥护世界和平理事会宣言及一切决议的声明》,《新中国红十字》1951 年第 7 期,第 25 页。

② 参见蔡佳禾:《双重遏制:艾森豪威尔政府的东亚政策》,南京大学出版社 1999 年版,第 129 页。

道。这是美国"战争边缘"①政策在战后两极对立格局中的突出体现。
朝鲜战争爆发后,美国便积极酝酿重新武装日本,并于1952年签订和
约,实现了对日单独媾和,从此"对日媾和从作为第二次世界大战最后
结束手段转化为反对亚洲革命的反革命手段"。② 在美国的压力下,日
本对外支持美国的冷战政策,与台湾当局保持着密切联系,拒不承认新
中国,并企图离间中苏友好关系。美日更是沆瀣一气,对新中国实行全
面贸易禁运政策,试图封锁与削弱新中国的力量,这严重威胁着亚洲
和平。③

　　虽然日本当局紧随美国,制造紧张局势,但中日邻邦,和平友好是
两千多年来两国及两国人民交往的主旋律,重建和发展中日睦邻友好
关系不仅符合两国人民的根本利益,而且有利于亚洲和世界的和平与
稳定。④ 而且广大日本人民迫切要求恢复和发展经济,极力摆脱美国
对日本的控制,强烈要求改善同新中国的关系,加强与促进中日两国的
传统友谊,共同维护远东与世界和平。

　　新中国成立后即奉行和平外交政策。中国人民深切同情日本人民
在美国军事占领下的痛苦境遇,希望日本人民不被卷入新的军事冒险,
"希望日本能够摆脱外国的控制,成为一个独立的、民主的和爱好和平
的国家",⑤使中日两国的正常关系能够迅速建立起来,并向着和平友
好发展。

　　为打破中日关系的僵局和冷战的封锁,1950年初周恩来还提出:

----

① 蔡宪昌:《中国趋势之分析:两岸关系之研究》,《嘉义大学通识学报》2004年第
2期,第45页。
② [日]信夫清三郎:《日本外交史》下,天津社科院日本研究所译,商务印书馆
1980年版,第759页。
③ 裴坚章:《中华人民共和国外交史(1949—1956)》,世界知识出版社1994年版,
第156页。
④ 王泰平:《新中国外交50年》,北京出版社1999年版,第383页。
⑤ 谢益显:《中国外交史(1949—1979)》,河南人民出版社1988年版,第315页。

"中国要不失时机地利用国际场合争取打开中日民间关系,先从民间交往入手,争取日本人民的同情和支持,恢复中日邦交正常化符合中日两国长远利益。"①在制定对日政策时,周恩来提出"瞻前顾后,日积月累,水到渠成"的方针,②并强调要"严格区分日本人民与日本军国主义。发动侵略战争,给中国和亚洲各国人民造成巨大灾难的是日本军国主义,而日本人民也是受害者",要"正确对待两千年与50年的关系。中国人民一方面应牢记1895年至1945年50年间遭受日本军国主义侵略的历史,另一方面也不能忘记中日两国人民长达两千年之久的友好交往史"。1952年周恩来指出:"我们要团结世界各国人民,不仅兄弟国家的人民,就是原殖民地半殖民地国家和资本主义国家的人民我们也都要争取。"③这实际上为新中国成立后开展对日外交指明了方向。中国红十字会是执行上述对日原则与方针的先行者。

二、协助日侨归国

中国红十字会打开中日民间交往的大门是从遣送日本侨民归国开始的。日本侵华期间,大批侨民来到中国,抗日战争结束后约有130万日侨留居中国。1948年之前已有大批日侨归国,新中国成立后仍有约3.4万人留在中国,④而多数日侨有回国的愿望,但无奈中日两国尚无外交关系,归国愿望一时难以实现。后来中国红十字会受中央政府委托,担负起协助日侨归国的重任,而红十字会协助日侨归国却经历了一个曲折的过程。

---

① 张历历:《百年中日关系》,世界知识出版社2006年版,第281页。
② 钱嘉东、王效贤:《周恩来与中日关系述论》,《党的文献》2007年第6期,第58页。
③ 《周恩来选集》下卷,人民出版社1984年版,第88页。
④ 中国红十字会总会编:《中国红十字会的九十年》,中国友谊出版公司1994年版,第164页;吴学文、王俊彦:《廖承志与日本》,中共党史出版社2007年版,第142页。

（一）酝酿解决历史问题

1950年10月，受周恩来的指示，李德全出席国际红十字协会第21届理事会时，主动与日本赤十字会（即日本红十字会）会长岛津忠承接触，[1]岛津忠承同时请求李德全协助调查在华日侨情况。中国愿意协助日侨归国的消息带回日本后，立即在日本各界人士和日侨的亲属中引起强烈反响。[2] 1951年3月，红十字国际委员会主席吕格来北京访问时商谈过日侨归国问题，但大规模的日侨归国一时难以解决。同年7月朝鲜战争转入边打边谈的阶段，朝鲜半岛紧张局势渐趋缓和，日本国内一些有识之士也充分认识到此时改善同新中国的关系，对日本的经济发展、政治独立都具有重大意义，这为中日关系的改善带来了契机，并促进中日民间交往的日趋活跃。

1952年5月，来华洽谈贸易的日本国会议员、日本海外同胞归返特别委员会成员高良富会见了中国司法部长史良，中国红十字会会长、卫生部部长李德全，最高人民法院院长沈钧儒等，获准接触在华日侨，并向中国请求解决在华日侨问题。不久，第18届国际红十字大会通过了"要求各国红十字会劝告政府对第二次世界大战造成的未归国人员提供释放、调查、慰问的便利"的决议，日本再次请求中国红十字会帮助解决在华日侨的调查、归国事宜。[3]

为解决中日之间这一战后遗留问题，1952年7月中共和人民政府批准了协助日本侨民归国计划，并成立了由中国红十字会、外交部、公安部、总理办公室等部门组成的中央日侨事务委员会。9月制定了《中共中央关于处理在华日侨问题的决定》、《政务院关于处理日侨若干问

---

① 钱嘉东、王效贤：《周恩来与中日关系述论》，《党的文献》2007年第6期，第59页。
② 高粱：《不能忘却的历史情缘》，《参考消息》2002年6月13日。
③ 刘建平：《战后中日关系之"人民外交"的生成：过程与概念》，《开放时代》2008年第3期。

题的规定》等文件,其总的方针是,除少数战犯及刑事罪犯应该依法处理外,对在华日侨本着自愿原则,分期分批协助回国。12 月 1 日,中国政府以《就"关于在中国的日本侨民的各项问题"中央人民政府有关方面答新华社记者问》的形式发表公开声明,宣布了中国政府保护守法日侨和协助愿意回国的日侨回国的一贯立场,并表示欢迎日本方面相关机关或人民团体派人来华同中国红十字会就日侨回国的具体问题进行协商,使之得到妥善解决。接着,中国红十字会声明受中央人民政府委托协助日侨回国,同时指出这并不意味着"遣送日侨"。①

中国的人道之举在日本朝野引起巨大反响,广大日本人民表示热烈赞扬。日侨在日本的家属和日本各界人士纷纷来函来电表示感谢,许多团体和组织表示愿来中国就日侨归国各项具体问题进行协商。而日本吉田政府却打算只让日本红十字会代表团来中国仅交涉"如何把愿意回国的日侨运回日本",不追问日侨的数目;并宣传在华日侨实际上有 6 万多人,没归国的是被中国扣留,②蓄意破坏中日关系。但迫于日本国内各方面的压力,吉田政府最后也不得不改变原意,表示将采取措施使侨民归国。

日本红十字会首先致电中国红十字会,提出将与日本各界各阶层合作,就解决这一问题立即派遣代表,并进行其他准备工作。③ 为保证协助在华日侨归国能顺利进行,经多方联系,中国红十字会确定由日本红十字会、日本和平联络委员会及日中友好协会(以下简称三团体)协商,共同组成代表团来北京,与中国红十字会根据 1952 年 12 月 1 日中国政府有关方面的谈话精神,④商讨来船手续以及日侨归国的各项具

① 王泰平:《新中国外交 50 年》,北京出版社 1999 年版,第 398 页。
② 王晓贤:《跟随廖承志开展对日工作》,《中共党史资料》2006 年第 2 期。
③ 吴学文、王俊彦:《廖承志与日本》,中共党史出版社 2007 年版,第 144 页。
④ 《中国红十字会电复日本红十字会等三团体同意日方岛津忠承等七人组代表团前来协商日侨归国问题》,《人民日报》1953 年 1 月 8 日。

体问题,同意日方代表团由岛津忠承、工籐忠夫、内山完造、加岛敏雄、平野义太郎、畑中政春和高良富七位人士组成;1953 年 1 月 15 日以后日方代表团即可由广州入境。①

(二)会谈归国事宜

1953 年 1 月 31 日,由三团体组成的代表团来华商谈日侨归国各项具体事宜。这是新中国成立以来首次持日本政府签发的"公务护照"(护照上第一次明确写上目的地:中华人民共和国)②来华的代表团。2 月 15 日,中国红十字会代表团与日本三团体代表团举行第一次正式会谈。

在会谈中,中国红十字会代表团首席代表廖承志指出,中日两国的人民都是爱好和平的,是愿意相互友好的。中国人民把一切爱好和平的日本人民看作是自己的朋友,把他们和吉田政府区别开来。廖承志在介绍日本侨民在新中国的生活情况后表示:"凡是愿意回国的日侨,中国人民政府都会协助他们返回日本;凡是愿意留下来的日侨,中国政府是准许的,只要他们遵守中国人民政府的法令。"事实上,新中国成立后已有不少日侨陆续回国,但因日本政府的阻挠以及船只缺乏而中止。廖承志还特意纠正:"日本国内竟有人把我们协助愿意回去的日侨回国,说成是'遣返'。这是错误的,不符合事实的。谁都知道,只是对于战争俘虏才有遣返的问题……至于少数战犯的处理问题,乃是我国政府方面的事。"

实际上,中国政府已经批准中国红十字会"使用天津、秦皇岛、上海三地作为日侨归国的出境港口,并已做好了每批集中三千人至五千人同时分由上述三个港口出发的准备","除了我国政府所规定的禁止

---

① 《本会复电日本三团体同意由七人组成代表团来中国商讨日侨归国问题并就此发表声明》,《新中国红十字》1953 年 1 月号,第 6 页。

② 高梁:《不能忘却的历史情缘》,《参考消息》2002 年 6 月 13 日;孙平化:《中日友好随想录》,世界知识出版社 1986 年版,第 11 页。

出口品及违禁品外,凡属日侨私人的东西在按照规定向海关办理手续后都可带走,不加限制"。中国红十字会照顾到日侨的困难,对他们从开始集中到上船前的费用愿意帮助解决。① 会谈中,岛津忠承表示,"日本对中国的战争使中国人民遭受了很大的牺牲,现在回想起来,感到非常难过",中国这种善待善送归侨的措施,"将有助于中日两国人民的友好"。②

会谈期间,中国方面允许日方三团体将会谈情况随时用电报通报给他们设在东京的办事处。三团体办事处又通过媒体及时把会谈情况介绍给日本人民。中国方面的友好立场和给予归国日侨的优厚照顾,及时地在日本民众中引起反响。经过四次会谈,1953 年 3 月 5 日中国红十字会代表团同日本三团体代表团就来船手续和各项有关问题取得了一致意见,并发表公报,商定中日之间协助日侨归国的各项原则和具体方式。③

(三)日侨归国及效应

在协助日侨归国的过程中,中国红十字会除认真贯彻落实 3 月 5 日两国红十字会达成的协议外,还召开联欢会、赠送纪念品,就像送自己的同志调到新单位工作那样热烈、周到。廖承志等甚至亲自到港口送行,许多归国日侨热泪盈眶,依依不舍。④ 1953 年 3 月 20 日至 22 日第一批归国日侨 1936 人,由天津、秦皇岛、上海乘船回国。截至 1953 年 10 月 10 日,共有七批日侨回国,人数达 26026 名。⑤ 此后,中国红

---

① 《中国红十字会首席代表廖承志在第一次正式会谈上的发言全文》,《新中国红十字》1953 年 3 月号,第 14 页。
② 《我红十字会代表团与日本代表团就协助日侨归国问题举行首次正式会谈》,《人民日报》1953 年 2 月 19 日;《廖承志文集》上卷,人民出版社 1990 年版,第 209—212 页。
③ 《我会代表团与日本代表团就协助日侨归国问题取得一致意见》,《新中国红十字》1953 年 3 月号,第 13 页;中国红十字会总会编:《中国红十字会历史资料选编(1950—2004)》,民族出版社 2005 年版,第 39—40 页。
④ 王俊彦:《开国外交》,时事出版社 1999 年版,第 447 页。
⑤ 池子华等:《百年红十字》,安徽人民出版社 2003 年版,第 323 页。

十字会继续协助日侨回国。到 1958 年 7 月,中国红十字会共 21 次送回 3.5 万名日侨归国。①

1953 年 3 月当第一批归国日侨乘船抵达日本舞鹤港时,日侨与家属以及新闻记者被久别重逢的喜悦所包围,合众社、法新社、美联社等众多全球颇具影响的媒体对此事进行了报道。归国日侨对中国方面的热诚协助表示感谢,并盛赞新中国在政治、经济、文化各方面的成就。与此同时,日本三团体代表归国后表达了对中国诚心诚意的感谢。尤其是日方代表团团长、日本红十字会会长岛津忠承回国后,不仅通过广播谈话,还代表日本红十字会第一届代表常会对中国红十字会这次协助在中国的日本侨民回国所作的人道努力,表示深切感谢。

日侨归国所引发的轰动效应,使得在"竹幕"与"铁幕"笼罩下的敌视新中国或不了解新中国的各国人民对新中国以及对中国共产党有了全新真实的认识。正如当时日本经济新闻所报道的那样:"毫无疑问,中国在政治、经济、社会和教育各方面都有相当大的进步。这必须归功于共产党政权,因为它完成了国民党政府不能作的事情。"②受此影响,日本涌现出一股中国热,"日本政界、财界有识之士,纷纷呼吁政府改善日中关系"。③ 1953 年 5 月,日本政界、财界和知识分子中的有识之士组成调整日中、日苏邦交筹备会。接着,在朝鲜战争停战协定缔结后不久的 7 月 29 日,日本国会通过了促进日中贸易的决议。④ 从此,日本各种来华访问团络绎于途,中日之间各种民间交往呈现出活跃的局面。

---

① 《我会协助日侨分批回国工作结束》,《新中国红十字》1953 年第 11 期,第 26 页;王俊彦:《开国外交》,时事出版社 1999 年版,第 448 页。

② 《日本红十字会会长　商洽日侨回国问题日方代表团团长岛津忠承感谢中国人民真诚协助日侨回国》,《人民日报》1953 年 4 月 2 日。

③ 逢先知、金冲及主编:《毛泽东传(1949—1976)》,中央文献出版社 2005 年版,第 596—597 页。

④ [日]信夫清三郎:《日本外交史》下,天津社会科学院日本问题研究所译,商务印书馆 1980 年版,第 806 页。

值得一提的是,1953 年日侨回国后组织了在华日侨归国者全国联络会,决心为加强日中友好与和平运动而奋斗。1954 年元旦,在华日侨归国者全国联络会向中国红十字会发出感谢信,针对归国后遭受到的经济困难及政治迫害,他们"重新想到过去在中国度过的有意义的幸福生活","深刻感到在中国共产党领导下的中国人民政府和广大中国人民的友谊及其强大力量"。回国日侨与广大的日本群众团结在一起,传播新中国的真相,不但突破了所谓"竹幕"的说法,给群众灌输了新鲜的空气,改变对新中国的看法,而且逐渐地使群众更加深刻地认识到,"只有在中日友好发展的基础上,才能使日本获得独立、繁荣并巩固亚洲的和平"。[1]

作为对中国红十字会人道之举的回报,日本红十字会等友好团体随后协助数千名旅居日本的华侨回国,还成立了中国殉难者慰灵实行委员会。委员会不仅调查战争中各种虐待俘虏事件,还收集遗留在日本的遗骨,并将遗骨郑重送还中国。这对两国人民的感情是一种很大的安慰,有助于扩大和加深中日交往。[2]

不难发现,中国红十字会协助日侨归国是中国开展中日民间外交的"又一重要方面"[3],反响巨大。正如美国情报评估认为的,此举"在塑造中共领导人及其政策的'理智'和'寻求和平'的形象方面取得了巨大的成功",[4]推动了中日两国人民友好关系的发展,也使得中国"冲破以美国为首的封锁禁运和重重阻挠,打开大门,走向更广阔的世界"。[5]

---

[1] 《归国日侨感谢我红十字会对他们的协助》,《人民日报》1954 年 2 月 4 日。

[2] 《中国民间对日索赔第一案》,《天津日报》2003 年 11 月 29 日;肖冬连:《60 年国事纪要》外交卷,湖南人民出版社 2009 年版,第 121 页。

[3] 王泰平:《新中国外交 50 年》,北京出版社 1999 年版,第 399 页。

[4] 沈志华、杨奎松主编:《美国对华情报解密档案(1948—1976)》第 3 册,东方出版中心 2009 年版,第 336 页。

[5] 金冲及主编:《周恩来传(1949—1976)》,中央文献出版社 1998 年版,第 189 页。

三、红十字会首访日本

新中国成立后在中日没有建立官方外交关系的情形下,1954 年中国红十字会代表团作为第一个民间代表团访问日本,深化了两国民间外交,进一步融洽了中日关系,影响巨大,意义深远。

(一)访日缘起与成行

1953 年 3 月 5 日,中日会谈取得成功。为感谢中国红十字会对日侨归国的协助,岛津忠承郑重提出"邀请中国红十字会各代表在今年秋间访问日本,以便加强中日两国人民的友谊"。[①] 此后日侨返回故里,介绍中国政府委托中国红十字会帮助他们平安回国的情况,当地居民深受感动,许多市、町、村的议会纷纷提出邀请中国红十字会代表团访问日本。

但是吉田政府却从"反共追美"的立场出发,认为"即使邀请中国代表团访日,今后日本人回国的实现也没有保证;如果认可没有邦交的共产党中国人入境,恐被引为先例,有被中共对日工作和日本左翼团体运动利用之虞;而且邀请中共官员会被认为有'亲中共'的态度而招致台湾、美国的反对",[②]所以,吉田政府迟迟不肯同意中国红十字会代表团访日。

1953 年 7 月朝鲜战争结束,东北亚局势趋于缓和。9 月 28 日周恩来在会见日本全国和平委员会主席大山郁夫时明确表示,中国政府愿意在平等互利基础上建立中日贸易关系和恢复中日正常关系。[③] 而且根据变化了的形势,12 月周恩来提出著名的"和平共处五项原则"。"五项原则"在 1954 年 4 月日内瓦会议上受到关注,和平共处"不仅是

---

①　《我会代表团与日本代表团就协助日侨归国问题取得一致意见》,《新中国红十字》1953 年第 2 期,第 13 页。

②　转引自刘建平:《战后中日关系之"人民外交"的生成:过程与概念》,《开放时代》2008 年第 3 期。

③　《周恩来年谱(1949—1976)》上卷,中央文献出版社 1997 年版,第 328 页。

中国代表团在日内瓦会议上奉行的指导方针，也是中国政府在很长一段时间内谋求睦邻友好、与不同社会制度的国家和平共处的外交指导方针"。

1954 年 10 月 12 日，中国政府和苏联政府发表了关于对日本关系的联合宣言，指出"目前日本的局势在亚洲和远东各国人民中间造成了一种理所当然的不安情绪，他们担心日本会被利用来执行既与日本人民利益相违背，也与维护远东和平任务相违背的战略计划"。宣言表示"两国（中苏）政府对日关系的政策，是根据不同社会制度的国家可以和平共处的原则"的，两国政府"愿意采取步骤，使它们自己同日本关系正常化"。① 国际环境的变化，中国对外政策的调整，为中国红十字会访日提供了前提与条件。

与此同时，中日民间交往日益扩大，以日本红十字会为首的众多团体多次集会，不断地通过决议，向日本当局施加压力，要求实现对中国红十字会代表团的邀请。② 加上朝鲜战争结束后美军在日"特需"订货急剧减少，日本经济开始持续衰退，要求发展中日贸易关系的呼声强烈。③ 因此日本国内涌动着要求同中国交往的潮流，这为中国红十字会代表团访日奠定了基础。在日本国内要求同新中国发展友好关系的强大压力下，1954 年 8 月 3 日，日本政府外务省最终表示同意邀请中国红十字会代表到日本访问。8 月 4 日中国红十字会接到日本红十字会发出的正式邀请。从邀请发出到代表团的访日正式成行，经历 20 个月，中间波折横出，但在日本红十字会、日中友好协会、日本和平联络会和日本人民、日本各界朋友的不断努力下，这一历史性的访问得以最终

---

① 世界知识出版社编：《中华人民共和国对外关系文件集》第 3 集，世界知识出版社 1958 年版，第 178 页。

② ［瑞士］卡普尔：《觉醒中的巨人——一个外国人看新中国三十年的外交政策》，彭致斌译，国际文化出版公司 1987 年版，第 143—144 页。

③ 崔丕主编：《冷战时期美国对外政策史探微》，中华书局 2002 年版，第 89 页。

实现。

（二）访日成果

1954 年 10 月 24 日,周恩来在中国红十字会代表团临行前作出重要指示,"在今天复杂的情况下,只要能到达日本,便是胜利;在日本只谈友好不谈其他,要说明中国的和平政策和友好态度,表明中国人民不念旧恶,日本人民应该和中国人民一起来防止战争再起",①"对在日华侨要鼓励他们爱护祖国,团结互助;同时也要尊重居住国的风俗习惯和法令,不参与居住国的政治纠纷"。② 这为访问取得成功提供了重要保证。10 月 30 日至 11 月 12 日,中国红十字会代表团对日本进行了为期 13 天的友好访问。这是新中国成立后出访日本的第一个民间代表团,也是战后对日进行友好访问的新中国第一个代表团,是新中国与日本往来的一个新发展。此次访问取得了以下重要成果。

第一,访问城市、工厂等,参加各种欢迎会,表达中日友好情感。访日期间,中国红十字会代表团访问了东京、京都、大阪、名古屋和神户等大城市,参观了日本红十字会的设施、日本的陶瓷工厂、丝织工厂、电视设备,观看了日本歌舞伎与"文乐"(木偶戏)的演出以及日本的文化古迹等,受到日本人民的热烈欢迎。代表团还受到留日华侨和朝鲜侨民的热烈欢迎。代表团仅参加的东部日本国民欢迎大会、西部日本国民欢迎大会、京都国民欢迎大会以及日中和平座谈会、妇女座谈会等就有七八万人。代表团"共参加 19 次各界、各团体和各地方代表的国民欢迎大会和各种座谈会、17 次宴会和茶会,并举行 13 次记者招待会、播音和电视广播",③表达了中国人民对日本人民的友好情感,以及同日本人民和平共处、长期友好、共防战争再起的心愿。

---

① 王泰平:《新中国外交 50 年》,北京出版社 1999 年版,第 393 页。
② 纪锋:《揭开中日关系史上新篇章的一次访问》,《中国红十字》1992 年第 4 期,第 21 页。
③ 李德全:《中国红十字会代表团访问日本报告》,《人民日报》1954 年 12 月 5 日。

第二,首次接触日本皇室及政府官员。这次中国红十字会代表团的访问,给予中日两国友好往来以良好的机会。日本红十字会名誉总裁良子皇后,名誉副总裁天皇的弟弟和弟媳——高松宫夫妇和三笠宫夫妇——都排除阻力主动同中国红十字会代表团会见。三笠宫就日本军阀侵略中国向李德全表示歉意,并希望能多多促进日中友好。日本厚生相草叶隆园在会晤代表团时表示,"中日两国应该多相往来,希望中国方面也和日本政府多打些交道,不要把我们抛在一边"。在众议院议长堤康次郎为代表团举行的招待会上,国务大臣安腾正纯说:"我觉得只有中日两国之间的友好,才能保证亚洲的和平。"①日本参议院议长河井弥八表示,从日本的立场出发,必须尽早地建立中日两国的和平关系,加深人民的友好,开展文化与贸易交流,日本才能得到和平和繁荣。东京都、大阪府、京都府和爱知县等知事和议会议长以及京都、大阪、横滨、舞鹤、布施、神户、八尾、池田、藤泽、伊丹和堺等市市长及市议会议长等都出面欢迎中国代表团。

第三,与日本各党派、团体负责人就国际形势和两国关系交换看法,倾听日本各阶层要求中日友好,加强往来和恢复中日正常关系的呼声。日本的公众领袖、日本拥护和平委员会主席大山郁夫说:"日本必须同亚洲各国人民团结一起,尤其是同新中国的人民团结起来。"日本经济团体联合会副会长植村甲午郎说:"现在日中两国的经济关系虽然处于不自然的状态,但是我认为这种状态不应长久继续,在不久的将来一定会由于大多数人们的努力而正常起来。"②日本国际贸易促进协会副会长田岛正雄在关西地区经济界 180 人的欢迎宴会上说:"我们相信随着中国建设的进展,中日两国可以互相增进经济交流。我们对

---

① 吴学文、王俊彦:《廖承志与日本》,中共党史出版社 2007 年版,第 170—171 页。

② 王晓贤:《跟随廖承志开展对日工作》,《中共党史资料》2006 年第 2 期,第 93 页。

发展中日两国经济交流的希望是很殷切的。最近世界各国之间,不管政治组织和社会制度的不同,认为可能和平共处和要求促进东西贸易的声浪,日益澎湃。在这种情况下,日本也认为无论如何总要促进中日两国间的贸易关系,这已成为绝大多数经济界人士的公论。"大阪大学校长今村荒男说:"战后,日本人民处在极其复杂而困难的内外环境之中,大多数的人们都是对中国抱着亲密的感情的。我们相信中日两国人民即使有政治主义上的不同,也可以互相握手共存共处,这是无可置疑的。在这种意义上,我们希望中国红十字会代表团的访问日本能够成为中日两国友好合作的开端。"中部日本新闻社社长与良说:"中国红十字会代表团的访问日本,给日本全国以很大影响;给名古屋市民以莫大的感动,所有这些,将使中日两国人民的友好合作日益加深。"日本工会总评议会主席藤田藤太郎说:"日本人民殷切地希望中国红十字会代表团的访问,能成为将来中日友好的出发点。"全日本妇女团体联合会会长平冢雷鸟说:"日本能初次邀请新中国的和平使节,这是爱好和平的日本妇女最喜欢的事情,因为这可以加强中日两国的了解和友好,促进亚洲和世界的和平。""中苏两国政府关于对日关系的联合宣言给了日本妇女很大的希望。"此外日本的农民、渔业、宗教、医学等各界团体的代表都从各个角度抒发了希望日中友好的心情。①

　　第四,促成历史遗留问题的解决。访日期间,代表团同日本三团体举行了两次会谈,签署了关于日侨和日本战犯等问题的备忘录,规定中国方面不仅将继续协助愿意回国的日侨和日本战犯回国,还将协助他们和家属通信,调查下落不明的人,家属有愿意去中国探亲的也可考虑予以协助。此外,11月1日代表团参加了日本各界人士筹备已久的为中国天才人民音乐家聂耳建立的纪念碑落成式。日本著名音乐家关鉴子指挥的由二三百人组成的歌唱团歌唱聂耳的伟大作品"义勇军进行

_____

① 李德全:《中国红十字会代表团访问日本报告》,《人民日报》1954年12月5日。

曲"——中华人民共和国国歌拉开了落成式。聂耳是伟大的人民音乐家。他不仅活在中国人民的心里,也为日本人民所敬爱。在日本建立聂耳纪念碑,是中日友好进一步发展的标志,也是和平愿望的象征。11月2日代表团还参加了在东京浅草东本愿寺举行的追悼中国殉难俘虏全国联合大会,追悼战时在日本牺牲的中国抗日烈士,①谴责日本军国主义,倾注对和平的期盼。

（三）首访意义

中国红十字会代表团首次访日是一次全方位、深层次的大交往,揭开了中日关系史上的重要一页,突出体现了中日两国人民要求友好相处的共同愿望,是新中国和平外交政策的成功范例。② 通过中国红十字会代表团访日,两国人民终于把"竹幕"拉开了。③ 正如1954年11月20日郭沫若答记者问时所说,"从我国红十字会代表团访日这件事实本身,可以证明日本人民的力量是强大的,可以影响日本政府的态度"。④ 红十字会首访日本的意义及影响主要体现在以下几个方面。

第一,影响我国对日本的外交政策。此后不久周恩来提出了"以民促官"的设想,使得中日民间交往更加频繁。⑤ 继而于1955年11月,周恩来与日本前首相片山哲和日本拥护宪法国民联合会代表团会谈后,顺利发表联合公报,确认和平共处五项原则为处理两国关系的准则。⑥

第二,在日本国内产生重大影响。日本著名学者、和平人士柳田谦

---

① 《日本各界举行追悼我国抗日烈士大会 中国红十字会代表团参加聂耳纪念碑落成式》,《人民日报》1954年11月5日。

② 王晓贤:《跟随廖承志开展对日工作》,《中共党史资料》2006年第2期;池子华等:《百年红十字》,安徽人民出版社2003年版,第332页。

③ 《〈纵横〉精品丛书》编委会:《共和国外交实录》,中国文史出版社2002年版,第303页。

④ 《关于促进中日关系正常化的一些问题 郭沫若答"世界知识"杂志记者问》,《人民日报》1954年11月21日。

⑤ 王晓贤:《跟随廖承志开展对日工作》,《中共党史资料》2006年第2期。

⑥ 王泰平:《新中国外交50年》,北京出版社1999年版,第396页。

十郎说："日本人民如此盛大地欢迎外宾还是头一次。"①在随后召开的促进邀请中国红十字会代表团访问日本协议会上，日本工会评议会事务局局长搞野实说："这次中国红十字会代表团来日本实在具有很大的意义。要求日中友好的呼声如雨后春笋般地出现在全国各地。"日中友好协会常任理事加岛敏雄报告他在中国红十字会访日代表团回国后去长野市看到的情况时表示，"过去对日中友好不表示关心的市民也都充满信心地谈论中国和日本友好是当然的了"。其他代表也都以自己看到的具体事实，说明各团体和各地人民热烈要求中日两国友好的情况，并一致强调应该进一步发扬和普及这种精神。② 为了更广泛地开展恢复邦交运动，日本调整日中、日苏邦交筹备会于10月发展成为恢复日中、日苏邦交国民会议。其中，除议长风见章之外，还有村田省藏、平塚常次郎这样的财界实力人物参与其中。③ 从此，中日民间关系的发展从经济交往扩大到政治交往，日本各党派和各界友好人士陆续来华访问。④ 值得一提的是，1954年12月10日顽固反对扩大中日友好交往的吉田政府垮台，对华友好的鸠山一郎组阁，12月11日鸠山内阁外相重光葵发表声明，表示有条件地恢复同中国的正常关系。12月19日鸠山首相又说："应该采取步骤结束同中苏两国的战争状态，作为恢复关系的第一步，有关国家应该互换商务使节。"⑤可见，发展中日友好关系已成为普遍的共识。

　　第三，国际影响同样深远。1954年11月1日至13日在瑞士日内瓦举行的红十字协会第23届理事会执行委员会第二次会议上，中国红

① 王晓贤：《跟随廖承志开展对日工作》，《中共党史资料》2006年第2期。
② 《日本促进邀请中国红十字会代表团访问日本协议会举行会议报告我红十字会代表团访日的广泛影响》，《新中国红十字》1954年11·12月号，第8页。
③ ［日］信夫清三郎：《日本外交史》下，天津社会科学院日本问题研究所译，商务印书馆1980年版，第807页。
④ 王泰平：《新中国外交50年》，北京出版社1999年版，第393页。
⑤ 吴学文、王俊彦：《廖承志与日本》，中共党史出版社2007年版，第186页。

十字会代表团报告李德全访日情况,指出这次访问促进了中日两国红十字会及人民的相互了解和和平友好的关系。报告完毕,会上全体鼓掌,日本列席代表(日本驻日内瓦总领事)当即起立向中国红十字会表示衷心感谢。此举推动大会通过了由苏联、英国两国红十字会代表联合提出的"各国红十字会考虑相互访问的可能性"的提案。① 这为因不同制度原因阻隔的各国红十字会之间互相往来提供了直接依据。

四、协助日犯回国

中国政府委托红十字会协助日本战犯回国,是促进中日两国早日实现邦交正常化的又一重要举措。

(一)宽大处理日犯

与邻为善,以邻为伴,睦邻友好,是两千多年来中华民族对日交往的原则,也是新中国成立后对日本的一贯政策。即使是在烽火连天的战争岁月,中共领导人都从睦邻友好出发,对战俘予以宽待、善待。早在 1937 年,毛泽东会见英国记者贝特兰时就说过:"我们对被俘的日本士兵和那些被迫作战的下级干部要给以宽大待遇,向他们说明两国人民的利益是一致的。"②延安日本工农学校就是妥善处理战俘问题的一个典型范例。③ 正因如此,后来许多日本战俘被释放回国后,都积极从事中日友好工作。

新中国成立后,中日之间尚没有恢复邦交。不过随着中日民间交往范围的日益扩大,中国政府从两国人民的长远利益出发,提出宽大处理日本战犯的方针,并着手解决战犯问题。1954 年 8 月 19 日中国红

---

① 《协会理事会执行委员会开会》,《新中国红十字》1954 年 11·12 月号,第 8—9 页。

② 《〈纵横〉精品丛书》编委会:《共和国外交实录》,中国文史出版社 2002 年版,第 304 页。

③ 何立波:《抗战期间的延安日本战俘学校》,《湘潮》2007 年第 11 期;陈辉:《八路军新四军对日本战俘的改造》,《文史精华》2007 年第 2 期,第 10 页。

十字会代表团访日前,中国政府宽赦了西井建一等 417 名前日本军人,由中国红十字会协助回国。① 访日期间,李德全本着人道主义精神亲自将全部在华的日本战犯名单交给日方,并表示红十字会愿意尽可能地对他们予以照顾和帮助。1954 年 11 月 20 日郭沫若在答记者问时也谈道:"我们对日本战犯,也将采取人道主义的立场,宽大处理,并遣送他们回去。"②

1954 年 12 月吉田政府垮台,对华友好的鸠山一郎组阁。有鉴于此,周恩来在 1954 年 12 月第二届全国政协第一次全体会议上表示:"中国将准备采取步骤,使中国同日本的关系正常化。"③公开宣布谋求中日关系正常化,标志着中国政府对日政策开始发生重要变化。

1955 年 4 月万隆会议举行,会议所确立的"和平共处十项原则"为国际社会所公认,成为处理国与国关系的主要原则。④ 7 月美、苏、英、法日内瓦会议召开,8 月华沙中美大使级会谈开始,这些重大国际活动"将缓和、对话之风推向全世界,中国的国际地位显著提高,从而为中日间的交往创下良好的国际环境"。⑤ 10 月 15 日毛泽东在接见日本国会议员代表团时谈到"过去的老帐并不妨害我们,今天制度的不同也不妨害我们。过去的事情已经过去了,主要是将来的问题"。⑥ 11 月周恩来与来访的日本前首相片山哲和日本拥护宪法国民联合会代表团会谈后,发表联合公报,确认了和平共处五项原则。⑦ 这表明中日两

① 《就协助获得宽赦的前日本军人和日侨回国事宜中国红十字会电告日本红十字会等三团体》,《人民日报》1954 年 8 月 27 日。

② 《关于促进中日关系正常化的一些问题　郭沫若答"世界知识"杂志记者问》,《人民日报》1954 年 11 月 21 日。

③ 中央文献出版社编:《不尽的思念》,中央文献出版社 1996 年版,第 402 页。

④ 《万隆会议召开 50 年·编者按》,http://world.people.com.cn/GB/8212/46704/。

⑤ 宋成有:《战后日本外交史(1945—1994)》,世界知识出版社 1995 年版,第 207 页。

⑥ 《毛泽东外交文选》,中央文献出版社 1994 年版,第 222 页。

⑦ 王泰平:《新中国外交 50 年》,北京出版社 1999 年版,第 396 页。

国愿意在和平共处五项原则的基础上解决彼此之间的问题。此外，在多年来逐步积累的基础上，日本各界对中日发展友好关系的反应愈加强烈。所有这些为日本在华战犯问题的解决提供了基础与条件。

1955 年 10 月，日本国会议员代表团访华，再次提及在华日本战犯问题。鉴于当时渐趋缓和的国际形势和中日友好的发展势头，中国方面表示，"战犯问题提得早了一点，把正常的外交关系恢复了，就尽可能争取迅速地解决这个问题"。①"处理战犯是属于中国主权的事，并且将于近期间把处理战犯的结果公布"。② 日本侵华期间，这些战犯在中国犯下了罪行，惩处他们既是中国人民的正义要求，也是中国人民应有的庄严权利。但随着中日之间交往的扩展，"我们不但恢复了有两千年历史的友谊，并且在新的基础上增进了友谊，这种新的基础就是两国人民都希望和平共处、友好合作、平等互利、互不侵犯和互不干涉内政"。把这些战后遗留问题逐渐解决了，就等于为中日两国建立外交关系铺平了道路，"最后只剩两国外长签字"了。③

（二）日犯回国及影响

1956 年中国政府决定大规模宽赦在华日本战犯，以促进中日关系的发展。3 月政协第二次全国委员会常委会专门讨论战犯处理问题，周恩来以政协主席身份主持会议，并指出："这些人现在是战犯，但 20 年以后就会成为朋友，会成为关心中日友好的朋友。"④4 月 5 日周恩来在第二次驻外使节会议上作报告时指出："亚非各国的情况虽不尽相同，但总的趋势是要走和平中立的道路，这对缓和国际紧张局势是有利的。我们应予支持，认真去推动该地区和平中立主义的发展，扩大和

---

① 《毛泽东外交文选》，中央文献出版社 1994 年版，第 226—227 页。
② 世界知识出版社编：《中华人民共和国对外关系文件集》第 3 集，世界知识出版社 1958 年版，第 378 页。
③ 《周恩来外交文选》，中央文献出版社 1990 年版，第 168、171 页。
④ 《〈纵横〉精品丛书》编委会：《共和国外交实录》，中国文史出版社 2002 年版，第 305 页。

平地区。"4月18日周恩来致信日本鸠山首相,对鸠山首相谈话中几次提到要同自己会晤所表现的友好精神表示欢迎,并代表中国政府邀请鸠山首相适当的时候前来中国访问,就有关两国共同利益的问题交换意见。① 正是在这种大背景下,开始宽赦日本在华的战犯,"把这些不愉快的事情结束了,再开始中日间全面友好合作"。②

4月25日,中国公布了《关于处理在押日本侵略中国战争中战争犯罪分子的决定》。《决定》指出:"现在在我国关押的日本战争犯罪分子,在日本帝国主义侵略我国的战争期间,公然违背国际法准则和人道原则,对我国人民犯了各种罪行,使我国人民遭受了极其严重的损害。按照他们所犯的罪行本应该予以严惩,但是,鉴于日本投降后10年来情况的变化和现在的处境,鉴于近年来中日两国人民友好关系的发展,鉴于这些战争犯罪分子在关押期间绝大多数已有不同程度的悔罪表现,因此,决定对这些战争犯罪分子按照宽大政策分别予以处理。"③

至1956年5月,在中国的日本战犯共1062名,包括曾加入蒋军或阎锡山军队作战、1948至1949年被解放军俘虏的140名战犯,以及1945年被苏军俘获并于1950年移交中国的969名战犯,其中有47名在押中病亡。④ 中国政府本着人道主义的精神,同时也照顾到法律正义的要求,根据这些战犯罪行的轻重分别予以处理。为协商遣返日本战犯归国以及归国者输送业务和未释放战犯家属来华会面问题,5月29日中国红十字会向日本三团体发出访华邀请。

6月27日,日本三团体代表访问中国红十字会,对中国政府释放日

① 宋恩繁、黎家松主编:《中华人民共和国外交大事记》第1卷,世界知识出版社1997年版,第255、258页。
② 《周恩来外交文选》,中央文献出版社1990年版,第169页。
③ 世界知识出版社编:《中华人民共和国对外关系文件集》第4集,世界知识出版社1959年版,第58页。
④ 世界知识出版社编:《日本问题文件汇编》第2集,世界知识出版社1958年版,第139—140页。

本战犯和中国红十字会对这些被释放的日本人所给予的协助表示感谢,日本和平联络会代表阿部行藏向李德全赠送和平纪念章。周恩来接见了日本三团体代表长野重右卫门、阿部行藏、冈田好治、松井松次、中原淳吉、池田利子和中岛利重。① 6 月 28 日中国红十字会同日本三团体就协助宽赦在华的日本战犯回国等问题发表联合公报,并举行了签字仪式。②

　　早在 6 月 24 日,第一批免予起诉的日本战犯就在天津由中国红十字会移交给了日本三团体。③ 7 月 24 日,第二批被释放的 328 名日本战犯和被假释的武部六藏在天津由中国红十字会移交给日本三团体。④ 8 月 26 日,第三批被释放的 354 名战犯移交给日本三团体。⑤至此,在押的 1017 名日本战犯已被宽大释放,其中 45 名罪行严重者分别被判处 8 至 20 年有期徒刑,没有人被判处死刑。⑥

　　根据 6 月 28 日的联合公报,中国红十字会对前来中国探望亲人的日本战犯家属,给予了必要的便利和协助。⑦ 如 7 月 24 日,中国红十字会从人道主义出发,同意前来探望被判刑的日本战犯的 18 名家属所提出的在中国逗留时间从 6 天延长到三星期至四星期的要求,⑧并表

---

　　① 《周总理接见日本三团体代表　日本三团体代表访问中国红十字会》,《人民日报》1956 年 6 月 28 日。

　　② 《中国红十字会和日本三团体会谈结束议定关于移交被释放的日本战争犯罪分子等事项》,《人民日报》1956 年 6 月 29 日。

　　③ 《首批释放的日本战犯已移交给日方　中国红十字会代表和日本三团体代表在移交证书上签字》,《人民日报》1956 年 6 月 25 日。

　　④ 《我红十字会和日本三团体举行签字仪式移交释放的和假释的日本战争犯罪分子》,《人民日报》1956 年 7 月 25 日。

　　⑤ 《被释放的第三批日本战争犯罪分子由我国红十字会移交日本代表》,《人民日报》1956 年 8 月 27 日。

　　⑥ 1964 年 4 月最后 3 名战犯获释,至此日本战犯全部遭返回国。李德安等译:《周恩来与日本朋友们》,中央文献出版社 1992 年版,第 239 页。

　　⑦ 世界知识出版社编:《中华人民共和国对外关系文件集》第 4 集,世界知识出版社 1959 年版,第 471 页。

　　⑧ 《我红十字会和日本三团体举行签字仪式　移交释放的和假释的日本战争犯罪分子》,《人民日报》1956 年 7 月 25 日。

示"如战犯本人及其妻子都有要求,允许同居"。①

　　宽大而不失严正地处理日本战犯,并促成获宽赦释放的日犯回国,是中国对日本外交的有力举措,这对中日关系的发展以及两国深层次交往都产生了巨大的影响。

　　第一,回国前,日犯对战争中所犯下的罪行深表忏悔,对中国人民表示感激,并表示今后要为促进中日友好而努力。1956年6月24日,在天津移交战犯时,被释放的战争犯罪分子争先恐后地和日本三团体的代表述说了他们对中国人民的感激,"感激中国人民的宽大,侵略战争给大家带来了不幸,再也不要战争,要幸福的生活。中日两国人民应该携起手来友好、和平地生活,这才是日本人民真正的利益"。② 被释放的日本战犯宫崎弘说:"过去日本军国主义发动侵略战争,使我们在中国犯了罪。我们回想起这些,内心都充满了忏悔。我们回去后一定要为日本的建设和中日两国的友好而努力。"③有的表示"贡献后半生为坚决反对侵略战争,争取持久和平而斗争,中日两国人民的永远的友谊万岁"。"作为一个日本人,不能不感谢中国人民对日本战争犯罪分子的宽大处理。我们回国后一定团结起来为世界和平和中日友好而努力"。④

　　第二,宽大处理日本战犯,有利于两国关系的改善,也有利于两国人民友好关系的发展。宽大处理日犯,既得到中国人民的拥护,在日本也深得人心。诚如国际法学家梅汝璈所说:"总的说来,我国政府的宽大措施,对于增进中日友好和保卫远东和平不但不会带来丝毫损害,而且会产生一定有利的影响。同时,这样处理对于进一步地缓和国际局

----

① 《〈纵横〉精品丛书》编委会:《共和国外交实录》,中国文史出版社2002年版,第305页。
② 《我红十字会代表和日本三团体代表就有关问题交换意见》,《人民日报》1956年6月26日。
③ 《我红十字会和日本三团体举行签字仪式　移交释放的和假释的日本战争犯罪分子》,《人民日报》1956年7月25日。
④ 《日本战争犯罪分子向我红十字会告别》,《人民日报》1956年9月1日。

势和进一步地打击战争阴谋,也会产生一定有利的影响。"①1956 年 6
月 25 日,日本外相重光葵表示,"最近中国释放了日本战犯,这是令人
感到非常高兴的事情"。② 许多战犯获释回国后,组织中国归国者联
盟,③怀着"日中两民族永远化干戈为玉帛"的良好愿望,在"日中不再
战"的口号下,致力于日中友好事业,成为中日友好的一支力量。④ 如
中国归国者联盟成员主要是抚顺战犯管理所提前释放的原日本战犯,
会长是藤田茂(原军衔为中将)。藤田归国后,多次率团来华访问,也
多次受到毛泽东和周恩来的接见,一直为中日友好而尽力工作。正如
周恩来所预言的:"这些释放回国的战犯同归国日侨一样,多数成了日
中友好运动的骨干,至今还站在揭露日军侵华罪行的第一线。"⑤

　　总而言之,中国红十字会高举人道主义旗帜,本着中日友好的愿
望,从协助中国政府遣返在华日侨开始,着手解决中日战争遗留的一些
问题,逐步扩大与日本各界的交往,并于 1954 年顺利实现访日,架起中
日友好关系的桥梁,为中日关系的正常化铺平了道路。自 1956 年起日
犯回国,更是进一步推进了两国友好关系的发展。

第五节　红十字外交的特点

　　作为社会组织,中国红十字会就实质而言是政府在人道主义领域
的助手。在外交方面,红十字会能够出面为政府做出很多政府不能做
或不便做的事情,而且在政府对外交往中发挥出重要的桥梁、枢纽与媒

　　①　《我国国际法学家梅汝璈发表谈话》,《人民日报》1956 年 6 月 23 日。
　　②　《我国从宽处理日本战争犯罪分子　日本外务相表示欢迎》,《人民日报》1956
年 6 月 26 日。
　　③　《中国民间对日索赔第一案》,《天津日报》2003 年 12 月 2 日。
　　④　王泰平:《新中国外交 50 年》,北京出版社 1999 年版,第 401 页。
　　⑤　《〈纵横〉精品丛书》编委会:《共和国外交实录》,中国文史出版社 2002 年版,
第 305 页。

介作用,其特殊的地位与作用是其他社会组织所无法替代的。新中国成立初期,中国红十字外交呈现以下主要特点,其中有些特点因国际环境和自身组织的特殊性,是其他时期红十字外交所不具备的。

第一,国际红十字会是中国红十字外交的主要舞台。

中国红十字会正是通过国际红十字会以及与他国红十字会交往发挥外交功能的。国际红十字会包括国际红十字协会和国际红十字大会,是中国红十字会施展外交的主要舞台。如前文所述,1950 年 10 月我国红十字会参加第 21 届国际红十字协会理事会,并当选为执委。在 1952 年 7 月召开的第 18 届国际红十字大会上,经过反复斗争,中国红十字会被承认具有出席大会的合法权利,从而最终恢复了国际席位,成为国际红十字会的成员。实际上,这些为争取国际合法性而开展斗争的本身,就是重要的红十字外交活动。中国红十字会重返国际舞台后,更是从人道主义出发,利用国际红十字会这一平台开展外交活动。如中国红十字会或应邀参加相关国际会议,或拒绝与会以恪守原则;在国际会议上,或提出维护世界和平、正义,反对战争以及反对使用禁止武器的提案,或针对各种违反人道行为而进行严正抗议。

除国际红十字会外,与他国红十字会开展交往是中国红十字外交的又一重要途径。鉴于新中国成立初期的国际环境,中国红十字会所交往的他国红十字会可分为两类,一类是与我国建有外交关系国家的红十字会,多是直接往来;另一类是未建立外交关系国家的红十字会,以间接交往为主。

第二,红十字外交带有政治色彩。

新中国成立初期,国际社会存在两大阵营的严重斗争,中国外交环境严峻,红十字外交主要围绕维护和捍卫"一个中国"原则,宣传和树立新中国形象,促进中外友好合作而展开。因深受冷战思维及主流意识形态的影响,中国红十字外交带有浓厚的政治色彩和革命色彩,这体现着新中国成立初期中国外交深刻的时代烙印。

从交往国家来看，我国红十字会与国际红十字会成员交往的范围极其有限，多与建有外交关系国家的红十字会，特别是人民民主国家红十字会直接往来，并与之以兄弟相称。中国红十字会注重学习和借鉴苏联先进经验，苏联红十字会是中国红十字会的"老大哥"，在国际红十字会内部包括中苏在内的人民民主国家红十字会相互支持和帮衬。中国红十字会在和未建立外交关系国家红十字会交往时，多数是解决战争及战争遗留问题。可以说，在国际红十字会内部同样存在两大阵营及其对抗和斗争，这实际上是国际政治在红十字组织内的投映。

从外交内容来看，中国红十字会的外交活动主要有两大类，一类是以人道主义的名义从事政治活动，属于政府外交或国家层面的活动，具有半官方性质，此类交往的国家往往是与我国建立外交关系的人民民主国家或未建立外交关系但有政治需要的国家。一类是纯粹的人道主义救援，尤其是灾害援助，①属于人民外交或民间外交，具有民间性质，此类交往多是建立外交关系的西方国家或未建立外交关系的发展中国家。总体来看，红十字外交起着"化干戈为玉帛"、融洽两国间关系、增进友谊和和平的作用。值得一提的是，即便是国际红十字会间的人道主义救援，也带有政治色彩，如新中国成立之初我国红十字会接受外援即需要严加政治审查，②往往拒绝接受西方"敌意"国家的援助，存在意识形态化的一面。这与当下中国红十字会接受外援时所开展的例行安全检查，还是有本质区别的。新中国成立以后，红十字会长期以革命的

---

① 新中国成立初期，中国红十字会多次开展国际灾害救援，如1953年为荷兰、英国、比利时沿海地区一二月间遭受暴风袭击的灾民捐赠人民币23.9亿元，同年11月为印度水灾捐赠15亿人民币。1956年对外捐赠14次，共35万余元。参见中国红十字会总会编：《中国红十字会的九十年》，中国友谊出版公司1994年版，第162—163页。
② 中国红十字会总会编：《中国红十字会历史资料选编（1950—2004）》，民族出版社2005年版，第106、2—3页。

人道主义作为思想基础,人道主义之前冠以"革命"二字是意味深长的。

第三,红十字外交是政府外交的有益补充。

新中国成立初期,重获合法性且具有国际性的中国红十字会受日内瓦公约的保护,成为联系各阶级、各阶层、各国的纽带,在促进各国人民之间相互友好合作,维护与促进世界和平等方面发挥着重大作用。尤其是在协助政府处理战争遗留问题、广泛开展民间外交、参与突发事件的救助等方面,具有其他社会组织不可替代的作用。[1] 换言之,新中国成立后,中国被局限于"半个国际舞台",中国红十字会在巩固与促进新中国同其他国家友好交往,拓展新中国的外交空间,维护国家领土主权统一完整,树立国家形象等方面作出了重要贡献。

周恩来曾指出:"外事工作有党的、国家的、人民的三个方面。这三个方面有区别,又有结合,结合是主要的,应该目标统一,互相配合与协作。外交工作是代表国家的,不限于外交部,外贸、外经也都是如此。"[2]可以说,中国红十字会的工作同政府工作的关系是补充而不是重复,也不是代替,红十字会是政府的助手。[3] 因此,中国红十字外交与政府外交"是有机的整体,二者相互渗透,互为补充",[4]它是政府外交的有益补充,是中国外交的重要组成部分。

---

① 中国红十字会总会编:《中国红十字会历史资料选编(1950—2004)》,民族出版社 2005 年版,第 505 页。

② 《周恩来年谱(1949—1976)》下卷,中央文献出版社 1997 年版,第 11 页。

③ 中国红十字会总会编:《中国红十字会历史资料选编(1950—2004)》,民族出版社 2005 年版,第 189 页。

④ 钱其琛:《在对外友协八届全国理事会上说民间外交要随时代发展不断前进》,《人民日报》2002 年 5 月 29 日。

第五章 结　语

在中国红十字运动发展的历史长河中,新中国成立初期无疑是一段较为特殊的时期。新中国成立初期红十字运动呈现转折性、过渡性和革命性的重要特征,在一定程度上反映出一个时代的变迁,并与社会运行呈正相关关系,同时为我们留下了一些历史经验。

一、红十字运动的重要特征

红十字运动一般包括红十字会会务、业务,即红十字组织演变和事业发展两个方面的内容,有时候专指红十字会业务。从红十字会百年史的宏观角度来看,新中国成立初期的红十字运动呈现转折性、过渡性和革命性三大重要特征。

第一,转折性。将1949年前后新旧中国红十字运动进行比较,我们就能够清晰地把握新中国成立初期红十字运动的转折性。

近代以来,成立于晚清的中国红十字会本着人道主义和慈善观点,在战争救护、火难救济、公益事业、民间外交等领域,以及对于我国医药事业的发展发挥出积极作用。但是,由于国际组织、国际公约的关系,中国红十字会受到世界上资本帝国主义思想的影响,同时,红十字会在国内又与旧政权有一定的联系,因而受到反动政权不良和腐败的政治影响和拘束。所以,红十字会不论在思想上、观点上、组织上以及工作上都存在着不少的错误和缺点。

新中国成立后,中国红十字会对于此前工作上的一些错误和缺点进行了彻底的检讨,并加以克服与纠正,红十字运动因而发生重大转向,这一转向的重要标志即是1950年的协商改组。新中国红十字会经改组后主要在以下几个方面出现转折。

首先是思想方面。新中国红十字会确立了人民的立场。正如毛泽东所说,在阶级社会里没有"人类的爱"、"统一的爱"。不分敌我和不分阶级的"博爱"思想是资本主义者欺骗人民的宣传。新中国红十字工作者经受马克思列宁主义、毛泽东思想的教育和学习,建立起新的思想和服务观点。即深入群众,面向工农兵,全心全意地为劳动群众利益而服务,并依靠、发动和组织他们进行生产和互助工作,进而加强国家经济建设,增进人民生活的康乐幸福和人类和平力量。

其次是工作方面。在工作方法上,新中国红十字会改变了以前工作上被动、应付、任其自然发展、没有坚定目标和切实计划的状况,确立了坚定的为人民服务态度,制订出切实可行的工作计划,有重点有步骤地推展工作。在工作内容上,新中国红十字会不仅保持防疫治病、募捐救灾等新中国成立前既有的且为常规的业务,而且拓展新业务和新领域,如在朝鲜战争期间实施国际救援、参与群众性爱国卫生运动,以及开展民间外交等,并发挥出重要而独特的作用。在工作方式上,新中国红十字会往往运用群众运动的方式开展工作,并注重与群众运动相结合,甚至参加群众性政治运动,这是新中国成立前红十字会所未经历的。

最后是组织方面。新中国红十字会在旧有基础上开展新事业,尊重群众意见,调整组织机构,避免出现以前"不理事的人当了理事,想理事的人反而受了压制不能出头理事"的状况,并加强会员组织建设,扩大并巩固群众基础,使中国红十字会切实履行社会救助职责,拥护世界和平,发扬国际互助精神。特别是新中国红十字会被改组为人民卫生救护团体,是政府在卫生医药、社会福利方面的重要助手,其经费来

源、工作计划以及人员编制,大都严格受制于政府。红十字会甚至一度
与政府部门、社会团体合署办公,①其独立性和自主性大为减弱,因而
在实质上成为政府的附属机构。在内部关系上,红十字会强化总会对
于分会的管理、监督和指导。这些也都是新中国成立前红十字会所未
经历的。

第二,过渡性。通过比较,我们能够清晰地把握新中国成立初期红
十字运动的演进及其过渡性,这种过渡性既体现在业务发展方面,也体
现在组织发展上。

首先在业务发展方面。卫生救护和灾害救济是中国红十字会的两
项传统业务,新中国成立后,红十字会因转型为人民卫生救护团体,所
以逐步地放弃对于一般性灾害救济事务的开展,而专门从事社会性的
卫生医疗救助活动。新中国成立初期,红十字会组织重要的救济活动
只有两次,一次是1949年冬季的寒衣劝募,另一次是如前文所述的
1951年捐献救护机。第一次的情形如下:

1949年9月18日,为解决皖北、苏北、河北、河南等地灾民迫切需
要御寒衣服的问题,中国人民救济总会、中国红十字会总会、全国妇联、
全国青联、全国总工会等单位成立以董必武为主任委员,张治中、许广
平、杨立三为副主任委员的皖北苏北河北河南灾民寒衣劝募总会,发起
全国性寒衣劝募运动。为响应运动,10月6日红十字会总会代电各地
分会:"皖北、苏北、河北、河南水灾灾民需要寒衣异常急迫……请即同
声响应协助当地劝募机构发动劝募工作,俾数百万灾民同胞免于寒
冻。"此后,内江、遂宁、温州、常州、灌县、济宁、岳阳、柳州、邻水等红十

①　如:1952年7月中国红十字会总会与卫生部、内务部联合发出通知,要求各地
分会与卫生部门合署办公;1955年冬中国红十字会根据周恩来总理的指示精神和中国
人民救济总会合署办公;1958年10月中国红十字会组织训练部与中央爱卫会办公室合
署办公;1960年12月卫生部办公会议决定红十字会总会与卫生部有关部门合署办公。
参见徐国普、池子华:《新中国成立后中国红十字会发展的历史轨迹》,《江西社会科学》
2009年第9期。

字会分会协助当地劝募机构,如政府部门、生产救济会等开展工作,还有漯河、赣州、罗山、什邡、西安、南昌、临颍、南京、百色、昆明、宣化、汕头、广州等分会单独或在单位内部劝募。各地分会劝募的寒衣达7.0476万套,代金11.54267274亿元。①

其次在组织发展方面。新中国成立初期,红十字会组织因其演进而表现出来的过渡性尤为明显。在组织性质上,新中国红十字会初为卫生救护团体,后演化为卫生救护团体和社会福利团体,再后来成为人道救助团体。在组织结构上,新中国红十字会一开始沿用总会和分会的两级组织架构,而后于1951年逐步在北京、福建等部分分会试建支会和分支会。1956年红十字会明确要求组建省市县各级地方组织和基层组织,从而完善类科层化的多层级组织结构,实现组织的现代转型。在会员发展上,新中国成立后,红十字会在吸收新会员的同时,登记老会员。但因种种原因,会员发展曾一度中断,后在北京、福建等部分分会进行试点发展会员。总体来看,1956年以前会员发展进度缓慢,而且尚未吸收团体会员。在管理体制上,中国红十字会被逐步调整并归口于卫生部管理,其外交事项归外交部管理。而红十字会一直所属的医疗卫生机构,如医院、助产(护士)学校、产院、门诊部、妇幼保健站等事业单位,于1956年开始从母体中脱钩,转为卫生部门管理,红十字会从此不再拥有和管理医疗业务机构,这也是一种重要的转变。

第三,革命性。新中国成立初期红十字运动带有强烈的革命性,换一个角度看,这也是红十字运动转折性和过渡性的一种反映。

新中国成立后,特别是在红十字会改组前后,对于旧中国红十字会工作进行了彻底的检讨和批判。认为在半殖民地半封建社会制度下的红十字会所持的"中立"、"慈善"和"人道"的观点是伪善的,是依靠资

① 《各地分会劝募灾民寒衣的综合报道》,《新中国红十字》1951年1月第5期,第24页。

本帝国主义支持的，为少数人服务和谋求利益的。因此，新中国红十字会要树立革命观念，为劳苦大众服务，进而确立革命的人道主义作为指导思想。这实际上是这一时期两大阶级的斗争思想和两大阵营的冷战思维对社会公益事业的影响所留下的深刻烙印，尤其是红十字会这样一个具有国际性的政府主导型社会团体。

新中国成立初期红十字运动的革命性，尤其体现在红十字外交方面。红十字外交的目的就在于维护世界和平，反对帝国主义侵略。而且红十字会多与以苏联为代表的社会主义国家开展往来，对外援助除社会主义国家外，几乎全是第三世界国家和少数建立外交关系的西方国家，接受外援更是要严加审查，[①]存在意识形态化的一面。

值得一提的是，1961年中国红十字会二大召开，进而明确红十字会的宗旨为"救死扶伤，实行革命的人道主义"。在"人道主义"之前冠以"革命"二字，突出其革命性并区别于资产阶级的人道主义。改革开放以后，思想逐步解放。1985年红十字会四大召开时，在重新确立红十字会宗旨时，"人道主义"前省去了"革命"两字。[②]

二、红十字运动与社会变迁

红十字运动在一定程度上反映出一个时代的变迁。换言之，红十字运动为考察这一时期的社会变迁提供了一个独特的视角。从总体来看，新中国成立初期红十字运动与社会运行呈正相关关系。

第一，红十字组织演变与社会变迁。

新中国成立后，中国共产党开始在全国执政，民主革命继续推进，国民经济逐步恢复。中国由此进入政权更替，制度革新，思想嬗变的大

---

① 参见中国红十字会总会编：《中国红十字会历史资料选编（1950—2004）》，民族出版社2005年版，第2、3、106页。

② 参见中国红十字会总会编：《中国红十字会历史资料选编（1950—2004）》，民族出版社2005年版，第68、154页。

转折大变革时期,社会处于整合状态并发生急剧变迁。从中国社会性质来看,新中国成立初期,正由新民主主义社会逐步过渡至社会主义社会。从党、国家和社会三者关系来看,党领导国家,国家主导社会,党通过国家或自身组织主导社会的格局,即强国家弱社会的时代格局逐步形成。此时城乡二元结构以及单位制、户籍制和身份制逐步形成并固化;党和国家通过建立思想宣传、社会动员等组织网络,以及土改、抗美援朝、三反五反等群众性政治运动进行思想整顿、制度创新和社会整合,强有力地推动政治社会化;同时建构高度集权的计划体制,从而实现国家垄断绝大部分的稀缺资源和结构性社会活动空间,政治中心、经济中心和意识形态中心高度重叠。这实际上是"后现代化国家"以高度集权的政治力整合社会来获取赶超过程中"后发优势"的必由路径。这种"总体性社会"①的形成对此后中国的发展产生了深远的影响。

在此社会环境下,中国红十字会的性质和宗旨都发生了重大的变化。红十字会由原来旧式公益组织或慈善组织演变为中央人民政府领导下的人民卫生救护团体,以协助各级人民政府,面向人民大众,宣传并推广防疫、卫生、医药及救济福利事业为宗旨。此时,自身组织和各项事业得到逐步恢复和发展的红十字会,更加依赖于政府,以获取活动经费、人员编制等必要的生存资源,甚至有时不得不与相关政府部门、社会团体合署办公。换言之,红十字会作为社会组织,获取应有的社会资源与能力是极其有限的。相应地,在新中国成立后相当长的时间里,红十字会主要接受政府的支持、资助和监督,而缺失必要的社会资助,特别是社会监督。

实际上,新中国成立初期,红十字会组织的健全程度,特别是各地分会的恢复、新建及其工作能力,红十字会会员发展的数量、规模以及

① 参见孙立平等:《改革以来中国社会结构的变迁》,《中国社会科学》1994 年第 2 期。

红十字会与社会间的联系等,都是相当有限的,这自然与人民政权的巩固,社会秩序的稳定程度有关。不过,红十字会的组织发展总体上呈现良好的态势。到 1956 年,红十字会的地方组织和基层组织开始逐步建立,并实现组织的现代转型。

第二,红十字事业发展与社会变迁。

新中国成立后,社会开始改造和重建,医治战争创伤和开展福利救济事业因而成为一时之需。中国红十字会改组成为由卫生部归口管理的卫生救护团体,并将担任救护训练及宣传公共卫生,开展防疫工作和医疗服务,办理灾害救助,确定其主要任务是符合社会重建和发展的实际需要的。为此,红十字会以卫生四大方针为指导,整顿诊所、医院等所属业务机构,并以此为资源,独立开展或协助卫生部门开展卫生防疫、妇幼保健、传染病和地方病防治、急救训练、行业卫生训练等业务。

1953 年在过渡时期总路线的指引下,社会主义工业化和农业合作化开始启动,大规模的经济建设全面铺开。为保证建设者的身体健康,减少工伤,使得生产正常进行,中国红十字会的工作重点相应地转向农村、企业、厂矿、工地等急需救护保健之地,并建立红十字急救站、卫生站等基层组织。除这些固定组织之外,红十字会还组建了流动的医防服务队开展工作。

实际上,新中国成立初期,全国各地与中国红十字会总会保持经常联系,并正常开展工作的分会只有 89 个,且地域分布极不均衡。这些分会组织在重大医防任务和突发灾害事件面前,一时难以胜任。因此,红十字会总会往往根据实际的工作需要,临时从各地分会抽调或选派业务骨干和管理骨干,组织医防队,经过业务、思想等方面的培训后,奔赴指定地区,以驻地为中心,开展一段时间的巡回医防服务。医防队一般有自己的组织规程,工作前制订好工作计划,工作结束后进行必要总结,业绩突出者还会受到相应的表彰。

新中国成立初期,红十字会总会曾多次组织医防队,驻留治淮工地、灾区、革命老区、少数民族地区等进行巡回医防,朝鲜战争期间先后7次组织国际医防队,远赴朝鲜参与国际救援。以水利工程建设为例,1950年至1954年的四年中,红十字会医防服务队在治淮工地开展巡回医疗工作。此外,1952年岳阳南洞庭湖整修、1953年金盆浴鲤水库修建以及新中国成立初期锡澄运河拓浚等水利项目的建设中都有红十字会医防服务队工作的身影。可见,红十字会医防队是新中国成立初期常见的一种临时性组织,也是一种灵活的工作机制,可弥补已有组织和机制之不足。

值得一提的是,新中国成立初期,红十字事业的开展往往借助于群众运动的方式,或者红十字会自身就积极参与抗美援朝、爱国卫生运动等群众运动。而发动群众运动是当时中国最为寻常的一种高度组织化的工作方式。"与面临紧迫任务时求助于钱袋的西方政府相比,中国政府往往求助于扩音器。"①这个扩音器,就是指群众运动。它具有目标明确、方法简单、声势浩大、覆盖面广、影响力强、兴奋程度高和一定秩序性的特点,能够成功地引导广大社会成员积极参与重大社会活动,甚至达到推进政治社会化,使新的世界观、价值观进一步弘扬和普及的目的。

第三,红十字运动发展的社会原因。

新中国成立初期,从近代中国走来的旧式慈善组织逐步式微并最终被取缔,②而红十字会却焕发新生。通过上文分析,我们不难发现个中原因除政府积极扶持外,主要还在于红十字会根据社会环境完成了自我调适,即整顿了自身组织机构、思想意识,调整自身管理体制和运行机制等。但根本上,红十字会所弘扬的革命的人道主义与中国传统

① [美]詹姆斯·R.汤森、布兰特利·沃马克:《中国政治》,顾速、董方译,江苏人民出版社2004年版,第216页。
② 参见高冬梅:《新中国建立初期的慈善救助事业》,《理论前沿》2008年第19期。

伦理道德,特别是儒家的核心思想相融相通是关键。

红十字运动所弘扬的人道主义主要是指保护人的生命,尊重人类生命健康。为此,红十字运动倡导"战时行善"和"人道主义和平",这是人类社会公认的最起码的道德要求。这种以敬畏生命、珍视健康为宗旨的社会公德,超越了不同的社会制度和信仰而被法律化,并得到世界各国政府的认同。然而遗憾的是,在革命战争年代,新中国红十字运动因其革命性,所服务的范围及对象受到严重限制而变得异常狭窄。换言之,所谓革命的人道主义,就是强调人道主义的阶级性和政治性,有区别地实施人道主义。

儒家的核心思想是"仁爱","仁"的实质就是人道。儒家思想肯定人的尊严和价值,强调人的自主性和独立性。相对于人的个体价值而言,儒家更加注重人的社会价值。不过在大的社会环境中,个人的家庭血缘关系是其生存发展的根本依托。儒家的人本意识突出人的主体性,重视民意,与民同乐。这与红十字会人道主义的内涵是相通的。

新中国成立后,封建化的儒家伦理道德曾一度饱受主流意识形态的非议甚至批判,虽然如此,但作为亚文化的儒家仁爱观点依然留存于民间社会和人们的心中,毕竟善与爱是人们共同的精神追求,这就为新中国红十字会的生存提供了合适的社会土壤,尽管红十字扎根于民间社会的程度相对有限。

需要指出的是,新中国成立初期,中国经济社会的发展深受苏联模式的影响,中国红十字会的组织建设和事业发展也不无例外地注入了苏式元素,这突出表现在红十字会在新中国成立后性质和宗旨的重大转变,以及按照行政区划建立类科层化组织上。

三、红十字运动的历史经验

新中国成立初期红十字运动的历史经验主要有以下几个方面:

第一,加强自身组织建设。新中国红十字会依据党政方针和有关法规,适时地(特别是 1950 年和 1956 年两次)进行组织整顿,完善内部机构,调整领导人选,并明确新的宗旨目标,制定新的规章制度。与此同时,红十字会适度发展会员,试建基层组织,并整顿和新建医疗机构,从而以崭新的形象走进新的时代,开创新的事业。

第二,注重汲取政府资源。新中国成立后,强国家弱社会的格局逐步形成,在集权政治、计划经济、思想一元化的社会环境下,具有政府背景的中国红十字会自然地更加注重汲取政府资源。这集中表现在红十字会接受中央人民政府领导,由卫生部归口管理,外交事务受外交部指导,所需经费主要依靠政府拨款,工作人员列入行政或事业编制,会长由卫生部长兼任,工作计划上报政府部门审批等方面。

第三,坚持业务与政治相统一。新中国红十字会在系统内注重提高自身业务水平和技术水平的同时,注意加强工作人员的思想改造和政治学习,学习内容包括毛泽东思想、宪法、婚姻法、过渡时期总路线等。红十字运动坚持业务和政治相结合。这体现在红十字会各级组织专门成立学习委员会组织学习活动;各类医防队集训时,注意政治学习和政策学习,工作时注意宣传时事政治和方针政策;红十字会参加三反五反、抗美援朝等各项政治运动等。可以说,红十字会工作人员既是业务工作者,同时也是政治的宣传员。红十字会实际上是新中国强有力推行政治社会化的又一重要载体。

附录:中国红十字会大事年表

(1949 年 4 月至 1956 年 7 月)

1949 年

1.1949 年 4 月南京解放。中国红十字会会长蒋梦麟等与国民党政府有重要关系的上层人士去往台湾,胡兰生秘书长以及刘鸿生(副会长、理事)、吴有训(常务理事)、金宝善(常务理事)、徐国懋(常务理事)、王晓籁(理事)、徐寄庼(理事)等留在大陆。

2.5 月 28 日,留守南京的中国红十字会工作人员迁往上海,与 1946 年设在上海的办事处合并办公。

3.5 月 30 日,鉴于全国大部分地区业已解放,且"解放区各地红十字会分会因社会制度及会内人士多有变更",中国红十字会总会颁布《解放区分会目前会务注意要点》,要求各地分会接受人民政府的领导。

4.8 月,中国红十字会总会迁至上海。

1950 年

1.3 月 6 日,在上海市军管会的建议和支持下,由中国红十字会总会筹备的中国红十字工作检讨会在总会办公地上海新闸路 856 号举行。来自各地分会的 40 余名代表以及上海市军管会外事处、卫生处派出的代表一起检讨过去的工作,最后决定推举代表团赴京,提请中央政府接管。

2.4月28日,周恩来致电国际红十字协会和红十字国际委员会,声明中华人民共和国中央人民政府"是代表中国人民的唯一合法政府",正式否认"完全没有资格参加国际红十字协会和出席其各种会议的中国国民党反动派残余集团的所谓'代表'","请即将其从国际红十字协会开除出去"。

同日,胡兰生一并致电国际红十字会,表示"中国红十字会机构正在改组,一俟改组完毕,即将派遣代表参加以上两组织,并出席该两组织的各项会议"。

3.5月5日,卫生部、外交部和中国人民救济总会、中国红十字会进行会商,对红十字会改组工作提出"四点意见"。第一,鉴于红十字会的特点及历史状况,采取改组而不是接管的方式;第二,总会搬迁北京,现有职工除不愿意赴京者外,全部留用;第三,总会所有资产要妥善保管,不得随意处理;第四,将北京市民政局幼儿园占用的,北京东城干面胡同22号房屋(民国初期红十字会总会旧址,暂被北京市第一托儿所借用)腾让出来,作为总会迁京后的会址。

4.6月1日,为配合救灾工作,解决灾民健康问题,中国红十字会总会组织一支医防服务队前往灾区苏南武进县,开展为期3个月的巡回医防服务,这是新中国成立后红十字会组建的第一支医防服务队。医防服务队共11人,其中队长兼医师1人,医师3人(2人为助理医师),护士2人,检验员1人,药剂师1人,事务员1人,工友2人。

5.7月8日,中国红十字会总会工作人员陆续由上海抵达北京,7月17日总会开始在北京办公。

6.7月31日,周恩来和李德全等共同研究中国红十字会改组的具体问题,并作出如下决定:(一)对其理事会,经过协商后加以改组。除逃到台湾和国外者外,原有理事均予保留,另由有关部门推派代表担任新理事。新旧理事均由政务院聘任,将来由代表大会正式选举理事会。(二)改组后的红十字会作为救济总会的助手。(三)新理事会成立后,可对外发表声明宣布改组完毕,并通知国际红十字会将派代表参加国际红十字大会。

7.8月2日至3日,在由苏井观、伍云甫、胡兰生等组成的会议主席团主持下,中国红十字会协商改组会议在北京召开。参加会议的有卫生部、外交部、内务部、民族事务委员会、华侨事务委员会、军委卫生部和北京市人民政府等机关代表李德全、苏井观、龚普生、谭锡三、高伯玉、王士方、傅连暲、丁执中,中国人民救济总会、中华全国总工会、中华全国民主妇女联合会、中华全国民主青年联合会、中华全国文学艺术工作者联合会等团体代表伍云甫、林仲、朱学范、张元、黄振声、陈企霞,红十字会原理事刘鸿生、吴有训、金宝善、徐国懋、徐寄庐、王晓籁以及职工代表胡兰生、朱子会、傅况鳞等。会议代行全国会员代表大会的职权,通过《中国红十字会会章》,并选举产生第一届理事会。改组后,中国红十字会成为中央人民政府领导下的人民卫生救护团体,卫生部部长李德全兼任中国红十字会会长。

8.8月22日,中国红十字会同中国各民主党派、各人民团体一道发表声明,坚决抗议"美国空军的这种野蛮的轰炸,以及在美国操纵下的安全理事会多数国家对于这种野蛮轰炸的放纵和合作",呼吁"全世界一切具有人类同情心的人们,共同奋起,制止美国空军的灭绝人性的暴行"。

9.8月23日,中国人民救济总会和中国红十字会共同组建的党组小组成立,该小组由伍云甫、熊瑾玎、苏井观、林仲、龚普生等5人组成,伍云甫任组长,熊瑾玎任副组长,属政法委员会分党委领导。

10.8月28日,中国红十字会总会颁布《中国红十字会各地分会整理暂行办法》和《中国红十字会分会暂行组织通则》作为指导分会改组的工作指南。《暂行办法》规定分会改组以《中国红十字会会章》为最高准则,结合各地分会的具体情况进行,同时明确了改组方式和改组步骤,并指出如果遇到困难,可以随时报告总会予以帮助,或派人前往辅导。《组织通则》则规定分会以市县为设立单位,并以所在市县之名称定名,同时对会员权利义务、分会组织机构以及筹备程序等作出具体说明。

11.9 月 5 日,中国红十字会电告国际红十字协会,"已完成中国红十字会的改组,并决定派代表参加协会第 21 届理事会"。

12.9 月 6 日,政务院批准《中国红十字会会章》和中国红十字会领导人员名单。

13.10 月 16 日,中国红十字会代表团参加在摩纳哥召开的国际红十字协会第 21 届理事会,并当选为执委。

同日,中国红十字会总会函请卫生部、内务部联合发出通令,要求各省市民政、卫生部门对整顿各地红十字会分会予以协助、指导和配合。

14.11 月 1 日,为"交流经验、加强联系、掌握政策、解决问题",中国红十字会总会在北京举办分会干部学习会,来自南宁、上海、汉口、北京、西安、赣州、广州、昆明、济南、重庆、南昌、梧州、常州、万县、天津、无锡、镇江、济宁、青岛、开封、福州、广德、凤台、太原、内江、南京、夏邑、青浦、长泾、洛阳等 30 个分会 51 名干部参加了学习会。此次学习分为思想方法、政策、会务和业务四个单元进行。

15.11 月 6 日,在北京参加红十字会总会组织学习会的部分分会干部及总会职工发表抗美援朝宣言。

16.11 月 21 日,中国红十字会和中国人民救济总会联名致电第二届保卫世界和平大会,指出美国不顾全世界人民要求和平的意志,挑起侵朝战争,威胁中国安全,制造无穷灾难,表示坚决拥护大会的召开,为保卫世界和平,反对美帝侵略而斗争到底。

17.12 月 18 日,中国红十字会总会特地在南京举办医防服务干部训练班。来自西安、济南、汉口、上海、镇江、南京和青浦分会共 128 名医务人员或产校护校毕业生参加学习。

18.12 月 26 日,周恩来作出指示,确定中国人民救济总会及中国红十字会总会两人民团体,自通报之日起由政法委员会(或由政法委员会委托中央内务部)予以经常领导;救济总会及红十字会业务中有关卫生部分,得同时受中央卫生部的指导;有关外交事项,得同时受中央外交部的指导。

1951 年

1.1 月 13 日,中国红十字会第一届理事会第三次会议通过《中国红十字会会员制度暂行规定》,内容涉及会员种类、入会条件、会员权利与义务、会费及证章等方面。

同日,中国红十字会总会根据红十字会的工作方针和任务,组建第一医防服务大队开赴治淮工地,开展巡回医防服务。

2.1 月 22 日,政法委员会联合办公决定,中国人民救济总会、中国红十字会总会在总的业务方针方面,由政法委员会领导,一般日常业务行政,委托内务部领导。

同日,中国红十字会总会发出《为组织救济朝鲜难民医疗队给各地分会的通知》,要求各地分会一方面积极参加由中国人民保卫世界和平反对美国侵略委员会、中国人民救济总会和中国红十字会发起的"募集慰劳品和救济品运动",另一方面将"组织医疗队救济朝鲜难民的工作,列为本年度 2、3 月间的中心任务"。

3.1 月 30 日,《中国红十字会医防服务大队组织规程》颁布。

4.1 月 30 日和 1 月 31 日,即第一医防服务大队在到达指定地段工作后不久,中国红十字会总会首次向大队队员及队员家属发出慰问信。

5.2 月 3 日,为使各地志愿报名的医务工作者有个统一的领导和组织,中国人民保卫世界和平反对美国侵略委员会与中国红十字会总会特制定组织全国各地医疗队的办法,对于医疗队的任务(包括中国人民志愿军、朝鲜人民军战伤医治及朝鲜难民医疗防疫工作)、人员组成及参加医疗队人员的要求、医疗队的服务时间、物资供应等作了明确的规定,以确保此项活动的顺利开展,2月9日《关于组织医疗队的通知》正式发布。

6.2月22日,中国红十字会总会致函天津市人民政府及中国人民救济总会天津市分会,正式宣布撤销舒敏杰天津市分会常务理事、总干事及代会长职务,取消会员资格,并提请市人民政府依法对其贪污犯罪行为进行惩罚。

7.3月10日,中国人民保卫世界和平反对美国侵略委员会在北京饭店举行盛大的欢送会,为志愿援朝的中国红十字会国际医防服务队送行。

8.3月13日,中国红十字会会长李德全发表谈话,反对美国当局在侵略朝鲜战争中使用毒气,并建议世界68个国家的红十字会,号召1亿红十字会员发起正义之呼声和以实际制裁行动,制止美国使用毒气的暴行。

9.3月14日,国际红十字委员会会长吕格偕夫人、私人顾问艾旭、医师玛蒂经香港来北京访问中国红十字会,与李德全会长及常务理事等举行会谈,交换红十字会工作意见。

10.3月17日,携带大批药品和医疗器械的中国红十字会国际医防队走出国门奔赴朝鲜。

11.4月4日,中国红十字会组织治淮民工医防慰问团一行4人,带着总会职工的慰问函和一批慰问品到达皖北医防队工作地进行慰问,5月10日慰问团结束工作返京。

12.4月13日,中国红十字会总会就3月30日和3月31日,以及4月7日侵朝美机连续入侵我国安东领空,滥肆轰炸扫射,致使我国人民的生命财产遭受惨重损害发表声明,抗议美机继续滥炸东北。

13.5 月 3 日,中国红十字会总会向国际委员会协会控诉美国将被俘志愿军作细菌武器试验。

14.5 月 25 日,由天津市医务工作者 108 人组成的第三国际医防服务大队从天津出发赴朝。

15.6 月 8 日,中国人民救济总会和红十字会总会响应号召向全国救济福利界发出通知,开展捐献抗美援朝救护机运动。

16.6 月 12 日,中国红十字会通知各地分会开展捐献"救护机"运动。

17.6 月 28 日,由 155 名医护工作者组成的第四、第五国际医防服务队离京赴朝。

18.6 月 29 日,舒敏杰等 5 人共同贪污渎职罪经中国人民救济总会天津分会检举,送请天津市人民检察署起诉,法院作出刑事判决:舒敏杰判处徒刑 7 年,刘学谟、宋锡莹 3 年,张文华 2 年半,陈天骥 2 年。这在红十字会系统引起强烈反响,是纯洁分会组织的典型案例。

19.6 月,中国红十字会总会在组织全体职工听取赴朝慰问团的报告后,举行捐献动员大会。

20.7 月 11 日,由 55 人组成的第六国际医防服务大队从北京出发赴朝。

21.7 月 13 日,因淮河春修工程告一段落,第一医防服务大队离开工地抵达北京红十字会总会。中央水利部、内务部、卫生部、中央生产救灾委员会、中国人民救济总会、中国红十字会总会、中华医学会、中央防疫总队等单位团体举行欢迎仪式。

22.8 月 4 日,中国红十字会总会慎重地发出通知,要求"停止登记旧会员,暂缓吸收新会员"。

23.8 月,中国红十字会总会向内务部补办理登记为社会团体的手续,并于 9 月下发通知,要求各地分会向当地政府办理或补办理登记手续。

24.9 月 27 日,国际医防服务队第七大队 117 人由天津出发赴朝。

25.10 月 8 日,第一医防服务大队由天津出发再次前往淮河工地。

26.10 月,中国红十字会与中国人民救济总会发表联合宣言,表示坚决拥护斯大林提出的"建立国际管制,禁止使用原子武器,停止原子武器的生产,并把已经制成的原子弹完全用于民用方面的决定"的谈话。

27.11 月 14 日,中国红十字会总会与全国总工会、妇联、青联、学联、中华医学会等社会团体联合向上海、南京、广州等城市发出关于推行急救训练的通知。

28.11 月,为配合政府卫生工作,中国红十字会专门成立第二医防服务大队,兵分两路,在汉口、广州两地集中,开赴江西革命老区和海南岛少数民族聚居地区,开展医防服务。

29.12 月 9 日,江西队到达江西后,分别派往瑞金、井冈山、上饶以及南昌、九江、袁州、吉安、赣州、浮梁、抚州、宁都等专区从事医防疫、卫生宣教等工作。

30.12 月底,海南岛队到达海南岛后,即分赴保亭、乐东、白沙三县及五指山区为黎、苗两族同胞开展为期 10 个月的医疗防疫工作。

1952 年

1.4 月 30 日,中央人民政府秘书厅发出通知指出,周恩来指示明确中国红十字会"改归中央卫生部直接指导和联系"。

2.6 月 19 日,北京苏联红十字医院在北京市甘水桥临时院址开幕。

3.6 月 28 日,李德全致电加拿大红十字会中央理事会主席麦考雷,并转国际红十字会常设委员会主席庞赛,严正声明唯有中华人民共和国中央人民政府和中国红十字会的代表,才有资格代表中国和中国红十字会出席国际红十字大会。

4.7 月 9 日,卫生部、内务部与中国红十字会总会联合发出通知,要求各地分会与当地卫生部门合署办公。

5.7月13日，周恩来发表声明，中国政府承认日内瓦公约，从而为中国红十字会恢复合法席位奠定了基础。

6.7月26日，中国政府和红十字会代表团出席多伦多第18届国际红十字大会。经过反复斗争，中国红十字会被承认具有出席大会的合法权利，从而最终恢复国际席位，成为国际红十字会的成员。

7.7月，中央政府批准了协助日本侨民归国计划，并成立由中国红十字会、外交部、公安部、总理办公室等部门组成的中央日侨事务委员会。

8.六七月间，淮河第二阶段工程结束后，第一医防服务大队分批移驻苏北进行巡回医防。

9.10月24日，中国红十字会总会通知各地分会配合中苏友好协会总会举办的"中苏友好月"活动，要求各地分会：其一，各地分会及其所属业务单位、基层组织等工作人员，在和政治学习相结合的情况下，"中苏友好月"的会务学习应以《苏联红十字会简史》与《苏维埃红十字会为社会主义的人道主义而斗争》两本小册子为主要材料，进一步认识苏联红十字会情况，学习苏联红十字会工作经验。其二，各地分会应根据自身具体情况积极参加当地"中苏友好月"的活动，主动与当地中苏友好协会联系，配合展开宣传活动。其三，已征收会员的分会应设法召集全体或部分地区的红十字会会员举行庆祝会，学习北京苏联红十字医院外科主任瓦斯克莱辛斯基所作的报告，并号召会员积极参加当地"中苏友好月"的各项活动与各种集会。

10.10月，第一医防服务大队结束苏北巡回医防工作，除泗阳、泗洪两诊所仍留在原地作地方病防治及进行农村卫生工作，其余回北京集中整休整编，总结工作经验教训，评比先进模范，制定尔后工作计划和方向。

同月，第二医防服务大队结束工作，撤离时根据群众的要求，江西队 56 名队员、海南岛队 34 名队员自愿留在当地继续进行医疗防疫工作，其余队员回南昌集中整休。之后整编为 7 个中队，于 1953 年春季由黄超汉大队长率领到达河南信阳，参加治淮工程，为洪河的练村集至黑龙潭工段担任 14000 余名民工的医疗卫生服务。

1953 年

1. 年初，中国红十字会总会为响应政务院及中央爱卫会的指示，对春季卫生运动作出具体指导和要求：其一，各地分会所有工作人员要用一定的时间，认真学习有关开展爱国卫生运动的文件。其二，没有参加当地卫生委员会的分会，应尽速洽商争取参加。其三，注意春季卫生运动必须与生产相结合。其四，春季卫生工作主要是彻底清除病媒动物的滋生地带及解决经常运动中不易解决的问题。其五，工作中应特别注意结合当地地方病及流行病的预防。

2. 2 月 15 日，中国红十字会代表团与日本红十字会、日本和平联络委员会及日中友好协会三团体代表团举行第一次正式会谈。

3. 3 月 5 日，中国红十字会代表团同日本三团体代表团就来船手续和各项有关问题取得了一致意见，并发表公报，商定中日之间协助日侨归国的各项原则和具体方式。

4. 5 月 22 日，中国红十字会代表团在国际红十字协会执委会上发表《关于敦促迅速实现朝鲜停战维护世界和平》的发言并提出提案，希望战俘遣返能够遵照《日内瓦公约》第 118 条的规定"实际战争停止后，战俘应即予释放并遣返"办理。

5. 8 月 3 日，朝鲜、中国红十字会代表与联合国军各国红十字会代表签订"联合红十字会小组工作协议"。根据协议，中国红十字会可以到联合国军战俘营"访问战俘，散发馈赠品，提供必要的紧急医疗，视察战俘的生活状况和战俘营中的战俘福利设备"。

6. 9 月 8 日，中国红十字会向国际红十字协会再次抗议，美国军事当局无理阻挠朝中红十字会代表对战俘提供人道服务和伤害朝中红十字会代表。

7.9 月,曾在江西和海南岛服务,后转入河南治淮工地工作的第二医防服务大队调往河南商水县进行防疫卫生工作。

8.10 月 30 日,中国红十字会在国际红十字协会执委会第二次会议上作题为《关于红十字与朝鲜战俘命运》的发言,并提出提案,希望未被直接遣返的两千多名朝中战俘,应该自由地行使他们被遣返的权利。

9.12 月,为适应新的发展形势,实践过渡时期总路线,发挥医防队员更大的作用,根据卫生部指示,中国红十字会总会将第一、第二医防服务大队调集开封整休,学习国家在过渡时期的总路线。为保障基本建设工人的健康,消灭传染病,第一、第二医防服务大队重新改编为三个医防服务大队,分赴华北、西北、中南三大行政区工作。

1954 年

1.2 月 16 日,北京苏联红十字医院迁至新址北京天桥地区,新建医院是完全依照苏联最新式医院的规格建筑的。

2.3 月 15 日,西北区医防服务大队三个分队从西安出发,分赴西安市、兰州市、陕西省三地的基本建设工地进行卫生防疫工作。

3.8 月 4 日,中国红十字会接到日本红十字会发出访问日本的正式邀请。

4.8 月 19 日,中国红十字会代表团访日前,中国政府宽赦了西井建一等 417 名前日本军人,由中国红十字会协助回国。

5.10 月 30 日至 11 月 12 日,中国红十字会代表团对日本进行了为期 13 天的友好访问。这是新中国成立后出访日本的第一个民间代表团,也是战后对日进行友好访问的新中国第一个代表团,是新中国与日本往来的一个新发展。

1956 年

1.3 月 17 日,卫生部、中国红十字会总会发出通知,要求地方红十字会工作在各省(区)、市人民委员会的领导下,纳入地方卫生事业规划中,卫生、民政等部门负责贯彻执行,并成立省和重点市、县红十字会,整顿原有市、县红十字会及发展会员。

2.5 月 29 日,中国红十字会向日本三团体发出访华邀请。

3.6 月 24 日,第一批免予起诉的日本战犯在天津由中国红十字会移交给日本三团体。

4.6 月 28 日,中国红十字会同日本三团体就协助宽赦在华的日本战犯回国等问题发表联合公报,并举行了签字仪式。

5.7 月 24 日,第二批被释放的 328 名日本战犯和被假释的武部六藏在天津由中国红十字会移交给日本三团体。

主要参考文献

《建国以来重要文献选编》(1—9 册)，中央文献出版社 1992—1994 年版。

《毛泽东外交文选》，中央文献出版社 1994 年版。

《周恩来外交文选》，中央文献出版社 1990 年版。

《周恩来年谱(1949—1976)》上卷，中央文献出版社 1997 年版。

《周恩来书信选集》，中央文献出版社 1988 年版。

《建国以来周恩来文稿》第 3 册，中央文献出版社 2008 年版。

中国红十字会总会档案馆档案。

江苏省档案馆档案。

《人民日报》(1949—1956)。

中国红十字会总会编：《新中国红十字》，1950—1954 年编印。

中国红十字会总会编：《中国红十字会历史资料选编(1950—2004)》，民族出版社 2005 年版。

中国红十字会总会编：《苏联红十字会简史》，1952 年编印。

中国红十字会总会编：《中国红十字会的九十年》，中国友谊出版社 1994 年版。

池子华、郝如一主编：《中国红十字历史编年(1904—2004)》，安徽人民出版社 2005 年版。

江苏省红十字会编：《江苏红十字运动八十八年(1911—1999)》，东南大学出版社 2001 年版。

孙敬敏编纂：《北京市红十字会的六十五年(1928—1993)》，文津出版社 1995 年版。

赵辉主编：《天津红十字会九十年》，天津人民出版社 2001 年版。

池子华等:《百年红十字》,安徽人民出版社 2003 年版。

张玉法主编:《红十字会百年史(1904—2004)》,(台湾)致琦企业有限公司 2004 年版。

徐国普:《辉煌十五年(1950—1965)》,安徽人民出版社 2009 年版。

中共中央党史研究室:《中国共产党历史》第 2 卷,中共党史出版社 2011 年版。

王颖等:《社会中间层》,中国发展出版社 1993 年版。

孙晓莉:《中国现代化进程中的国家与社会》,中国社会科学出版社 2001 年版。

张静主编:《国家与社会》,浙江人民出版社 1998 年版。

王泰平:《新中国外交 50 年》,北京出版社 1999 年版。

后　记

自 20 世纪末,学界开始对红十字会史进行研究以来,学术成果不断问世,逐步形成了相对独立的研究领域。2006 年,我开始关注并着手研究新中国时期的红十字会史,继而完成博士学位论文"江苏红十字运动研究(1950—1965)",后申报题为"国家与社会的互动:新中国成立初期中国红十字会研究"的教育部项目,并获得批准(编号:10YJC770103)。呈现在读者面前的这部专著,即是该项目的最终成果。尽管按照课题论证中的要求和标准展开研究,但限于学识,尤其是缺乏一些资料,其粗陋之处在所难免,这突出表现在对红十字会的国际救助及其救助机制缺少系统考察。

3 年来在项目研究的进程中,6 年来在研究红十字会史的过程中,以及多年来在学习和工作中,我得到了诸多方面的帮助、支持和鼓励。我要特别感谢教育部人文社科研究基金的资助,此项资助对我的研究起到了极大的推动作用。

我衷心地感谢我的导师池子华教授,在苏州大学的学习,虽然短暂,但池老师谆谆教诲和严格要求,对我的影响却是至深的。此次,他又在百忙之中审阅书稿,提出许多中肯的意见,并为本书作序,甚为感激。

感谢学术界、红十字界的老师和同仁,他们或在学术研究中,给予我诸多富有启发性的批评建议,或在查阅资料时,给予我大量无私的帮助。他们是南京大学陈谦平教授、崔之清教授，上海师范大学唐力行教授、徐茂明教授，苏州大学王卫平教授、王国平教授、陆建洪教授、朱从兵教授、余同元教授、王玉贵教授、朱琳博士、昝金生博士，安徽大学孙语圣博士，南通大学高鹏程博士，湖南师范大学曾桂林博士，东华理工大学金兵博士，中央党史研究室高远戎女士，中国红十字会总会吴宏军先生、马小玲女士，浙江省红十字会王冬梅女士、高翔先生、李玉林先生、褚学东先生、张孚传先生，苏州市红十字会郝如一先生、严晓凤女士。他们的提携和支持，让我受益匪浅。

感谢浙江大学张继昌、郭汾阳、段治文等诸位师长，自硕士生阶段起，一直对我的教导和帮助。我还要感谢单位的领导和许多同事，他们在平时的教学和科研中给了我许多的帮助和鼓励。

课题组主要成员苏州市职业大学吴佩华博士为本书"红十字会外交的努力"一章，提供了部分资料和初稿，其他成员北方民族大学杨红星博士、浙江科技学院王明霞博士和廖芳玲博士，对项目研究也予以积极支持。在此，特加说明和感谢。

最后我要感谢家人的理解和支持，特别是妻子金素芳女士，长期为我的学业和家庭付出了大量艰辛的劳动，谨此表示深深的谢意和敬意。

徐国普

2013 年 3 月于杭州

责任编辑:贺　畅

图书在版编目(CIP)数据

新中国成立初期中国红十字会研究:1949—1956/徐国普 著.
　-北京:人民出版社,2013.6
ISBN 978－7－01－011903－8

Ⅰ.①新… 　Ⅱ.①徐… 　Ⅲ.①红十字会-研究-中国-1949—1956
　Ⅳ.①D632.1

中国版本图书馆 CIP 数据核字(2013)第 059580 号

新中国成立初期中国红十字会研究(1949—1956)
XINZHONGGUO CHENGLI CHUQI ZHONGGUO HONGSHIZIHUI YANJIU 1949—1956

徐国普　著

人民出版社 出版发行
(100706　北京市东城区隆福寺街 99 号)

北京市文林印务有限公司　新华书店经销

2013 年 6 月第 1 版　2013 年 6 月北京第 1 次印刷
开本:700 毫米×1000 毫米 1/16　印张:16
字数:210 千字

ISBN 978－7－01－011903－8　定价:39.80 元

邮购地址 100706　北京市东城区隆福寺街 99 号
人民东方图书销售中心　电话 (010)65250042　65289539